일본의 개호복지

저자 요시무라 카츠미
역자 박성호

고령이실 때도
정정하셨던 돌아가신 할머니는 만년에 노인성 치매에 걸리셨다
같이 살던 가족도 감당할 수 없어 복지 시설에 입주시키자 할머니는
입주했던 그날부터 단식을 시작, 식사를 일절 거절하셨다
결국 집에 돌아와서 생애를 마치셨다
당시는 물론 개호보험제도 같은 것도 없었다
시중을 보는 아주머니들은 큰 고생을 하셨음에 틀림없다
- 저자서문 중에서 -

● **역자 서문** ●

21세기에 들어 우리에게 가장 시급한 문제 중의 하나가 바로 노인문제이다. 노인문제의 효과적인 해결은 우리 각자의 미래에 결정적인 영향을 미친다고 해도 결코 과언이 아닐 것이다. 일본의 경우 서구유럽의 제도를 깊이 연구하여 자신에 맞는 사회보장제도를 만들어내었다. 그리고 이를 활용하여 국민경제를 살찌우는 다양한 업종을 만들어내었다. 이 책은 일본의 개호보험과 이를 둘러싸고 있는 다양한 산업에 관한 책이다.

주지하다시피 일본은 세계최고의 고령사회이다. 평균수명이 1947년도에는 남자가 50.06년, 여자가 53.96년이었던 것이 1994년에는 각각 남자가 76.57년, 여자가 82.98년까지 신장되어 50년 동안에 남자에서 26.51년, 여자에서 29.02년 정도의 수명이 늘어나게 되었다. 일본의 노인인구수도 1985년에는 1,247만 명이었으나, 2000년에는 2,170만 명, 2025년에는 3,244만 명이 될 것으로 예측되고 있다. 일본의 인구문제연구소에 의한 중위추계에 의하면 일본의 고령화율은 2018년에 25%, 2025년에 25.8%까지 최고의 절정으로 상승한 후, 2045년경에는 28.4%에 이를 것으로 보고되고 있다.

일본의 노인복지는 1963년의 노인복지법을 계기로 그때부터의 경제의 고도성장의 뒤에 남겨진 많은 노인의 생활불안에의 대처를 도모하기위해 만들어졌다. 종래의 구빈적 양로사업으로부터의 시책에 따라서는 널리 일반노인에까지 확대되어 갔다는 것은 특히 주목할 만하다. 이 가운데 있어 양로시설인 양호노인홈 이외에 개호나 거주욕구에 부응하는 특별양호노인홈, 경비노인홈 등 다양한 노인복지시설이 창설되었으며, 더욱이 가정봉사원(home help)파견사업 등 장래의 거택노인복지대책에 관련되는 사업 등이 새로 법정화 되기도 하였다. 또한 일반노인을 대상으로 하는 건강진단이나 노후생활을 넉넉하게 하기 위한 노인클럽활동, 취로알선사업, 그 밖의 사회활동의 지원사업도 함께 시도되었다. 그러나 1974년도 경부터 석유쇼크의 영향으로 재정이 악화하여 제약이 있었으나 더 한층 진전하는 고령화에 따른 고령자 수요의 확대, 다양화 속에, 단지 시책의 비대화를 꾀하는 것이 아니라 노인복지의 새로운 흐름을 찾는 여러 가지 시책이나 사업이 시행되어 갔다.

 그 특징적인 움직임의 하나가 거택노인복지의 모색이었다. 이 움직임은 커뮤니티·케어(community care)라고 하는 것으로서 1970년 전후에 검토되었던 것이나, 그것이 구체적으로 추구되게 되었던 것은 이 시기였다. 그리고 노인홈 등의 시설케어와 함께 재택케어에 관한 시책이 진전되어 갔다. 또한 재택복지의 확충과 관련하여 홈·헬프(home help)사업의 확충이 행해져 그때까지 저소득세대를 대상으로 해 온 홈·헬퍼(home helper)의 파견이라는 구빈적 선별적인 서비스로부터 소득에 관계없이 누구라도 필요에 따라 홈·헬퍼의 이용이 가능한 보편적 서비스에의 전환의 방향이 이루어져 갔다.

 복지「니드」의 확대와 다양화 속에 복지시설, 서비스 공급의 다원화가 나타나 행정이나 비영리단체로서의 사회복지법인 등이 직접적으로 시설이나 서비스를 공급할 뿐만 아니라, 이를테면 유료노인홈의 제공에서 찾아볼 수 있는 것과 같은 영리단체에 의한 서비스 공급이 보여질 수 있게끔 되어 갔다. 또한 후기고령자의 확대에 의한 허약 혹은 장애를 지닌 노인의 증대에 관련하여, 복지와 보건의료와의 연대가 문제로 되는 것과 더불어 재택케어에 따른 주택정책문제 고령자의 삶의 보람 문제 등으로 취로, 교육 등의 인접서비스와의 연계가 구체적인 과제가 되고 있다.

1990년에 노인복지법을 비롯한 복지관계 8법이 개정되었다. 이 법률개정에 의하여 노인복지에 있어서는 특히 거택에 있어서의 개호사업 등을 법제화하며, 재택복지서비스의 적극적 추진을 꾀하고 특별양호노인홈에서의 입소결정 등의 사무를 지자체에 이양하며 주민에게 밀착된 시정촌을 중심으로 하는 재택복지와 시설복지를 종합적으로 추진해 갔다. 일본은 노인복지의 정착을 위해 1999년도에 [골드플랜 21]을 다시 마련하였다.

우리나라의 경우도 이미 세계에서 유래를 찾기 어려울 정도로 급속히 진행되고 있는 고령화, 가장 취약한 장애인시설 등 장애인관련 정책 등은 우리나라의 사회복지 시스템에 대해 "다른 차원에서 바라볼 것"을 주문하고 있다.

수차례에 거쳐 일본을 방문할 때마다 일본의 사회복지기관과 사회복지활동가를 만나 이야기를 나누면서 노인문제를 비롯한 장애인문제, 기타 소외된 계층의 문제를 효과적으로 해결할 방안을 모색하던 나에게 일본의 한 친구가 건네준 이 책은 커다란 도움이 되었다. 뿐만 아니라 다양하게 발전하고 있는 사회복지관련 산업은 우리나라의 경제에 돌파구를 마련할 수 있지 않을까라는 희망도 갖게 하였다. 개호복지법을 기초로 한 재원의 마련과 이를 둘러싼 각종 서비스를 제공하는 일본의 사회복지제도는 우리에게 많은 시사점을 주리라 생각한다.

2005년 6월
박 성 호

● 저자 서문 ●

　고령이실 때도 정정하셨던 돌아가신 할머니는 만년에 노인성 치매에 걸리셨다. 같이 살던 가족도 감당할 수 없어 복지 시설에 입주시키자 할머니는 입주했던 그날부터 단식을 시작, 식사를 일절 거절하셨다. 결국 집에 돌아와서 생애를 마치셨다. 당시는 물론 개호보험제도 같은 것도 없었다. 시중을 보는 아주머니들은 큰 고생을 하셨음에 틀림없다.

　평성12(2000)년 4월부터 시작된 개호보험제도는 이러한 개호자 가족에게 환영할 만한 것이었다. 물론 개호를 받은 나이 드신 분들에 있어서도, 살기 익숙한 집에 있으면서 신체의 개호나 생활 보조, 목욕 등 여러 가지 서비스를 받을 수 있기 때문에 대환영일 것이다. 또 데이 서비스나 데이케어 등 개호 시설로 다니면서 받는 통소 서비스나 치매증인 고령자가 개호부와 공동생활을 영위하는 그룹 홈도 빠른 속도로 발전해 왔다. 고령자에 대한 개호·복지 인프라는 개호보험에 의해 정비되었음에 틀림없을 것이다.

　나이가 들면 누구나 개호를 받을 가능성이 있다. 개호보험은 우리 모두와 관련된 제도이지만, 아직까지 그 인지도는 낮다. 더구나 제도의 내용이나 절차에 관해서 상세히 아는 사람은 거의 없을 것이다.

　본서의 1장에서도 씌어 있지만, 나를 깜짝 놀라게 한 조사 결과가 하나 있었다. 내각이 2003년에 실시했던 「고령자개호에 관한 여론조사」가 그 것이다. 앙케이트 대상은 20대 이상의 국민이지만, 그 40%의 사람이 개호보험제도에 관해 「모른다.」고 답했다. 실제로 20대 여성의 75%가, 20대 남성의 70%가 이 제도를 모른다. 자신들에게는 관계없다고 간주하는 것이겠지만, 제도란 좋든 싫든 모든 국민과 관계되어 있다.

　현재는 40세 이상이 보험료를 지불하고 있지만, 그것을 20세까지 내리자는 의논도 정부에서는 행해지고 있다. 다시 말하면 재원의 반을 세금으로, 연령에 관계없이 국민전체의 힘으로 이 제도는 유지되고 있다. 장래에는 보험료가 점점 오를 것이라는 예측도 있어 무관심하게 있는 이상, 자신이 서비스 수급자가 되었을 때 어느 정도의 보험료와 어떤 서비스를 받을 수 있을지 보증할 수 없다.

　본서는 지금까지 개호보험에 관해 거의 알지 못하는 사람들도, 전체의 개요를 파악할 수 있도록 구성되어 있다. 어떠한 배경과 절차를 거쳐 만들어졌는지, 제도의 구성이나 서비스의 내용은 어떻게 되어있는지 또는 현상의 과제와 앞으로의 동향은 어떨지 등, 풍부한 데이타를 인용하면서 알기 쉽게 해석했다. 또 현장의 서비스사업자나 케어 스탭들도 만나서 현상이나 경영전략, 제도의 문제점들도 물어 보았다. 무엇보다도 개호보험비지니스에 관련되어 있는 사람, 또는 앞으로 발을 들여놓고 싶어하는 사람들에게도 분명 도움이 될 것이라 생각한다.

　특히 개호비지니스에 흥미를 가진 젊은이들이 본서를 읽는다면 더할 나위 없을 것이다.

2004년 7월
요시무라 카츠미

● 목 차 ●

역자서문 / 1 /
저자서문 / 4 /

제 1 장 개호보험제도의 탄생과 성장

1. 개호보험이란 무엇인가 12
2. 개호보험도입의 경위 14
3. 개호보험의 현상 17
4. 개호보험의 시장 규모 19
5. 고령자의 수요와 개호에 대한 의식 22
6. 개호 비즈니스를 담당하는 민간기업 25
7. 개호비지니스의 경영상황 28
8. 해외 개호제도의 동향 30
9. 개호보험제도 재검토의 실행방법 32
10. 제도 재검토의 시안 35

제 2 장 개호 서비스와 사업자의 전체상을 알아본다.

1. 개호보험의 서비스 지정업자란 무엇인가 38
2. 서비스 사업체에는 어떤 법인형태가 있을까? 41
3. 사회 복지 법인과 영리・NPO법인의 차이는? 44
4. 재택 형 개호서비스란 무엇인가 46
5. 시설・주택형 개호 서비스란 무엇인가 48
6. 서포트형 개호 서비스란 무엇인가 50
7. 개호・복지 사업에 종사하는 전문직 52
8. 홈헬퍼의 현상과 일에 관해 54
9. 케어매니저의 현상과 일에 대해 56
10. 개호복지사・사회복지사의 현장과 일에 대해 58

제 3 장 재택형 개호서비스·복지사업의 종류

1. 방문개호(홈헬퍼 서비스) 62
2. 방문입욕개호 64
3. 방문간호 66
4. 방문 리허빌리테이션 68
5. 통소 개호(데이 서비스) 70
6. 통소리허빌리테이션(데이케어) 72
7. 단기 입소개호(쇼트 스테이) 74
8. 거택요양관리지도 76
9. 배식서비스 78
10. 재택 호스피스·데이 호스피스 80
11. 거택 개호지원 82

제 4 장 시설·주택형 개호 서비스·복지 사업의 종류

1. 개호노인 복지시설(특별 양호노인 홈) 86
2. 개호노인 보건시설 89
3. 개호요양형 의료시설 92
4. 유료 노인홈 95
5. 경비(軽費) 노인 홈 97
6. 치매 대응형 공동 생활 개호(그룹 홈) 100
7. 고령자를 위한 우량임대 주택(고우임) 103
8. 고령자 공동 주택(그룹 리빙 기타) 105

제 5 장 서포트형 개호서비스·복지 사업의 종류

1. 개호 복지용구 110
2. 주택 개수 112
3. 개호 택시 114

4. 건강관리 시스템 116
5. 긴급 통보·지켜보기 시스템 118
6. 쇼핑 대행 등 120
6. 일용품 회사의 배설 케어 122
7. 개호 동반 여행 124
8. 컨설팅 서비스 126
9. 개호 예방 서비스 128

제 6 장 대형 사업자와 개호·복지 관련단체의 프로필

1. 대기업 사업자의 열성도 132
2. 니치이 학관 134
3. 콤슨 (굿윌 그룹) 136
4. 재팬 케어 서비스 138
5. 상냥한 손 140
6. 동경 리빙 서비스 142
7 시민 복지 단체 전국 협의회 144
8. 하세산즈(특정 비영리활동법인 서로 돕기) 146
9. 湘南 복지 네트워크 옴부즈맨 148
10. 카나가와 복지 서비스 진흥회 150
11. 국립 시 사회복지 협의회 152
12. 일본 개호 크래프트유니온 154
13. 전국 유료노인 홈 협회 156

제 7 장 개호·복지 비즈니스의 구조와 창업

1. 개호보험제도의 구조 160
2. 요개호인정의 구조 162
3. 개호보수의 구조 166
4. 케어매니지먼트와 케어플랜 168

5. 개호비지니스의 창업 ① ………………………………………… 170
6. 개호비즈니스의 창업 ② ………………………………………… 172
7. 개호비지니스의 창업 ③ ………………………………………… 174
8. 개호비지니스의 창업 ④ ………………………………………… 177
9. 개호비즈니스의 창업 ⑤ ………………………………………… 179
10. 개호비지니스의 창업 ⑥ ………………………………………… 182
11. 개호비즈니스의 창업 ⑦ ………………………………………… 184
12. 개호비즈니스의 창업 ⑧ ………………………………………… 186
13. 이용자를 위한 객관적 평가 …………………………………… 188

제 8 장 개호·복지의 현장부터

1. 고령자의 의식과 고령자 개호 ………………………………… 194
2. 개호서비스 이용자의 목소리 …………………………………… 198
3. 쇼트 스테이, 데이 서비스에 대한 이용자의 만족도 ………… 201
4. 현장을 지탱하는 케어스텝들 ① ……………………………… 203
5. 현장을 지탱하는 케어스텝들 ② ……………………………… 207
6. 개호보험 서비스의 과제 ………………………………………… 212
7. 개호예방의 실천 예 ……………………………………………… 214

제 9 장 알고 싶은 개호 관련 제도와 데이터

1. 지원비 제도 ……………………………………………………… 220
2. 성년 후견 제도 …………………………………………………… 223
3. 2015년의 고령자 개호 …………………………………………… 226

부 록 / 229 /
일본의 개호보험법 / 250 /

제 1 장 개호보험제도의 탄생과 성장

1. 개호보험이란 무엇인가
2. 개호보험도입의 경위
3. 개호보험의 현상
4. 개호보험의 시장 규모
5. 고령자의 수요와 개호에 대한 의식
6. 개호 비즈니스를 담당하는 민간기업
7. 개호비지니스의 경영상황
8. 해외 개호제도의 동향
9. 개호보험제도 재검토의 실행방법
10. 제도 재검토의 시안

1. 개호보험이란 무엇인가

Point

생겨난 지 얼마 안 된 일본에서의 5번째 보험제도. 이용자 자신이 수급하는 서비스를 선택하는 것. 자택의 경우 자립생활을 지원하는 것이 기본.

현재 개호보험에 관한 기사가 매일같이 신문에 게재되고 있지만 그것은 이 보험이 아직 생긴 지 얼마 안 되었기 때문이다.

2000년 4월 1일, 개호보험제도가 탄생하였다. 개호보험제도는 일본에서는 의료보험, 연금보험, 노동자 재해 보상보험, 채용보험에 이어 5번째로 생겨난 보험제도로 39년 만에 제정된 것이었다. 세계에서 개호보험을 독일에 이어 두 번째로 도입한 일본의 이 시도는 고령화 사회를 맞이하는 선진국들에게 주목을 받고 있다.

독일의 개호보험제도가 재원의 전부를 이용자의 보험료에서 조달하고 있는 반면 일본에서는 나라 및 지방자치체에 의한 세금과 이용자의 보험료가 반반인 독특한 구조로 되어있다. 또 개호보험 창설에 맞춰 약 반세기만에 사회복지사업법을 대 개정하는 등 사회복지 인프라의 구조개혁이란 측면도 가지고 있다.

종래 노인복지의 경우 고령화개호는 지방자치체의 장이 필요한 조치를 행정 책임으로 행하는 방식인 「조치제도」로 이용자의 선택권은 기본적으로 인식되어 있지 않았다. 그러나 개호보험에서는 이용자의 의지를 중시하여 수급하는 서비스를 이용자 자신이 선택하는 것을 기본으로 했다. 또 종래의 개호가 "식물인간 노인을 중심으로 하는 시설개호" 위주였던 반면, 개호보험에서는 "이용자가 자택에서 혼자 지내는 생활을 지원하는" 방침으로 크게 전환하였다. 이 때문에 방문(자택 또는 거택)개호서비스에 있어서 민간기업 및 NPO법인의 참여를 인정했다. 이러한 완화조치로 개호비지니스 시장이 탄생하게 된 것이다.

그 배경에는 일본의 고령화 인구의 급속한 증가가 있다. 자녀수의 감소추세로 인해 총인구가 감소하는 가운데 65세 이상의 고령화 율은 계속 증가하여 2015년에는 26%, 2050년에는 36%에 달할 것이다. 실제로 일본인의 세 명중 1명이 고령자일 지경이다. 이미 종래의 고령자 복지·개호제도가 한계에 다다랐다는 사실은 누구의 눈으로 봐도 분명하여, 지자체나 사회복지법인 등이 유지해 왔던 이 분야에 민간의 힘을 도입할 수밖에 없게 된 것이다.

또 하나의 배경은 고령세태나 혼자 사는 노인의 급증을 들 수 있다. 자식이 부모의 시중을 보는 습관이 점점 사라지면서 나이든 배우자가 상대를 개호하는「노노(老老)개호」라고 하는 심각한 문제가 생겨나고 있다. 개호보험은 시대의 요청이었다고 말할 수 있을 것이다.

【고령화의 추세】

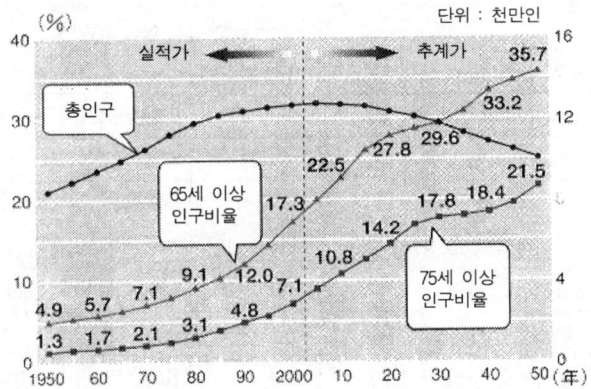

출처 : 2000년 총무성 "국세조사", 2005년 이후 국립사회보장·인구문제연구소 "일본의 장래통계인구(2002년 1월)"에서 발췌

/ 일본의 개호복지 /

2. 개호보험도입의 경위

Point
> 소비세도입에 있어서 사회보장비의 재원확보가 실마리. 개호보험제도 이전에 두개, 2006년의 제도개정 전에도 새로운 골드플랜이 책정될 예정이다.

개호보험이 창설되었던 계기라고도 말할 수 있는 것은 1987년의 소비세도입의 논의이다. 정부와 여당은 증대되는 사회보장비의 재원확보를 호소했다. 다음 해인 1988년에는 후생성·노동성이 공동명의로 이른바「복지 비전」을 발표, 고령자를 위한 복지·보건시설이나 서비스의 충분한 확보를 꾀하기 위한 구체적인 정책을 표명했다. 이는 평성원년(1989년)에「고령자보건복지추진 10개년 전략(골드플랜)」으로 책정되었다.

【골드플랜의 변천】

개호서비스	골드플랜	신골드플랜	골드플랜21
방문개호(홈헬퍼서비스), 헬퍼인구	10만 명	17만 명	35만 명
방문개호	-	5,000개소	9,000개소
통소개호(데이 서비스)	1만개소	1.7만개소	2.6만개소
단기입소(쇼트스테이)	5만개소	6만개소	9.6만개소
개호노인복지시설(특별요양노인홈)	24만 명분	29만 명분	36만 명분
개호노인복지시설(그룹홈)	28만 명분	28만 명분	29.7만 명분
치매대응형공동생활개호(그룹홈)	-	-	3,200개소
개호이용형경비노인홈(캐어하우스)	10만	10만	10만
고령자생활복지센터(생활지원하우스)	400개소	400개소	1,800개소

/ㅤ제 1 장 개호보험제도의 탄생과 성장 /

　골드플랜은 위 표와 같이 방문개호서비스부터 통소개호, 개호시설까지 구체적인 목표를 내세워 1990년부터 10개년에 걸쳐 달성하도록 되어 있다. 그 후 노인 복지법 및 노인 보건법의 일부개정으로 계획의 수정이 필요하게 되어 1994년에「신골드 플랜」이 마련되었다.
　같은 해 구 후생성 내에 사무차관을 본부장으로 하는 고령자개호대책본부가 설치되어 본격적인 고령자개호시스템의 검토가 시작되었다. 같은 해 말에는「고령자 개호·자립지원 시스템 연구 보고」가 제출되어 고령자의 자립지원을 목적으로 한 이용자가 스스로의 의지에 의해 서비스를 선택할 수 있는 신 개호 시스템의 근본이념이 나타났다. 다음 해인 1995년부터 노인보건복지심의회에서 심의가 시작되어 1996년 개호보험과 관련된 3개의 법안이 국회에 제출, 1997년 말 제정되었다.
　제정되는 동안 가장 의논이 활발했던 문제가 재원이다. 모든 재원을 세금에서 조달해야할지, 보험료를 징수하는 사회보험방식으로 가야할 지가 문제였다. 결과적으로 사회보험방식이 서비스의 공급과 수요에 편리하다고 결론지어 사회 보험 방식을 주로 하면서 반을 세금에서 투입하는 절충안을 채택했다.
　또 65세 미만의 장해자에 대한 개호서비스를 종래의 장해자복지제도에서 개호보험제도로 이행하는 것도 논의되었다. 그러나 개호보험은 이용료의 1할을 이용자가 부담하게 되어있기 때문에 장해자에게 있어서 부담이 너무 무거울 것이라는 우려가 제기되었다. 따라서 당장은 종래의 방식을 유지하도록 하고 장해자 복지제도와 개호보험제도의 일체화란 주제는 이 후 2006년의 제도개정에서 재차 논의하게 되었다.
　이 후 신 골드플랜은 1999년에 기간이 종료된 후 2000년부터

2004년까지를 목표로 하는 5개년 계획인 「골드 플랜21」로 새 단장되었다. 현재 목표기한에 거의 다다르고 있으나 아직 해결되지 못한 과제가 많은 듯하다.

3. 개호보험의 현상 - 요개호인정서와 384만 명

> **Point**
> 도입 첫해에 비해 요개호인정자 수는 50%이상 증가. 특히 요개호도가 낮은 이용자의 수가 증가하고 있다. 이 때문에 정기적인 재검토를 시행하도록 하고 있다.

 2000년 4월에 시작된 개호보험은 당초 민간 서비스 사업자의 과도한 참여로 형성된 거품이나 거점 확대·축소 등의 소동이 있었지만 커다란 문제없이 순조롭게 확장되었다. 오히려 이용자가 너무 급증하여 급여 액이 팽창, 자칫하면 재원 부족이 초래될 수 있다는 우려도 나왔다.

 후생노동성의 「개호보험사업상황보고(월보)」에 의하면 65세 이상의 제1호 피보험자 (보험료를 지불하는 보험가입자)의 수는 2004년 3월말에 2,449만 명으로 그 중 65세 이상 75세 미만이 1,374만 명, 75세 이상이 1,075만 명을 차지했다.

 개호보험제도에서는 개호서비스를 받기 위해 시·정·촌에「요개호 인정」신청을 하도록 되어있는데, 요개호 인정 척도인 요개호도는 가장 낮은 수위의 요지원(要支援)부터 요개호(要介護) 1~5(가장 높은 수위)의 6단계로 세분화되어 있다. 이 요개호인정자는 384만 명(그 중 제1호 피보험자가 370만 명, 제2호 피보험자가 13만 명)으로, 개호보험이 시작되었던 2000년(2001년 3월말)에 비해 50%가 증가했다. 요개호도별로 보면, 요지원과 요개호 1인 낮은 수위의 이용자의 증가율이 높아 2001년 3월말에 비해 요지원과 요개호가 각각 84%, 77% 상승하였다.

 서비스별로 보면 2003년도 방문개호계서비스 수급자 총수 누계는

2,540만 명, 1개월 당 평균 212만 명으로 2000년도에 비해 71% 증가했다. 특히 요개호 1이 거의 2배 증가했고, 요지원, 요개호 2, 3 등 비교적 낮은 수위의 인정자도 6할 이상의 높은 수치로 증가하고 있다. 특별양노인홈 등의 시설계 서비스 수급자 총수는 877만 명, 1개월 당 평균 73만 명으로 2000년보다 21%정도 증가했다.

개호보험제도에서는 이러한 상황의 변화에 대응하여 매 삼년마다 5년을 주기로 보험료나 개호보수(서비스사업자에게 지불되는 보수) 등 개호보험사업계획의 재검토를 행하도록 되어있어 2003년 4월에 개호보수의 개정이 행해졌다. 그 결과 방문 개호(홈 헬퍼)나 거주주택 개호지원인(케어매니저)의 보수는 올랐지만 전체적으로는 2-3프로 감소하였고 특히 시설 서비스의 보수는 일제히 감소하였다.

이처럼 개호보험은 규제 완화되고 있다고 하더라도 기본적으로는 행정에 의한 규제비지니스인지라 시장원리와는 관계없이 보수나 제도가 바뀐다는 결함이 있다. 2006년에는 보다 더 근본적인 대개정이 실시될 것이라 생각되어 사업자로서는 최악을 상정한 리스크헤지(Risk-hedge)를 해야 될 것이다.

【개호를 필요로 하는 정도와 개호 인정자수】

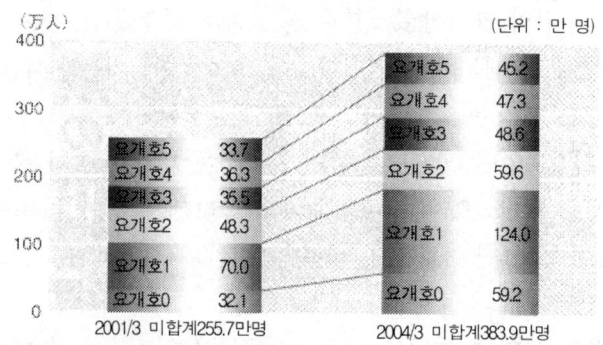

출처 : 후생노동성-개호보험사업상황보고

4. 개호보험의 시장 규모 - 20년 후는 30조 엔의 개호·복지 시장

> **Point**
> 개호보험의 급여액은 5조 엔을 돌파했지만 보험대상외의 예방, 생활 지원 등 주변산업을 포함하면 거대한 시장이 된다.

당초 개호보험이 시작되었을 때는 제도나 민간기업의 서비스에 대한 경계감도 있었던 때문인지 생각한 것만큼 이용 율이 상승하지 않았으나 이 후 순조롭게 확대, 후생노동성의 「2002년도 개호보험사업 상황보고(연보)」에 의하면 2002년 3월부터 2003년 2월에 걸쳐 급여되었던 개호비용은 5조 1,929억 엔에 달할 정도였다. 1할의 이용자 부담을 제외한 지급액은 4조 6,261억 엔이다. 전년도와 비교하면 1개월 당 평균 건수는 100만 건(20%), 비용액은 501억 엔(13%), 지급액은 448억 엔(13%)이 각각 증가했다. 지급액 증액분의 내역은 거주택(방문)서비스가 313억 엔(24%), 시설서비스가 135억 엔(7%)으로 민간기업을 중심으로 한 방문서비스의 현저한 상승이 두드러진다.

후생노동성의 「개호급여비 실태조사보고」(2002년 5월 심사 분 ~ 2003년 4월 심사 분)에 의하면 2003년 4월 심사분에 있어서 수급자 한사람 당 비용 액은 거주 서비스가 월간 8.7만 엔, 시설 서비스가 36.4만 엔이다. 상세 내역은 방문개호가 5.4만 엔, 통소개호(데이서비스)가 5.8만 엔, 복지용구대여가 1.5만 엔, 단기 입소 생활 개호(쇼트 스테이)가 10.2만 엔, 치매대응형 공동개호(그룹 홈)가 24.5만 엔, 재택 개호지원 0.7만 엔, 개호노인 복지시설(특별 양호노인 홈) 서비스가 33.7만 엔 등으로 되어 있다. 전년의 같은 달과 비교해 보면 데이서비스가 3.6%, 쇼트 스테이가 3.6% 등 복지 시설에 왕래하며 받는 통소서비스가 증가한 반면 방문개호는 -0.7%로 감소하고 있다.

【개호보험비용의 추이】

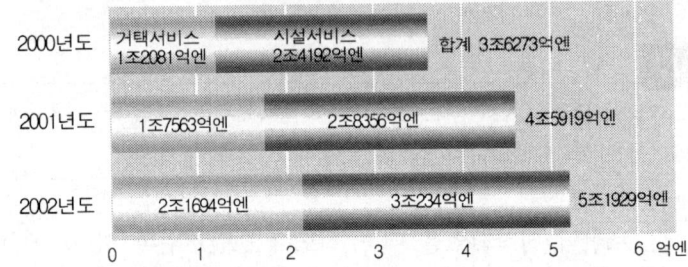

【사회보장급여의 재고찰(2004년 추계)】

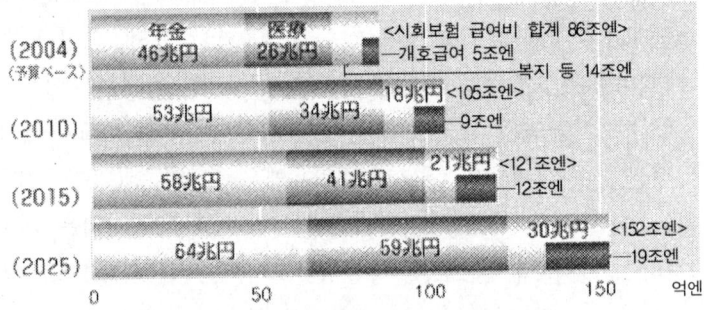

출처 : 후생노동성 개호보험 사업 상황보고서에서 - 그래프화합

    차후의 시장을 전망해보면 후생노동성이 2004년 5월에 발표했던 「사회보장의 급여와 부담의 전망」에 의하면 개호의 급여비는 2010년에는 9조원, 2015년에는 12조원, 2025년에는 19조원으로 추정하고 있다. 개호를 포함한 복지전체로는 각각 18조원, 21조원, 30조원으로 추정된다.

    또 고령자 2,400만 명 중 8할 이상이 개호를 필요로 하지 않는 건강한 노인으로 구성되면서 신금중앙금고 종합 연구소에서는 2001년 실버 비즈니스 시장의 규모를 36.6조 엔(개호·의료·소비)으로 추정하고 있다.

  앞으로 개호예방이나 보험대상외의 생활지원 서비스, 오락·레져의 요구가 확대된다면 복지·개호의 틀을 넘는 시장의 확대는 분명하다.

5. 고령자의 수요와 개호에 대한 의식 - 개호보험의 주지도 등

Point

개호보험제도의 주지도는 의외로 낮아서 대상연령자인데도 모르는 사람이 많다. 재택개호에 관해서도 가족보다 외부의 개호를 희망하는 사람이 늘고 있다.

내각부에서는 2003년 7~8월에 전국 20세 이상을 대상으로「고령자개호에 관한 여론조사」를 실시했다. 그 중 개호보험제도에 관한 주지도에 관한 질문에「거의 모른다」가 37%,「전혀 모른다」가 6%로 나타났다. 더욱 놀라운 것은 서비스를 받는 당사자라고 할 수 있는 60세 이상조차도 모른다고 답한 사람이 약 3할이나 되었다. 이렇게 낮은 인지도와 요개호 인정을 받은 사람의 숫자와 관계가 있다고 한다면 앞으로 이용자에 대한 계몽활동이 필요할 것이다.

그건 그렇고 같은 조사에 의하면 개호보험서비스 중 무엇이 가장 알려져 있는지 알아보면 방문 개호(홈 헬프 서비스)가 86%, 그 뒤를 이어 방문 입욕개호가 80%, 데이서비스가 76%, 방문 간호 69% 등이 있다. 한편 개호보험이외의 서비스로는 배식서비스가 65%로 가장 인지도가 높고 그 뒤를 이어 이송서비스 46%, 긴급통보서비스 43%, 삶의 보람 데이서비스 38%, 개호용품의 지급 33% 등으로 나타났다. 전도골절예방 등의 개호예방교실은 14%로 인지도가 낮았다.

내각부의「고령자의 건강에 관한 의식조사」(2002년 12월)에 의하면「장래 개호가 필요하게 되는 것은 아닐까 불안하다.」고 대답한 고령자는 44%였다.「개호가 필요할 경우 어디서 받고 싶은가」라고 하는 질문에 대해서는 자택에서의 개호가 43%로 압도적으로 많았고, 그 뒤로 병원 등의 의료기관 18%, 특별양성노인홈 등의 복지시설

12%로 나타났다. (159페이지 참조).

【개호보험제도의 주지도】

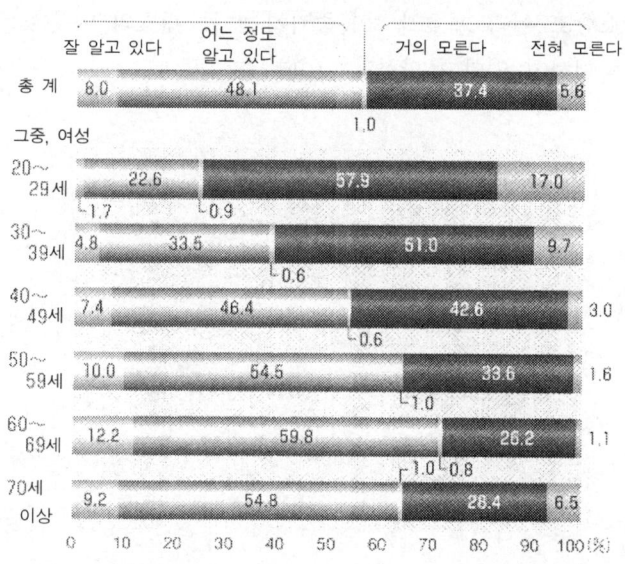

출처 : 내각부-고령자 개호에 관한 여론조사

한편 첫머리에 실렸던「고령자개호에 관한 여론조사」에서는 개호를 받고 싶은 장소로 자택이 45%로 가장 많았지만 특별요양노인홈 등의 시설이 33%, 유료노인 홈이나 그룹홈이 9%로 시설에 대한 저항감이 낮게 나타났다.

2개의 조사 데이타에는 약간의 차이가 있지만 둘 다 남성보다 여성 쪽이 시설을 희망하는 사람이 많았고 특히 후자의 데이터에서는 30~59세의 여성에서 자택보다 시설을 희망하는 사람이 많다는 역전 현상도 일어나고 있다. 또「바람직한 자택에서의 개호형태」로는「가족개호를 중심으로 한 헬퍼 등의 이용」이 42%로 가장 많았고, 「가족만의 개호」를 희망하는 사람도 12%였던 반면 「헬퍼를 중심으로 가족에 의한 개호」가 32%, 「헬퍼 등의 외부 만에 의한 개호」가 7%로 나타났다. 1995년의 전회조사와 비교해 보면 가족만의 개호가 13% 감소했고 헬퍼 개호가 10%증가하는 등 개호의 아웃소싱의식이 확실히 발전하고 있다고 말할 수 있다.

6. 개호 비즈니스를 담당하는 민간기업
- 개호보험부터 장해자복지까지

Point

개호서비스 사업은 지금까지 양·질 모두 민간의 힘에 의해 증진해왔다고 말할 수 있다. 앞으로의 장해자복지에 대해서도 민간 기업참가에 대한 기대가 높다.

개호보험제도는 민간의 힘을 개호·복지 분야에 도입하는 수단이기도 하다. 그렇기 때문에 공적인 조치제도로부터 이용자가 서비스를 선택하는 구조로 이행했다는 것은 전술한 바 있다. 실제 개호 서비스개시 후 민간 영리법인이 개호서비스 분야에서 점유하는 비율은 나날이 높아지고 있다. 후생노동성의 「개호서비스 시설·사업소조사」에 의해 전 서비스 사업소 중 민간 기업이 차지하는 비율을 2000년 10월과 2003년 10월로 비교해 보면 밑의 표와 같다.

【민간 기업이 점하는 서비스 비율】

	2000. 10	2003. 10
방문개호	30%	45%
방문입욕개호	23%	29%
방문간호스테이션	6%	11%
데이서비스	5%	19%
쇼트스테이	1%	1%
그룹홈	21%	43%
복지용구대여	83%	87%
거택개호지원	18%	26%

표에 의하면 쇼트스테이를 제외한 모든 분야에서 민간기업의 쉐어가 큰 폭으로 높아지고 있는 것을 알 수 있다. 이러한 활력이 개호

보험제도의 필요성을 높였다고 볼 수 있다. 민간사업자의 일부는 분명히 개호보수의 부정청구 등 문제를 일으키고 있지만 대체로 커다란 문제없이 개호서비스의 양과 질을 높여주고 있다고 할 수 있다.

실제로 개호보험뿐만 아니라 2003년도부터 새로운 장해자 복지제도로서 시작된 「지원비제도」(220페이지 참조)도 종래의 조치제도인 장해자 복지서비스를 개호보험형태인 선택식 서비스로 전환하였다. 그 결과 지금까지 참여가 규제되었던 민간기업의 서비스 제공도 가능하게 되었다. 지원비제도 서비스 제공사업자가 되기 위해서는 개호보험과 마찬가지로 각 도도부현지사의 지정이 필요하지만, 그 지정기준은 개호보험제도에 준하기 때문에 개호서비스 사업자라면 지원비서비스에도 참가하기 쉽다.

【2004년도 장해보건복지부예산】

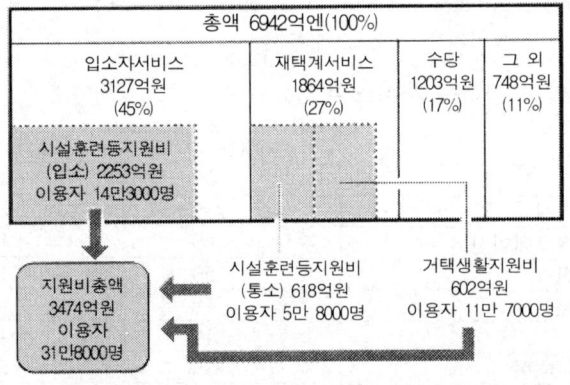

지원비제도는 개호보험과 달리 이용자의 보험료가 아닌 대부분 세금으로 조달되고 있다. 2004년도의 장해보건복지예산은 약 7,000억 엔으로 전액이 지원비제도로 이행된 것은 아니고 정신 장해자를 위

/ 제 1 장 개호보험제도의 탄생과 성장 /

한 서비스나 장해아동시설 등은 종래의 조치제도로 남았다.

　지원비제도로는 신체장해자복지, 지적장해자복지, 아동(장해아) 복지 등 세 분야로 2004년도 예산 총액은 3,473억 엔이다. 그 중에서도 방문개호, 쇼트스테이, 데이서비스 등 재택 서비스의 강화가 요구되고 있어 민간기업에게 기대가 모아지고 있다. 그렇지만 장해자와 고령자개호와는 엄연히 다르기 때문에 안이한 참여는 이용자에게 폐를 끼치게 된다.

/ 일본의 개호복지 /

7. 개호비지니스의 경영상황
- 각사업자의 수익상황을 알아본다.

Point

많은 민간기업이 단기간에 참여한 개호 비즈니스이지만 그 수익성은 반드시 높다고는 할 수 없다. 대표적 서비스는 모두 적자인 상황이다.

주요 개호서비스 기업이 2004년에 발표한 2003년도 결산에 의하면 잇달아 증수증익을 달성하여 사상최고의 경영이익을 기록한 기업이 많았다. 그러나 사업자의 경영실태는 어떨까?

후생노동성의 「개호사업경영상조사결과」(2002년 4월)를 보면 회답한 방문(거택)개호 서비스 시설·사업소의 대표적 서비스가 모두 적자(보조금을 포함하지 않은 수익베이스)였다. 방문 개호 이익률(수입에 대한 이익의 비율)은 마이너스 3.7%, 거택 개호지원(케어플랜만들기)는 마이너스 16.1%다. 사업비용 중에서도 둘 다 급여비가 높아 방문개호는 82%, 거택개호지원은 94.7%였다. 서비스 제공자가 이용자와 일대일로 대응할 수밖에 없는 사업은 인건비가 무거운 부담을 주고 있다.

한편 시설 내에서 1사람의 스탭으로 다수의 이용자를 대할 수 있는 통소 서비스에서는 이익률이 높았다. 통소개호가 13.8%, 통소 사회복귀 훈련이 15.9%, 그 밖에 쇼트 스테이(단기입소생활개호), 그룹 홈, 유료노인 홈도 모두 흑자였다.

이 조사는 민간기업도 포함한 모든 사업법인의 집계지만 이것을 경영주체별로 보면, 공공단체나 사회복지법인의 경영의 비효율성이 나타난다. 방문개호에 있어서 이익률은 지방공공단체가 마이너스 38.7%, 사회복지협의회(사협)이 마이너스 2.5%, 사협 이외의 사회복지법인이 마이너스 20.2%, 의료법인이 마이너스 13.9%, 영리법인(민간기업)이 마이너스 0.1%였다. 지방공공단체와 사회복지법인(사협이외)이 큰 폭의 경영적자를 내고 있는 반면 민간기업은 거의 순조롭다.

【거택개호지원유료노인홈(시설전체)】

구분	방문개호	방문입욕	방문간호 스테이션	통소개호	통소개호	단기입소 생활개호	그룹홈	유료노인홈 (시설전체)	거택개호 지원
수익 (천엔)	2677	990	1733	3901	4304	3601	2878	42380	659
비용	2776	931	1699	3364	3618	2760	2586	40511	765
손익률	▲3.7%	6.0%	2.0%	13.8%	15.9%	9.8%	10.2%	4.4%	16.1%

출처 : 후생노동성-1992년 개호사업경영개황 조사결과의 그래프화

개호보험서비스 중 대기업인 니치이학관사업경영본부의 키타무라 토시유키 이사는 "방문개호는 사업자의 사업개시는 빠르지만 그리 간단히 벌이가 되는 사업은 아니다. 어디까지나 제도비지니스로 안이하게 생각해서는 안 된다."고 말한다.

또 동경전력그룹에서 개호사업을 담당하는 자회사, 동경 리빙서비스의 아베과장은 "방문개호는 좀처럼 이익이 오르지 않는다. 거시적으로도 수지가 순조로우면 좋을 텐데..."라고 한다.

그렇지만 방문개호와 거택개호지원은 개호 서비스의 핵심으로 사업자로서는 다루지 않아서는 안 된다. 이 때문에 민간기업에서는 통소 서비스나 그룹홈, 유료노인 홈, 복지용구대여 등의 사업을 조합해서 이익을 확보하고 있는 듯하다.

/ 일본의 개호복지 /

8. 해외 개호제도의 동향

> **Point**
> 일본의 개호보험제도는 독일을 모체로 하고 있지만 독일은 네덜란드를 참고로 하고 있는 등 선진 국가에는 다양한 제도가 있다.

독일은 1994년에 개호보험제도를 창설하여 다음해부터 재택서비스를 개시했다. 일본의 개호제도(구조는 제7장을 참조)는 독일을 모체로 하고 있지만 내용적으로는 큰 차이가 있다.

일본에서는 40세 이상이 보험료를 지불하고 기본적으로는 65세 이상이 개호서비스의 급여대상으로 되고 있지만 독일에서는 20세 이상의 모든 의료보험피보험자가 보험료(월수의 1.7%)를 노동자, 사용자 반반으로 부담하여 연령에 관계없이 필요에 따라 개호서비스를 받을 수 있도록 되어있다. 일본에서는 재원의 반이 공비로부터 나오지만 독일은 전액 이용자가 내는 보험료로 충당하고 있다.

또 급여는 일본에서는 현물급여(서비스)에 한정하고 있지만 독일에서는 현물, 현금 및 이 둘의 조합을 선택할 수 있다. 덧붙여 말하면 재택 서비스를 받고 있는 사람의 70% 이상이 현금 급여를 선택하고 있다고 한다. 2001년 독일의 공적인 재택개호수급자는 135만 명, 시설개호수급자는 61만 명이다. 재택 개호서비스는 방문개호, 통소개호, 야간통소개호, 단기입소개호, 대체개호, 복지용구의 대여·구입, 재택 개수비의 지급, 노인거주 홈으로 분류된다. 또 시설서비스는 노인개호홈, 노인 홈, 노인복합시설로 나뉜다. 요개호인정은 기본적으로 3단계로 공적의료보험을 운영하고 있는 「질병금고」란 지역에 설치된 독립적 심사기관이 인정한다.

실은 독일이 참고한 것이 네덜란드의 개호제도로 이는 1968년부터 시행된 전통을 가지고 있다. 네덜란드에서는 개호보험을 의료보험의 구조 안에서 취급하고 있어 장기요양·치료를 개호보험, 단기치료를 의료보험으로 한다. 이 때문에 연령, 소득, 국적을 불문하고 네덜란드의 거주자는 모두 강제 가입되고 과세소득에 준한 보험료를 지불한다. 급여서비스에도 연령 등의 제한이 없다.

유럽국가에서는 혼자 사는 고령자(65세 이상)의 비율도 높아 30-40%에 달하고 있다(일본은 2000년에 여성이 18% 임). 이 때문에 고령자를 위한 시설이나 주택서비스가 일찍부터 발전해 왔다. 북구 국가, 네덜란드, 독일 등은 재택에서 공적 서비스를 받고 있는 사람의 비율이 10%를 초과한다. 그중에서도 덴마크는 20%에 달하고 있다. 이에 비해 일본은 5% 전후로 아직 뒤떨어져 있다.

일본의 개호보험제도에서 특징적인 케어매니지먼트(이용자의 수요와 의지를 중요시하는 합리적인 케어플렌의 작성부터 실시, 개선까지의 메니지먼트=제7장 참조)도 실은 독일이 아닌 영국의 제도를 참고한 것이다. 그러나 영국의 고령자 개호는 개호보험이 아닌 세금을 재원으로 하는 의료제도의 일환으로 행해지고 있다. 유럽 국가의 개호제도는 사회의 실정과 전통에 맞게 다양하게 존재한다.

/ 일본의 개호복지 /

9. 개호보험제도 재검토의 실행방법

> **Point**
> 2006년에는 개호보험이 대폭 개정될 예정이다. 근본적인 제도의 개정이 예상되고 있어 사업자에 대한 영향도 클 것이다.

　개호보험제도는 실시 후 5년째에 제도를 재검토하도록 미리 규정하고 있어 후생노동성의 사회보장심의회 개호보험부회에서 의논하고 2004년 가을에 견해들을 정리하여 2005년에 국회에 개정안을 제출, 2006년도부터 새로운 제도가 채택되게 된다.

　2004년 7월 현재에는 아직 의견이 모아지지 않아 정확한 개정안은 알 수 없지만 논의의 방향으로 보았을 때 급여를 억제하고 보험료의 징수를 확대하는 안이 유력하다. 특히 후생노동성 측이 우려하고 있는 것은 요지원 및 요개호 1급등의 낮은 수준의 요개호자의 급증이다. 2004년 3월의 요지원 인정자수는 2000년도에 비해 84%증가, 요개호 1급은 77%증가라는 높은 상승률을 보이고 있다. 보험급여의 비용액으로 보면, 요지원은 전체의 약 2.6%, 요개호 1급은 16%이고, 요개호 5급이 24%(이상 2002년도)로 역시 가장 많은 비율을 차지하고 있다. 그렇지만 개호보험부회의 의논에서는 「요지원자에 대한 개호보험서비스는 정말 필요한가?」라고 요지원의 폐지를 포함한 얘기가 진행되고 있다. 카나가와복지서비스 진흥회의 세또 전무이사는 "후생노동성 측은 낮은 수준의 이용자에 대한 서비스가 적정하게 급여되고 있는지 의문을 갖고 있어, 보험을 이용하지 않는 개호를 해야 되지 않을까? 라는 의견이 나오고 있다. 그러나 요지원이기 때문에 생활을 지탱하는 개호서비스가 필요하지 않다는 것은 적절치 못하다."고 말한다.

신문 등에 의한 일부 보도에서는 요지원과 요개호 1급의 이용자에게는 개호예방 메뉴 1급을 신설하는 한편, 생활원조 서비스를 원칙적으로 메뉴에서 뺀다는 후생노동성의 의향이 전해지고 있지만 재원을 우선시하여 현장의 수요를 모른 채 숫자만으로 의논을 진행시키는 것은 위험하다고 생각한다. 우선 건강한 고령자를 포함한 개호예방을 지역적으로 침투시켜, 요지원이 되지 않도록 그리하여 요개호도가 악화되지 않도록 막는 것이 중요하지 않을까?

게다가 현재 보험료의 징수대상을 40세 이상에서 20세 이상으로 끌어내려 이용자의 1할부담의 재검토(부담증가)도 검토되고 있는 듯하나 이에 대해 개호보험료의 반을 부담하는 기업이 반발하고 있다.

【개호보험제도의 재 고찰 "논점"】

```
0. 제도 재 고찰의 전반           4. 서비스 질의 확보
1. 보험자의 형태                   · 케어매니지먼트
   · 보험자의 규모                 · 제3자의 평가, 권리옹호
   · 보험자의 기능과 권한          · 인재육성 등
2. 피보험자의 범위                 · 사업자의 지도, 감독 등
3. 보험급여의 내용과 수준(이용자부담을 포함) 5. 개호필요 인정
   · 급여비 수준                   · 지역차
   · 지원필요, 개호필요에 관한 형태  · 인정 기준
     (개호예방, 재활을 포함)        · 사무수속 등
   · 재택과 시설의 형태            6. 보험료 납부금 부담의 형태
   · 서비스체계(질병케어를 호함)    · 보험비 등
   · 의료등과의 연계               · 국가부담
                                   · 재정조정 등
                                7. 다른 제도와의 관계 등
```

2003년 10월에 열린 개호보험부회에서는 위의 표와 같이 제도의 재검토 논점이 정리되었지만 여기서 「피보험자의 범위」로는 「장해

자시책의 의논과 관련된 것」으로 정의되어 있다. 전술한 지원비제도와 관련시켜 징수를 20세 이하로 끌어내리는 것과 함께 이 경우 장해자도 개호보험의 급여 대상으로 하자는 의견이 높아지고 있는 듯하다. 재원론으로 인해 이용자가 없는 제도개혁이 되지 않도록 감시할 필요가 있다.

10. 제도 재검토의 시안
- 동경도와 일본경제단체연합회 등의 개혁안

> **Point**
> 보험제도의 개정은 이용자나 사업자뿐만 아니라 지방자치체, 기업, 관계단체에도 큰 영향을 준다. 동경도도 시안을 발표했다.

2006년도의 개호보험제도개정은 이용자나 사업자는 물론이고 제도의 연관주체인 시정촌이나 사업자 인정 등의 권한과 책임을 가진 도도부현, 보험료의 반을 부담하는 기업 등에게도 큰 영향을 미친다.

이 때문에 동경도는 2004년 10월에 도도부현에서 처음으로 개호보험제도 재검토인「동경도시안」을 발표했다. 동경도는 혼자 사는 고령자나 고령자 부부가 많고, 지역커뮤니티도 희박하기 때문에 다음페이지의 표와 같이 10개의 목표를 게재한 독자적 개혁안을 표명했다.

주요한 구체적 제안으로는 개호예방 메뉴의 개발이나 개호보수로의 편입 등 개호예방사업의 강화, 치매증상이 없는 고령자를 대상으로 한 그룹홈의 설치, 쇼트 스테이의 완비, 케어부주택이나 소규모·다기능 서비스 거점의 추진, 케어매니져의 노동환경 개선 및 서비스 사업자로부터의 독립성 확보 등이 있다. 또, 보험료의 징수대상을 끌어내리는 것은 베이비 붐 세대가 고령화를 맞이함에 따라 어쩔 수 없다고 하면서도 65세 미만에 대한 서비스급여의 제한을 완화하는 등의 조치를 취할 필요가 있다고 하고 있다. 현재 40~65세 미만의 사람들은 보험료를 납부하면서도 개호보험의 서비스는 특정 질병에 한해서만 혜택을 주고 있어 이 제한을 완화하자는 것이다. 또 동경도 안에서는 개호상황이 발생할 위험이 낮은 청년층에게도 보험료를 징수한다면 왜 세법식을 채택하지 않는 것일까라는 핵심적인 의논을 해야 된다고 주장하고 있다. 확실히 바른 말이라고 할 수 있을 것이다. 직접적인 서비스를 받지 못하면서 강제적으로 징수된다면 세금과 마찬가지기 때문이다.

【동경도의 개호보험제도의 재 고찰 시안】

- **목표1** 고령자가 자립하여 존엄한 삶을 누린다.
- **목표2** 가능한 한 개호가 필요 없는 상태로 만든다.
- **목표3** 개호가 필요하게 되어도 지내던 터전에서 살게 한다.
- **목표4** 요개호 상태의 악화를 방지하고 개선이 가능하도록 한다.
- **목표5** 중증장애나 질병이 걸려도 안심하고 살 수 있도록 한다.
- **목표6** 가족이 개호가 있는 생활과 친숙하도록 한다.
- **목표7** 자신에게 맞는 서비스를 조합하여 이용할 수 있도록 한다.
- **목표8** 자신의 최후를 원하는 대로 맞이할 수 있도록 한다.
- **목표9** 개호보험제도가 공평하고 유효하다는 생각을 갖도록 한다.
- **목표10** 현 세대가 개호보험제도를 신뢰하도록 한다.

출처 : 동경도시안"동경 고령자개호가 지향하는 10개의 목표"

　일본경제단체연합회(경단련)도 2004년 4월에 제도개혁에 대한 의견과 제안을 발표했다. 경단련은 현행제도의 문제점으로 「개호급여비가 증가하면 자동적으로 보험료가 오르는 것」이나 「사회보장제도 전체로서의 부담의 불투명성」등 기업·종업원의 의사가 반영될 수 있도록 하는 제도가 안 되어있다고 지적했다. 게다가 시설입주자의 식비 및 거주비의 전액 자기부담, 개호비의 1할 부담의 인상을 제안했다. 특히 보험료 징수대상의 확대는 「매우 중요하다」고 강하게 견지하고 있다. 재계대표로서는 직접 기업의 부담을 높이는 제도개혁을 피하고 싶은 것이 당연할 것이다.

　이렇게 제도 개혁을 둘러싼 갖가지의 이익이나 의도가 얽혀 있어 어디로 착지할까 아직 불투명하다.

제 2 장 개호 서비스와 사업자의 전체상을 알아본다.

1. 개호보험의 서비스 지정업자란 무엇인가.
2. 서비스 사업체에는 어떤 법인형태가 있을까?
3. 사회 복지 법인과 영리·NPO법인의 차이는?
4. 재택 형 개호서비스란 무엇인가.
5. 시설·주택형 개호 서비스란 무엇인가
6. 서포트형 개호 서비스란 무엇인가
7. 개호·복지 사업에 종사하는 전문직
8. 홈헬퍼의 현상과 일에 관해
9. 케어매니저의 현상과 일에 대해
10. 개호복지사·사회복지사의 현장과 일에 대해

1. 개호보험의 서비스 지정업자란 무엇인가.

Point

개호보험 서비스를 제공하는 사업자는 일정 수준 이상의 인원이나 시설 등을 가질 필요가 있어 각 도도부현지사의 지정을 받지 않으면 안 된다.

개호 서비스의 사업자는 개호보험으로부터 급여를 받기 때문에 일정 수준 이상의 서비스 품질을 확보하고 있다는 증명으로 각도도부현지사의 지정을 받을 필요가 있다. 지정 서비스의 종류로는 「지정 거택 서비스 사업자」, 「지정 거택 개호지원 사업자」, 「개호보험 시설」 등 3종류가 있다.

① 지정 거택 서비스 사업자

거택 서비스 또는 재택 서비스란, 이른바 방문 개호계 서비스로, 개호보험법에 의하면, 다음페이지의 표와 같이 12종류의 서비스가 있다. 그 중에서 홈 헬퍼나 간호사 등이 이용자의 집을 방문하는 방문계 서비스, 이용자가 개호시설 등으로 가는 통소계 서비스(이상 2개를 합쳐 방문 통소계 서비스라고도 한다.), 시설 등에 단기적으로 입소하는 단기 입소서비스, 그밖에 기타 서비스로 크게 나누는 것이 일반적이다.

거택 서비스는 주식회사 등의 영리법인이나 법인격이 없는 비영리 조직(NPO)도 요건을 만족하면 지정을 받을 수 있다. 그 지정기준은 인원(지식, 기능, 사람 수), 설비 및 운영, 서비스의 질 평가와 이용자에 대한 정보제공이다. 이러한 요건에 맞지 않거나 서비스비의 부정청구가 행해졌을 때 각 도도부현지사가 지정을 취소할 수 있다.

/ 제 2 장 개호 서비스와 사업자의 전체상을 알아본다. /

② 지정거택개호 지원사업자

거택개호지원이란 개호 서비스 계획(케어 플랜)의 작성이나 지정거택서비스 사업자와의 연락조정 등을 행하는 사업이다. 이 서비스는 케어매니저(개호지원전문가)라고 불리는 전문가가 하기 때문에 사업자의 지정기준으로는 케어매니저를 의무적으로 두게 되어 있다.

【개호서비스 사업자의 분류】

지정거택 서비스 사업소		
방문통소계 서비스	· 방문개호 · 방문입욕개호 · 방문간호 · 방문재활 스테이션 · 통소개호(데이서비스) · 통소재활 스테이션(데이케어)	(방문계) (통소계)
단기입소 서비스	· 단기입소생활개호(복지계쇼트스테이) · 단기입소요양개호(의료계쇼트스테이)	
그 외의 서비스	· 거택요양관리지도 · 치매대응형공동생활개호(치매성고령자 그룹홈) · 특정시설입소자 생활개호 · 복지용구대여	

*복지용구대여는 방문통소계에 속하는 경우도 있다.

특정거택개호지원사업자

개호보험시설	
	· 특정개호노인복지시설(특별요양노인홈) · 개호노인보건시설(노인보건시설) · 특정개호요양형의료시설(요양형병상 등)

③ 개호보험시설

개호보험시설에는 「지정개호노인복지시설」, 「개호노인보건시설」,

「지정개호요양형 의료시설」등 3종류가 있다. 거택 서비스가 영리법인이나 NPO도 지정 받을 수 있는 반면, 시설 서비스는 지방공공 단체, 의료 법인, 사회복지법인 등 후생노동대신이 정하는 비영리단체에 한정되어 있다. 단지 지정 서비스와 같은 수준에 달하면 일부 요건을 만족하지 않아도 시정촌이 개별적으로 판단할 수 있는 재량권을 부여하고 있다.

2. 서비스 사업체에는 어떤 법인형태가 있을까?

Point

개호서비스 사업은 전항에서 언급했듯이 지정을 받기 위해서 원칙적으로 법인격을 필요로 한다. 최근에는 영리법인이나 NPO법인도 늘어 중요한 역할을 담당하고 있다.

지정개호서비스로 인식되는 법인형태는 주식회사, 유한회사, NPO법인, 의료법인, 사회복지법인, 사단·재단 법인, 협동조합 등이 있다. 아래 표에서도 알 수 있듯이 재택 서비스에 있어서 주요한 담당자는 사회복지법인, 영리법인 이지만 최근에는 NPO법인도 서서히 늘고 있다.

2000년과 비교해서 NPO가 차지하는 구성비는 방문개호가 2.1%에서 3.9%, 통소개호는 1.3%에서 3.0%, 치매대응형 공동생활개호(이른바 그룹 홈)에서는 5.5%에서 6.4%이다.

주식회사 또는 유한회사 등의 영리법인이 현저히 늘고 있는 서비스로는 방문 개호 서비스(30.3%에서 36.1%), 통소개호(4.5%에서 12.7%), 치매대응형 공동생활 개호(21.2%에서 34.1%) 등을 들 수 있다. 또 복지용구대여에 관해서는 이전부터 영리법인을 중심으로 이루어져 2002년에도 84.7%라는 압도적 다수를 차지하고 있다.

지금까지는 개호·복지서비스는 사회복지법인이나 의료법인이 주로 담당해 왔지만 이제는 영리법인이나 NPO법인 없이는 개호보험제도가 성립되지 못하는 상황이 되었다.

/ 일본의 개호복지 /

【개설(경영) 주체별 사업소 수와 구성 비율】

매년 10월 1일 현재		사업소수			2002년 구성비율(%)								
		2002년	2001년	2000년	지방공공단체	공적,사회보험관계단체	사회복지법인	의료법인	사단재단법인	공동조합	영리법인	NPO	기타
거택사업소	방문개호	12346	11644	9833	2.1	-	39.3	10.1	2.1	4.8	36.1	3.9	1.5
	방문입욕개호	2316	2457	2269	2.1	-	67.3	2.5	1.1	1.1	25.0	0.6	0.2
	방문간호스테이션	4991	4825	4730	4.9	2.3	10.1	50.7	16.8	5.1	9.2	0.5	0.5
	통소개호	10485	9138	8037	4.6	-	69.2	7.0	1.1	1.5	12.7	3.0	0.9
	통소재활스테이션 개호노인보건시설	2832	2743	2638	5.3	2.2	15.7	72.9	3.2	-	.	-	0.7
	통소재활스테이션 의료시설	2736	2698	2273	1.7	0.6	0.2	71.6	3.2	-	0.1	-	22.4
	단기입소생활개호	5149	4887	4515	6.5	-	91.6	1.0	0.1	0.1	0.5	0.1	0.2
	단기입소요양시설 개호노인보건시설	2838	2726	2616	5.3	2.1	15.5	73.2	3.2	-	.	-	0.7
	단기입소요양시설 의료시설	2817	2331	2035	5.0	1.2	0.2	74.5	2.6	-	0.1	-	16.3
	치매대응형 공동생활지원	2210	1273	675	0.8	-	32.9	24.8	0.7	0.1	34.1	6.4	0.3
	복지용구대여	4099	3839	2685	1.0	-	5.6	2.6	0.4	4.0	84.7	0.5	1.2
거택개호지원사업소		20694	19890	17160	5.7	-	36.3	25.4	5.3	3.6	20.6	1.5	1.6

/ 제 2 장 개호 서비스와 사업자의 전체상을 알아본다. /

【개설주체별 시설수의 구성비율】

매해10월1일 현재		사업소수			국.도도부현	시구정촌	광역연합 일부사무조합	일본적십자사·사회보험관계단체	사회복지협의회	사회복지법인	의료법인	사단·재단법인	기타법인	기타
		2002년	2001년	2000년										
개호보험시설	개호노인복지시설	4870	4651	4463	1.4	6.6	3.5	0.1	0.3	88.1	.	.	.	.
	개호노인보건시설	2872	2779	2667	0.2	4.1	1.0	2.1	0.1	15.8	72.8	3.1	0.7	-
	개호요양형의료시설	3903	3792	3862	0.2	4.5		1.2		0.2	73.2	2.6	1.6	16.5

출처 : 후생노동성-개호서비스 시설, 사업소 개황(2002년, 2001년)

/ 일본의 개호복지 /

3. 사회 복지 법인과 영리 · NPO법인의 차이는?

> **Point**
> 같은 역할을 담당하고 있지만, 여전히 사회복지법인에는 정부의 극진한 우대가 있다. 영리 · NPO법인의 사회적 신뢰 · 환경정비 향상이 요구된다.

사회복지법인이란 사회복지법에 기초하여 설립된 조직으로 행정의 조력이나 세제의 우대조치 등 특권을 부여받고 있다. 같은 법인 중에도 전국의 시정촌에 설치되어 있는 사회복지협의회(사협)가 대표적으로 지금까지의 개호 · 복지서비스를 유지해 왔다.

그러나 개호보험제도의 성립에 의해 극히 자세하고 다양한 개호서비스를 전국규모로 제공하는 데는 경쟁원리로 운영되지 않는 사협같은 사회복지법인 만으로는 대응할 수 없다는 인식이 사회에 퍼졌다. 그 새로운 담당자로서, 기대를 받고 등장한 것이 주식회사나 유한회사 등의 영리법인과 NPO법인이다.

전자와 후자의 차이는 사회복지법인은 과세를 면제받지만 공공성을 엄중히 감독받아 당연히 영리를 추구하는 것이 불가능하다. 한편 영리법인은 주식회사는 자본금 1,000만 엔 이상, 유한회사는 자본금 300만 엔 이상으로 설립가능하며 이익을 추구하는 반면 과세대상이 된다.

NPO법인은 NPO법이 시행된 이후 급증하고 있고, 활동이 인정되는 17개 분야 중 제 1호인 보험 · 의료 · 복지 분야가 압도적 다수를 차지하고 있다. NPO법인도 비영리활동을 하면서 법인세 과세 대상으로 기부금 등의 취급 등에 관하여 법 정비의 후진성이 지적되고 있다.

이 때문에 NPO법인에서 사회복지법인으로 전환하려는 예가 늘고 있다. 사회복지법인이 되면 정부로부터 원조가 있는데다 면제된 세금을 개호사업에 이용할 수 있고 기부금도 모으기 쉽다. 또 정부로부터 신뢰가 높기 때문에 장해자 케어 서비스를 제공하기 쉽게 된다. 이렇게 사회적 신뢰를 높이는 것이 NPO 법인의 메리트 중 하나로 지적되고 있지만 현실적으로 지역주민이 독자적으로 운영하는 NPO법인은 아직 사회적 신뢰를 얻고 있다고는 할 수 있다.

NPO법인으로부터 사회복지법인으로의 전환이 늘게 된 또 하나의 배경으로는 사회복지법인의 자산요건 등의 완화조치를 들 수 있다. 거택개호(방문개호=홈 헬퍼)사업을 목적으로 하는 법인에 대해서는 자산의 보유를 현행 1억 엔에서 1천만 엔으로 끌어 내린 것이다.

국세청의 「인정 NPO법인」이 되면 기부자에 대한 세제상의 우대조치 등을 받을 수 있지만 인정단체는 2004년 5월 당시 거의 20개 단체에 불과하다. 물론 개호서비스분야에는 인정법인이 없다. 아직 NPO법인이 활약할 수 있는 환경정비가 안 되고 있다.

【사회복지법인의 종류와 수】

	1900년도	2000년도	2002년도
사회복지협의회	3074	3403	3381
공동모금회	47	47	47
사회복지사업단	105	152	151
시설경영법인	10071	13303	14449
기타	59	97	122
합계	13356	17002	18150

출처 : 후생노동성 - 사회복지행정업무보고

【정관기재 된 NPO활동의 종류와 수】

제 1호	보험, 의료 또는 복지의 증진을 꾀하는 활동	9312
제 2호	사회교육추진을 꾀하는 활동	7620
제 3호	동네살리기 추진을 꾀하는 활동	6365
제11호	어린이 건강육성을 꾀하는 활동	6240
제17호	전 각호(1-16호)에 게재된 활동을 목적으로 한 단체의 운영 또는 활동에 관한 연락, 조언 또는 지원활동.	6762

*상위5종류. 2004년3월31일까지 인정을 받은 160법인의 복수응답
출처 : 내각부 국민생활국

4. 재택 형 개호서비스란 무엇인가.

Point
병원에서 재택개호에 의한 자립지원으로 개호보험제도의 근본이념이 토대가 되어 만들어진 재택형 개호서비스이다.

본장의 처음 항에서도 기술했듯이 개호보험법이 규정하는 「거택 서비스」에는 치매대응형 공동생활개호(치매성고령자 그룹홈)나 특정 시설입소자 생활 개호(유료노인 홈 등)가 포함되어 있고 「시설 서비스」는 개호노인 복지시설(특별요양노인 홈), 개호노인 보건시설(노인 보건시설), 개호요양형 의료시설(요양형 병상군 등)의 세 종류로 한정되어 있다.

그러나 광의에는 그룹홈 이나 유료 노인홈은 시설에 의한 서비스로 분류되고 있어 본서에서는 이것들을 「시설형 개호 서비스」로 칭한다. 따라서 「재택형」 또는 「방문형」이라고 할 경우 개호보험법의 「재택」이란 다른 구조로서 생각하여 그룹홈 등은 포함하지 않는다. 또 케어플랜을 작성하는 재택개호지원은 재택형에 포함하는 것으로 생각한다. 데이서비스나 쇼트스테이 등 시설로 다니는 형태의 서비스는 「통소형」이라고도 부르지만 여기서는 재택형의 하나로 한다.

제 1장에서 기술했듯이 개호보험제도 본래의 취지는 개호를 필요로 하는 사람들에 대해 자택에서 자립지원을 하는 것에 있다. 이 때문에 재택형 개호에는 고품질의 다양한 서비스를 필요로 하여 영리법인인 민간기업이나 NPO법인의 참여가 요구되고 있다. 각 서비스의 상세한 실태는 제 3장에서 기술하겠지만 재택개호는 케어매니저가 이용자의 상황을 판단하여 케어플렌을 작성하고, 그것에 기초하여 개호복지사나 홈헬퍼가 신체개호(식사, 배설, 취침, 기상 등의 보

/ 제 2 장 개호 서비스와 사업자의 전체상을 알아본다. /

조)나 생활원조(조리, 세탁, 청소, 쇼핑 등)를 한다.

자력으로 목욕이 어려운 이용자에 대한 서비스로는 입욕용 용구·기능류를 장비한 입욕차에 의한 방문입욕개호서비스가 있다. 재택에서의 의료나 리허빌리테이션이 필요한 이용자에 관한 서비스로는, 주치의의 지시에 의해 간호사나 이학요법사, 작업요법사 등이 방문하여 서비스를 하는 방문간호 스테이션이 있다.

통소형에는 의료계와 복지계가 있는데, 전자에는 통소 리허빌리테이션(데이케어)과 단기입소요양개호(쇼트 스테이=일정기간 입소·2주정도)가, 후자에는 통소개호(데이서비스)와 단기 단기입소생활개호(쇼트스테이=일시적인 입소)가 있다. 노인 데이서비스센타는 수탁받는 하루 동안 입욕, 식사, 리허빌리 등을 행하는 시설이다.

통소는 방문에 비해 사람을 모으는 데 있어 사업효율이 높기 때문에 영리법인에서는 복지계의 통소서비스를 하는 경우가 많다.

이 밖에 개호보험의 급여대상에는 해당되지 않지만 혼자 사는 고령자를 주로 대상으로 지자체 등이 복지시책의 일환으로 행하는 서비스로「배식 서비스」가 있다. 배달 비용이 들기 때문에 영리법인은 참여하기 어렵지만 지역의 상점가 등이 참여하여 성공한 예도 있다.

5. 시설・주택형 개호 서비스란 무엇인가

> **Point**
> 중장기적으로는 개호보험 시설 3가지는 일원화되어야 한다. 유료노인홈, 케어하우스, 그룹 홈 등 시설서비스의 메뉴는 다양하게 된다.

개호 보험법의 급여대상이 되는 3가지 시설은 지금까지 개호할 사람이 주위에 없는 노인 등 본래 자택에서 생활할 수 있는 고령자도 받아들여 왔다. 원래 노인보건시설은 병원에서의 치료 후 자택으로 돌아오는 동안의 기능회복을 목적으로 해왔지만 실제로는 장기간의 치료시설이 되었다.

일반 병원에서도 의료보험에 의해 고령자의 의료부담을 적게 하기 때문에 입원의 장기화 경향이 나타나고 있다. 이것은 「사회적 입원」으로 불리고 있다. 개호보험은 이러한 시설로의 피난적인 장기입원이나 요양을 해소하고 고령자나 환자가 가능한 한 자택에서 지낼 수 있도록 하는 것을 목적으로 한다. 이 때문에 개호 보험 3가지 시설은 장래에는 일원화되고 요개호도가 높은 이용자를 위한 개호시설로 이행할 것이라 생각된다.

따라서 현재 중간 이하의 개호도를 지닌 증세가 가벼운 이용자를 위한 시설이 요구되고 있고 앞으로 이와 같은 시설의 보급이나 사업에 참여하는 사업자가 증가할 것이라 생각된다.

중간 정도의 치매성 고령자를 일정 인원 모아서 돌봐주는 그룹홈, 가벼운 정도의 요개호자를 위해 식사나 입욕 등의 서비스를 제공하는 계약시설인 케어하우스(적은 비용의 노인 홈의 일종)나 생활지원 하우스. 그리고 자립가능한 건강한 고령자를 주 대상으로 하여 공동생활을 마련하는 그룹리빙・그룹하우스(고령자 공동주택), 또 독립형 주거라면 고령자를 위한 우량임대주택(고우임)이나 고령자를 돌봐주는 사람이 있는 (世話付き) 주택(실버 하우징)이 있다. 그 밖에도 이

/ 제 2 장 개호 서비스와 사업자의 전체상을 알아본다. /

러한 높은 수준에서 낮은 수준, 자립까지 모든 이용자를 포함하여 다양한 서비스를 전개할 수 있는 것이 유료 노인 홈으로 현재 고급화와 저 요금화의 양극으로 시설이 늘어나고 있다.

【주된시설·거택형 개호서비스 종류】

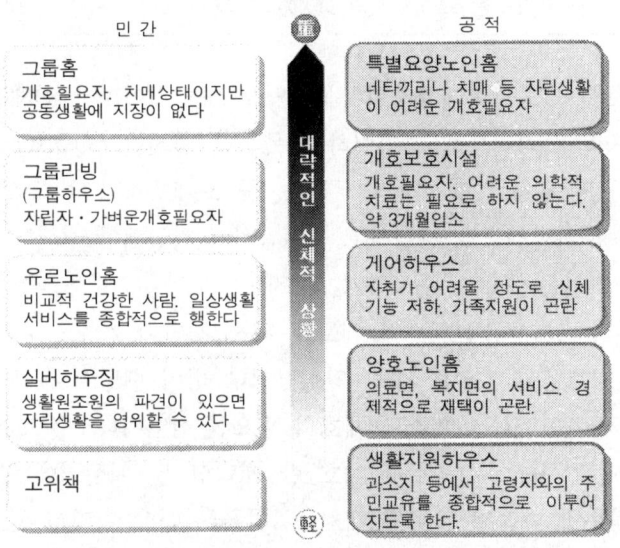

다만 이 중 케어하우스와 생활지원 하우스는 기본적으로는 민간기업의 참여가 인정되지 않아 경영주체는 지방자치체나 사회복지법인, 의료법인, 재단법인, 사단법인, 농협에 한정되어 있다. 그 결과 케어하우스에는 정부에 의한 원조가 투입되어 민간이 운영하는 유료노인홈 등에 비해 비용이 싸 케어 밸런스를 맞추고 있다.

반면 입주자가 충분치 않아 비어 있어도 다른 서비스로 전용이 불가능한 케어하우스 등도 있다. 법인격의 차이로 많은 액수를 원조받지 못하는 것이 아닌 이용자의 소득에 알맞게 원조 받는 시스템 쪽이 관민의 불공평도 없애고 낭비도 줄일 수 있지 않을까?

6. 서포트형 개호 서비스란 무엇인가

> **Point**
> 이용자의 생활이나 개호를 서포트하는 기기나 서비스도 발전해 왔다. 키워드는 요개호자의 「QOL」이다.

개호보험제도는 요개호자의 자립을 돕는 것이지만 신체뿐 아니라 정신적, 사회적으로도 자립하지 못하면 완전한 「QOL(Quality Of Life=생활의 질)」을 실시하지 못한다. 즉 요개호자가 스스로 바람직한 행위를 자발적으로 달성하고 사회참여가 가능해야 한다.

개호 작업은 주로 「주시하기」, 「지도·조언」, 「개조」의 세 종류로 나뉜다. 단순히 신체적인 개조를 하는 것만이 개호가 아니라 인간이나 시스템이 지켜봐 주는 안심감이나 병의 예방이나 개선 또는 QOL을 높이는 어드바이스도 개호의 필요한 작업이다.

여기서 말하는 「서포트형 개호」란 재택형 및 시설형에 포함되지 않는, 경우에 따라서는 현재 개호보험의 급여대상이 되지 않지만 요개호자의 QOL을 높이는 서비스를 가리킨다. 또는 고독사의 우려가 있는 혼자 사는 고령자 등을 대상으로 하는 서비스도 여기에 포함된다.

개호·복지도구의 대여사업도 개호보험법에 의하면 거택 서비스에 포함되지만 여기에서는 서포트형 개호로 분류된다. 2001년도의 복지용구 시장규모는 약 1조 2천억 엔이다. 전체적으로는 수년 동안 변동하진 않았지만 「전동3(4)륜차」와 좌석 시프트형 승용차를 포함한 「복지차량 등」은 현저히 상승했다. 복지용구 대여 및 구입에 대한 보험급여는 일정 한도 내에서 지불된다.

또 질병의 예방이나 건강관리를 위해 혈압이나 심전도를 체크하는 네트워크서비스도 등장하고 있다. 동종의 IT정보기술을 구사하는 안

부확인이나 지켜보기 서비스도 계속 늘고 있다. 현재는 실시간으로 고령자의 상황을 확인하기 위해 체온센서나 화장실이나 냉장고의 손잡이 접촉 또는 방의 이동 등 동작을 감지해서 통보하는 시스템도 판매되고 있다. 이것들은 요개호 인정을 받지 못하는 혼자 사는 고령자나 케어하우스·유료노인 홈·고령자를 위한 재택 등에서의 이용을 목적으로 한다.

요개호자를 대상으로 한 주택수리도 최근 수요가 늘고 있다. 보험급여 대상은 난간의 설치나 문턱의 제거 등 지정된 6종류에 한정되고 상한 총액은 20만 엔이다.

개호택시에 대해서는 당초 개호보험의 급여대상으로 할지 어떨지 의논이 있었지만 2003년 4월 이후「통원 등을 위한 차량은 하차의 보조가 중심인 경우」라고 하는 조건하에 인정되었다. 다만 개호택시로 특화된 사업은 허가되지 않았다. 재택개호 서비스 등의 일환으로 제공되는 것을 전제로 한다. 그 밖에 보험적용 분야는 아니지만 24시간 체재하여 보험제도가 충분히 커버할 수 없는 서비스를 제공하는 사업자나 헬퍼가 탑승하는 개호용 투어를 발매하는 여행회사 등도 등장하여 서포트형 개호나 서비스는 점점 확장해 나가고 있다.

/ 일본의 개호복지 /

7. 개호·복지 사업에 종사하는 전문직

> **Point**
> 개호서비스만큼 사람을 필요로 하는 사업은 없다. 그러나 홈헬퍼나 케어매니저 등 현장을 중심으로 하는 전문직은 만성적으로 인력이 부족하다.

개호 서비스에는 의사·간호사·이학요법사, 작업요법사 등 의학적인 지식과 자격을 가진 전문가와, 개호·복지 분야 전문인 개호복지사·사회복지사·케어매니저(개호지원전문가), 홈헬퍼(방문개호원) 등의 종사자가 있다.

특히 헬퍼나 케어매니저 등 개호·복지 현장종사자는 개호서비스 시장의 급속한 확대로 만성적인 인력부족이 계속되고 있다.

후생노동성의 2002년 조사에 의하면 홈헬퍼의 상근종사자는 5만 6833명(상근전종 4만 5549명 + 상근 겸업 1만 1284명)에 달한다. (203페이지 참조). 이것을 남녀별로 보면 남성 6718명에 비해 여성은 4만 8630명으로 여성의 수가 압도적으로 많다.

상근 외의 비상근종사자가 20만 6948명, 합계 26만 3781명이 되지만 이것을 상근으로 환산하면 다음 페이지의 표와 같이, 11만 8179명이 된다. 또 정부의 「골드플랜」에 의하면 2004년도에 35만 명의 홈헬퍼를 목표로 하고 있다.

개호서비스의 핵심이라고도 할 수 있는 케어매니저도 부족한 상태이다. 보수나 일의 내용 등이 아직 변변치 못해 그다지 매력적이지 못한 직종으로 인식되는 것이 현실이다.

【직종별상근환산종사자수】 2002년10월1일 현재

	방문개호	방문입욕개호	방문간호스테이션	통소개호	통소재활스테이션		단기입소생활개호	치매대응형공동생활개호	복지용구대여	거택개호지원사무소	개호노인복지시설	개호노인보건시설	개호요양형의료시설
					개호노인보건시설	의료시설							
총수	118178	10836	23027	101350	23089	22598	60484	18616	14559	48872	188423	140912	110770
의사				153	968	1999	534				1140	2992	8032
치과의사											43	7	110
약제사												648	2744
간호사		1426	17988	6596	1387	4921	2119	*428			6516	10430	16205
준간호사		1702	2776	7899	2143	2646	3213	*569			9349	17625	25865
기능훈련직업원				3405			1060				2639		
이학요법사			1033	#236	837	1267	#108				#268	2344	2679
작업요법사			460	#138	702	879	#62				#138	2344	2679
언어청각사				#21	69	44	#15				#29	289	437
유도정복사, 안마, 마사지지압사				#502			#141				#460		
정신보건복지사													163
개호지원전문원							1203			41685	3924	3233	2766
생활상담원·지원상담원				14131	1736		2460				6204	4336	
사회복지사(재게)				1514	352		487				1233	1214	
개호직원	112920	7054		55673	15247	10841	39235	17833			118203	75046	47491
개호복지사(재게)	19126	1155		10894	4659	1823	15164				49477	31764	7564
홈헬퍼(1급)	11345	336											
홈헬퍼(2급)	72622	3074											
홈헬퍼(3급)	1141	121											
복지용구전문상담원									11535				
장해자생활지원원											21		
영양사				1368			1719				5086	3750	3140
관리영양사(재게)				515			996				3045	2536	1878
조리원				6393			4571				15848	6380	
기타직원	5257	654	771	5733			4371	783	3024	7187	15509	11753	

* 공란은 미조사.
* 단기입소생활개호에는 빈 침대 이용형 종사자를 포함하지 않는다.
* 개호노인복지시설 총수에는 시설장을 포함한다.
* 개호요양형의료시설에는 개호요양병상을 필요로 하는 병동종사자를 포함한다.
* 간호사에는 보건사 및 조산부를 포함한다.
* [#]은 기능훈련지도원의 재게, (*)는 개호직원의 재게.

출처 : 후생노동성 - 개호시설사업소조사의 개황

8. 홈헬퍼의 현상과 일에 관해

> **Point**
> 개호서비스를 지탱하는 중요한 담당자인 홈헬퍼에 대한 기대는 높아. 보다 높은 질의 서비스가 요구되고 있다.

홈헬퍼(방문개호원)가 되기 위해서는 각 도도부현 및 그 지정된 기관에서 연수를 수료해야 한다. 양성연수는 각시정촌 및 각 시정촌 사회복지협의회, 농업 협동조합, 생활협동조합, 전문학교, 민간기업 등에서 실시되고 있다.

연수에는 3급부터 1급까지 있고 각각의 연수시간이 규정되어 있다. 3급은 입문코스로 생활원조를 중심으로 행해지고 2급은 신체개호 서비스에 종사가 가능하다. 2급 과정 수료 후 1년 이상 경과하면 1급에 진학할 수 있어 주임 헬퍼란 리더역할로 승격한다.

홈헬퍼는 신체개호와 생활원조 외에 상담·조언이나 지켜보기도 중요한 일이다. 신체개호가 손에 의한 개호라면 상담·조언은 말에 의한 개호, 지켜보기는 눈에 의한 개호이다. 이러한 개호를 환경과 이용자에 맞춰 정확하게 행하는 데에는 지식과 경험 그리고 냉정함과 배려, 이해력 등의 종합적인 인격이 필요하다.

개호보험제도를 잘 알지 못하는 요개호자나 그 가족은 헬퍼를 가정부와 혼동하여 강아지 산보나, 창문닦이 등 보험급여 대상외의 서비스를 요구하는 문제도 일어나기 쉽다. 헬퍼의 일의 내용에 대해서는 보다 더 사회적인 인지도를 높일 필요가 있다. 그러나 그만큼 고도의 지식과 경험을 필요로 하는 직업임에도 불구하고 보수도 충분치 않고 상근직으로서 근무하는 것이 어려운 것이 현실이다. 그 때문에 항상 질이 높은 인재의 인력부족을 겪는다.

/ 제 2 장 개호 서비스와 사업자의 전체상을 알아본다. /

일본 경제신문사가 2003년 7월에 정리한 개호사업자조사에 의하면, 홈헬퍼를 채용하는 사업자 중 약 4할이 「헬퍼가 부족하다」고 대답한 반면, 「충분히 확보」라고 하는 사업자는 14.5%에 불과했다. 사업자 중에는 이익의 일부를 헬퍼의 임금으로 환원하는 움직임도 있다.

【홈헬퍼(방문개호원)의 양성과정】

		총시간수	강의	연습	실습
1급	2급과정에서 습득한 지식이나 기술을 심화시키는 것과 주임방문간호원이 행하는 업무에 관한 지식 및 기능을 습득하는 일	230시간	84시간	62시간	84시간
2급	방문개호원이 행하는 업무에 관한 지식 및 기능을 습득하는 일	130시간	58시간	42시간	30시간
3급	방문개호원이 행하는 업무에 관한 기본적인 지식 및 기능을 습득하는 일	50시간	25시간	17시간	8시간

*1급은 2급과정을 수료한 사람을 대상으로 한다.
*지정기준상 사업소에는 서비스제공 책임자로서 1급과정 연수 수료생(경과조치로서 2급에서 3년의 실무경험을 가지고 있는 자를 포함한다.)을 의무적으로 배치하여야 하며 또한 3급헬퍼 서비스 제공에 대해서는 보수의 90%를 산정하여야 한다.

열정적인 주요 사업자는 헬퍼 양성을 위해 연수제도에 힘을 기울여 개호복지사나 케어매니저로의 발전을 돕는 경우도 나오고 있다. 원래는 현장에서의 경험을 쌓은 헬퍼나 개호복지사에서 케어매니저로 승급하는 것이 바람직해 서서히 그러한 체제로 정비되어 가는 중이라고도 할 수 있다.

헬퍼의 노하우와 의식에 의해 개호서비스의 품질이 크게 좌우될 뿐 아니라 상처 등의 문제가 일어날 경우에는 사업자가 이용자에게 소송당할 수 있는 사태도 가정할 수 있을 만큼 헬퍼의 교육은 더욱 중요해지고 있다.

9. 케어매니저의 현상과 일에 대해

> **Point**
> 케어플랜의 작성이나 사업자와의 조정을 담당하는 케어매니저는 개호서비스의 핵심이라고 말할 수 있지만 현재는 인재의 양도 질도 부족하다.

요개호자의 QOL향상을 목표로, 각종 개호서비스를 합리적, 효율적으로 관리하고 제공하는 「케어 매니지먼트」는 개호보험제도에 있어서 근간이 되는 개념 중 하나이다. 이 케어 매니지먼트를 실천하는 전문직이 케어매니저(개호지원전문가)이다.

케어 매니저의 일은 요개호자로부터의 의뢰를 받아 본인이나 가족의 설문조사 등을 실시, 케어플랜(거주서비스 계획)을 작성하고, 서비스 사업자와의 연락·조정을 하는 일이다. 서비스 개시 후에도 사후 체크를 정기적으로 실시하여 적정한 서비스가 제공되고 있는지 어떤지 끝까지 지켜보고 상황에 따라 사업자와의 교섭이나 사업자의 변경도 판단하지 않으면 안 된다.

이는 실은 중요한 역할로 상당한 권한도 부여받고 있다.

케어매니저가 되는 데에는 개호업무에 5년 이상 종사한 경험이 있고 의사·간호사·보건사 등의 자격을 가진 자나 노인복지시설의 생활지도원, 또는 홈헬퍼 2급 과정을 수료한 사람 등에 한한다. 현재로는 개호보험제도가 시작된 지 얼마 안 되었기 때문에 헬퍼 경험자의 응시가 적고, 간호사와 개호복지사가 많다.

제 5회 개호지원전문인 실무연수 수강시험 (2002년 10월 실시) 에서는 합격자가 약 2만 9000명으로 합격률은 30%이다. 합격자의 직종은 간호사·보조간호사가 약 35%, 개호복지사가 약 33%, 상담원

보조·개호 등 업무담당자 (헬퍼를 포함)가 약 10%였다. 그러나 문제는 과거 누계로 26만 5000명의 합격자가 있음에도 불구하고 실제 근무자는 약 8만 5천명에 불과하다는 것이다. 케어매니저의 자격을 취득했음에도 불구하고 그 직종으로 바꾸지 않고 있다. 그만큼 케어매니저의 일이 매력이 없다고 할 수 있지 않을까?

【개호 지원 전운원 실무연수 수강 시험 누계 합격자수와 케어메이저 실무자수】

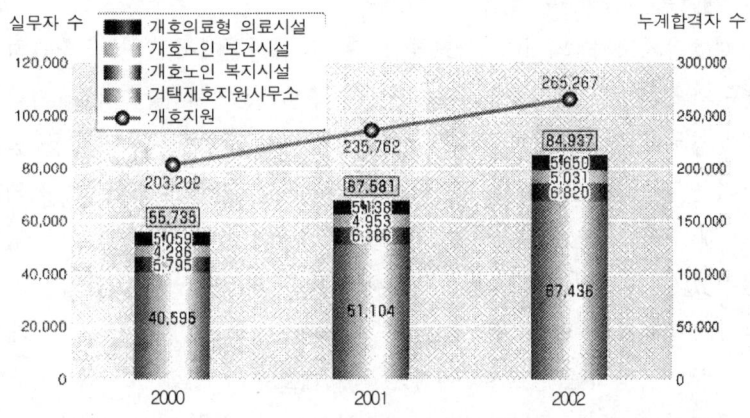

케어매니저 한사람이 담당하는 이용자 수는 50인 정도로 억제해야 한다는 것이 후생노동성의 가이드라인이었지만 실제로는 50인으로는 시간이 부족하고 잔업이나 휴일출근이 강화되고 있다. 쇼난복지네트워크 옴부즈맨 조사에서는 40인 이하를 희망하는 케어매니저가 7할 이상을 차지하고 있다. 그러나 부가가치가 높은 일임에 비해 보수가 충분하지 않고(후생노동성「개호노동실태조사 중간결과보고 2001년」에서는 평균 월임금은 27만 6057엔), 40인 이하의 이용자에서는 생활이 이루어지지 않는 불만이 강한 듯하다.

/ 일본의 개호복지 /

10. 개호복지사 · 사회복지사의 현장과 일에 대해

> **Point**
> 국가자격의 전문직으로서 1987년에 탄생했던 직종. 개호복지사가 신체개호의 전문가인데 반해, 사회복지사는 상담 · 조언 전문가.

개호 복지사 · 사회 복지사는 둘 다 1987년에 제정된 「사회복지사 및 개호복지사법」에 의해 탄생했다.

개호복지사가 되려면 고교졸업 후 양성시설에서 2년간 학습하는 경우와 복지계 대학졸업자로 1년간 양성시설에서 학습하여 자격을 취득경우가 있다. 개호 실무를 3년 동안 한 사람은 국가시험을 받을 자격을 취득할 수 있다. 합격률은 40~50%로 2004년 1월에 실시되었던 제 16회 국가시험에서는 약 8만 1천명이 수험해서 약 4만 명이 합격했다. 2003년 5월말에 개호복지사 등록자는 약 34만 9천명이었다.

개호복지사의 일은 전문지식과 기술을 갖고 요개호자의 신체개호 및 지도를 행하는 것으로 직장은 재택개호부터 시설까지 폭이 넓다. 53페이지의 표에 쓰어진 대로 개호복지사가 가장 많이 일하는 직장이 개호노인복지시설로 약 5만 명, 다음으로 개호노인보건시설로 약 3만 명, 방문개호가 약 2만 명, 그밖에 통소개호 등에서도 활약하고 있어 합계 14만 명에 이른다.

이대 반해 사회복지사는 요개호자나 가족에 대한 상담, 조언, 지도 등의 원조를 하는 직업으로 복지계 대학이나 일반대학졸업자도 또는 지정시설에서의 실무경험자도 모두 국가시험을 받지 않으면 안된다. 합격률은 20-30%로, 2004년 제 16회 시험에서는 약 3만 7600명이 수험해서 1만 700명이 합격했다. 2003년 7월말에 사회복지사 등록자는 4만 8200명에 달하고 있다.

【개호복지사・사회복지사 합격자수・시험응시자수의 추리】

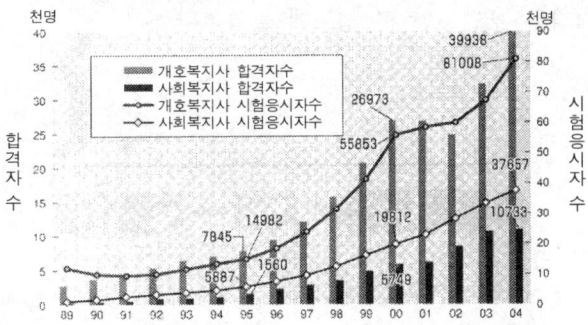

【개호복지사가 되려면】

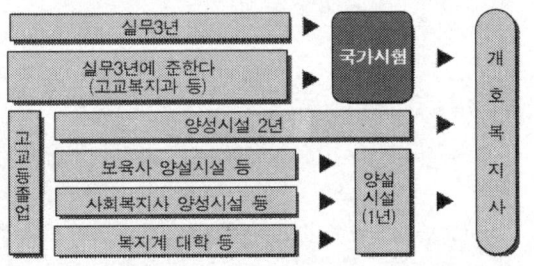

【사회복지사가 되려면】

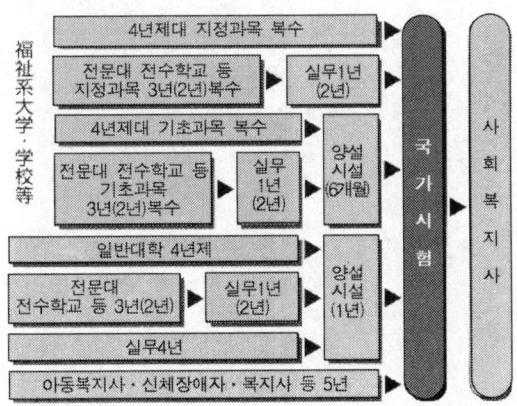

그러나 사회복지사의 실근무자 수는 그만큼 많지 않아 53페이지의 조사결과를 보면 5천 명 정도에 불과하다.

제 3 장 재택형 개호서비스·복지사업의 종류

1. 방문개호(홈헬퍼 서비스)
2. 방문입욕개호
3. 방문간호
4. 방문 리허빌리테이션
5. 통소 개호(데이 서비스)
6. 통소리허빌리테이션(데이케어)
7. 단기 입소개호(쇼트 스테이)
8. 거택요양관리지도
9. 배식서비스
10. 재택 호스피스·데이 호스피스
11. 거택 개호지원

1. 방문개호(홈헬퍼 서비스) - 생활원조를 둘러싼 문제들

Point

> 방문개호란 신체개호, 생활원조 등으로 요개호자의 자립을 홈헬퍼 등이 지원하는 서비스이다. 서비스내용이 불명확한 생활원조로 문제도 발생한다.

방문개호(홈헬퍼 서비스)는 개호보험제도를 유지하는 중심적인 서비스이다. 홈헬퍼(방문개호원) 등이 이용자의 집을 방문하여 개호를 하는 것으로 다음의 두 종류가 있다.

① 신체 개호

입욕, 배설, 식사, 착의와 탈의, 기상·취침 등 의용자의 신체 활동을 직접 도와주는 서비스와 개호보조를 위해 필요한 준비나 뒤처리, 또는 상담·조언 등을 가리킨다.

② 생활원조

청소, 세탁, 조리 등 이용자의 일상생활의 원조를 일컫지만 생활원조의 범위에 대한 이용자들의 오해로 인해 사업자와의 문제가 발생하고 있다. 여기서 말하는 생활원조 서비스란 다음과 같은 것을 포함하지 않는다는 것에 주의할 필요가 있다.

우선 「직접적인 본인의 원조에 해당하지 않는 행위」는 이용자 이외에 관계된 가족, 방문객의 응접 등이다. 예를 들어 이용자 가족의 방청소 및 세탁, 조리는 보험급여에 해당하지 않는다.

다음 「일상생활 원조에 해당하지 않는 행위」는 제초나 식물에 물주기, 애완동물 산보, 가구의 이동이나 전기기구의 수리, 대청소, 창문닦이, 마루 왁스 청소, 가옥의 수리, 특별한 조리 등이다. 생업이더라도 상품의 판매나 집 보기, 농작업 원조도 대상에서 제외된다.

/ 제 3 장 재택형 개호서비스·복지사업의 종류 /

　그러나 이용자의 가족과 헬퍼와의 관계가 친밀하게 되었을 경우 보험대상외의 행위라 하더라도 함부로 거절하기 힘들게 된다. 개중에는 하는 수 없이 받아들이는 사업자나 헬퍼도 있는 듯하다. 그러나 도를 넘어서면 헬퍼의 부담이 무거워 지므로 보험외의 생활원조는 NPO에 의한 복지 서비스나 자원봉사자, 시정촌의 경도(輕度)생활지원사업·배식 서비스, 실버 인재센터 등을 활용해야할 것이다. 케어매니저가 이러한 서비스를 이해하고 케어플랜을 작성할 때에 포함시켜야 하겠지만 복지서비스에 대한 지식이 거의 없는 케어매니저가 많은 것이 현실인 듯하다.

　이전에는 신체개호와 생활원조가 혼재하는 「복합형」이란 타입이 존재했지만 2003년 4월 이후 복합형은 폐지되어 위에 기술한 2 종류로 되었다. 또 이에 더하여 통원하는 이용자를 위해 차량의 승강 및 이동, 진료 등의 수속을 돕는 경우도 있다.

　방문개호는 이용자의 일상생활의 동작능력(ADL)을 지원하는 서비스이지만 자립을 재촉하는 것을 전제로 하기 때문에 과도한 개호에는 주의할 필요가 있다.

【개호를 필요로 하는 상태별 방문개호 시험응시자수의 구성비율】

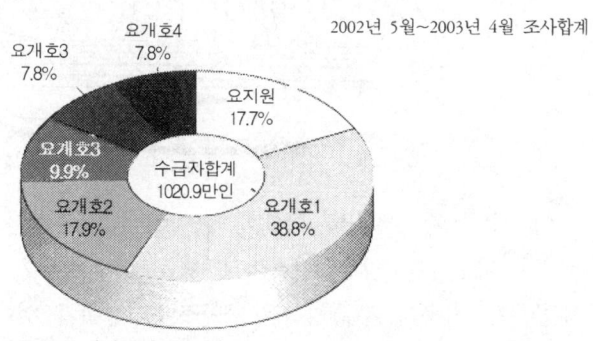

출처 : 후행성 노동성-개호급부 실태조사 보고에서

/ 일본의 개호복지 /

2. 방문입욕개호 - 높은 수준의 요개호자가 주 이용자

> **Point**
> 욕조나 설비기기를 장비한 입욕차로 이용자의 집을 방문하여 입욕을 돕는 서비스. 높은 수준의 요개호자에게는 불가결.

입욕은 신체의 청결을 유지할 뿐 아니라 정신적인 만족감과 마사지효과도 있다. 그러나 신체에 부담을 주는 일이어서 몸 상태의 급한 변화에도 주의해야하므로 방문입욕개호서비스는 통상 간호직원 1명과 개호직원 2명으로 이뤄진다.

이용자의 병상태가 급격히 변화하면 신속하게 주치의 또는 지정된 협력의료기관에 연락하는 것이 의무 시 되고 있다.

주치의의 판단으로 간호직원을 동반하지 않고 개호직원 3명으로 방문하는 경우도 인정되고 있지만 그 경우는 비용이 소정단위수(所定単位数)의 95%로 감산된다.

【방문입욕개호욕조】

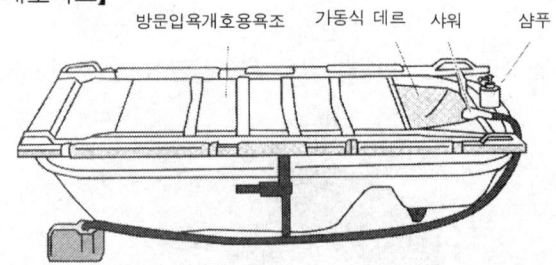

이 서비스는 욕조를 자택에 반입하여 이용하는 경우와 유니트버스[1]나 기구류를 갖춘 입욕차로 방문하는 경우가 있다. 전신입욕을 제공하는 경우와 부분입욕을 제공하는 경우가 있어 전신의 경우 보

---
1) 세변기와 욕조가 일체로 된 것

통 1시간의 방문으로 15~20분의 입욕서비스를 제공한다. 부분입욕의 경우는 소정단위수의 70%로 감산된다.

또 산간부나 멀리 떨어진 섬 등 후생노동대신이 정한 지역에서 서비스를 제공할 경우는 소정단위수의 15%가 특별지역 방문입욕개호가산으로 추가된다.

후생노동성의 「2002년 개호서비스 시설·사업소조사 상황」에 의하면 방문입욕개호 이용자의 약 50%가 요개호 5도의 높은 수준의 요개호자이다. 또 42페이지의 경영주체별 사업소수의 구성비율에 나타난 대로 방문입욕개호를 제공하고 있는 사업자의 67%가 사회복지법인으로 영리법인은 25%에 머무르고 있다.

【방문입욕 개호수급자 수의 구성비율】

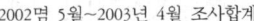
2002년 5월~2003년 4월 조사합계

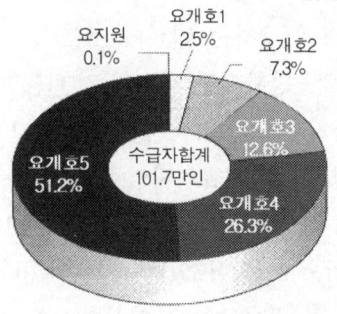

개호보험이 시작되기 전 방문입욕서비스는 많은 지자체가 위탁사업으로서 경쟁입찰방식으로 사업소를 선정하였다. 그 당시 위탁사업비에 비해 개호보험의 보수가 낮아 민간기업에게 그다지 매력이 없었던 서비스로 비춰진 듯 하다.

입욕서비스는 통소개호나 통소리허빌리 등에서도 제공되어 비용은 싸지만 이들 서비스는 방문입욕보다 요개호도가 낮은 이용자를 대상으로 하고 있는 경우가 많다.

3. 방문간호 - 개호보험을 사용하면 의료보험 적용에서 제외

> **Point**
> 방문간호 스테이션이나 병원의 간호사가 이용자의 집을 방문하여 요양생활을 지원하고 필요한 진료의 보조를 하는 서비스

방문간호는 요개호자의 주치의의 판단에 의해 방문간호스테이션, 병원, 진료소 등에서 간호사, 이학요법사(PT), 작업요법사(OT) 등이 요개호자의 집을 방문하여 행하는 서비스이다. 서비스의 내용은 다음과 같은 것들이 있다.

① 요양상의 개조
입욕개조, 식사・배설의 원조 등
② 의사의 지시 하에 행하는 진료의 보조
욕창[2](褥瘡)의 처치, 방광세정, 도뇨, 경관(經管)영양의 관리, 링겔의 관리, 인공항문관리, 관장, 의료기기도입의 간호, 검사보조 등
③ 리허빌리테이션, 상담, 의료처치의 상담 등을 통한 가족 지원 등

방문간호는 1991년에 개정된 노인복지법에 의해 생겨나 지금까지 의료보험의 급여대상으로 되어 있다. 말기암이나 난치병 등을 제외한 경우 요개호인정을 받아 개호보험서비스를 이용하면 개호보험이 우선시되기 때문에 의료보험의 적용을 받지 않게 된다.

---

[2] 병으로 오래 누워있는 사람의 자리에 닿는 피부가 허는 병

/ 제 3 장 재택형 개호서비스·복지사업의 종류 /

【방문간호소이용자 시간총수와 비율】

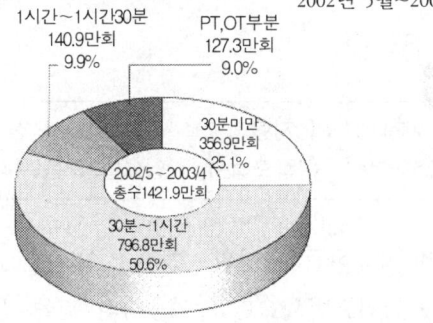

* PT. OT 부분은 지정방문간호 스테이션의 PT. OT가 방문간호를 하는 경우에 소요시간에 관계없이 일정한 단위 수로 산정한 것.

방문간호는 이용자 상태의 변화 등에 의해 긴급 시나 심야·조조의 대응이 요구된다. 이 때문에 야간(18~22시)·조조(6~8시)는 비용에 25%가 가산되고 심야(22~6시)는 50%가 가산된다.

또 24시간 연락체제로 긴급시의 방문간호를 행할 경우 방문간호스테이션에서는 1개월에 540단위, 병원·진료에서는 290단위가 가산된다.

【방문간호 수급자수의 구성비율】

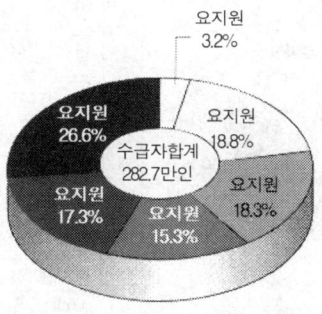

게다가 재택에서의 터미널케어를 행할 경우 사망한 달에 대해 1200단위가 가산된다.

67

/ 일본의 개호복지 /

4. 방문 리허빌리테이션 - 자립생활을 위한 심신기능유지회복

> **Point**
> 재택에서의 자립생활을 하기 위해서 심신기능의 유지회복을 꾀하는 방문서비스. 이학요법사, 작업요법사 등이 담당한다.

방문리허빌리테이션은 병원·진료소 및 개호노인보건시설의 이학요법사(PT)·작업요법사(OT)가 이용자의 집을 방문하여 필요한 리허빌리테이션(재활)을 행하는 서비스를 말한다. 이학요법에는 일상생활의 동작훈련을 행하는 운동요법, 전기자극이나 마사지 등의 물리요법, 환부나 관절 등을 따뜻하게 하여 조정하는 온열요법 등이 있다. 또 작업요법은 수예, 공작 등의 작업을 통해 신체기능의 회복을 꾀한다.

【방문재활수급자 수의 구성비율】
(2002년 5월~2003년 4월 조사합계)

- 요지원 1.7%
- 요개호1 14.8%
- 요개호2 18.9%
- 요개호3 17.2%
- 요개호4 20.3%
- 요개호5 27.1%
- 수급자합계 23.4만인

【서비스별 평균 요개호도】
(2003년 4월 심사)

		평균요개호도
재택	방문개호	2.39
	방문입욕개호	4.18
방문통소	방문간호	3.27
	방문재활스테이션	3.16
	통소개호	2.00
	통소재활스테이션	2.03
	복지용구대여	2.71
단기입소	단기입소생활개호	3.30
	단기입소요양개호	3.21
거택요양관리지도		3.01
치매대응형공동생활개호		2.22
특정시설입소자생활개호		2.44
거택개호지원		1.85

/ 제 3 장 재택형 개호서비스·복지사업의 종류 /

주치의의 판단으로 의료적 재활을 끝낸 이용자나 신체기능이 저하되어 의식불명이 될 우려가 있는 이용자가 주 대상이다. 자택에서 PT 또는 OT에 의한 지도를 받기 때문에 통소가 곤란할 정도로 요개호가 높던지 그룹 재활 등에 익숙해지지 못한 자를 대상으로 한다.

후생노동성의 「개호급여비 실태조사보고」에 의하면 2003년 4월 심사분의 방문 재활 평균 요개호도는 3.16으로 방문통소 중에서 방문입욕개호 4.18, 방문간호 3.27 다음으로 높다. 이러한 수치를 볼 때 높은 수준의 이용자가 많다는 것을 알 수 있다.

그러나 자택에서의 재활은 공간의 넓이나 기기류 등의 환경이 시설에서 행해지는 재활보다 열등하기 때문에 충분히 행해지지 못하는 경우도 있다. 한편, 후술하는 통소 재활은 요개호자만을 대상으로 하는데 반해 방문 재활에서는 가족이나 헬퍼까지를 대상으로 하여 일상생활의 동작이나 개조 등의 지도까지 제공할 수도 있다.

비용은 요개호도에 관계없이 일률적이지만 일상생활활동 훈련(실용적인 보행훈련과 활동향상훈련을 조합하여 행해지는 경우)을 위한 재활 실시계획을 작성하여 훈련이 실시될 경우 하루당 50단위가 가산된다. 다만 기본적 동작인 보행훈련만은 가산의 대상이 되지 않는다.

노인 보건제도에서도 시정촌에 의한 방문지도나 기능훈련이 행해지고 있지만 이는 40세 이상의 주민을 대상으로 보건사를 중심으로 실시된다. 방문지도에 의한 일상생활 동작 훈련도 노후의 건강유지를 주목적으로 하고 기능훈련법에 의해 지도한다.

또 기능훈련은 보행 등의 기본동작을 중심으로 사회적 기능훈련이나 레크리에이션 등 사회참여를 촉진시키키 위한 훈련으로 개호예방의 의미가 강하다. PT·OT가 의사의 지시 하에 실시되는 방문리허빌리와는 다르다.

/ 일본의 개호복지 /

5. 통소 개호(데이서비스) - 높은 수익성으로 민간기업의 참여 급증

> **Point**
> 일일이용시설에 다니면서 입욕이나 식사 등의 개호, 생활 등의 상담·조언을 받는 서비스. 일반적으로는 송영(送迎)서비스도 같이 한다.

이용자가 노인 데이서비스센타 등 일일이용 개호시설에 다니면서 입욕·식사 등의 개호, 일상생활에 대한 상담·조언, 건강상태의 확인이나 재활훈련 등을 받는 서비스를 말한다. 보통은 자택에서 시설까지 이용자를 데려오고 보내는 송영서비스도 같이 한다. 도예나 꽃꽂이, 노래, 게임 등을 통해 이용자의 심신기능의 유지·회복을 꾀함과 동시에 개호하는 가족의 기분전환이나 부담의 경감을 꾀하는 목적도 있다.

시설에는 특별요양노인 홈, 병원, 개호노인보건시설 등에 병설된 경우와 단독으로 운영되는 경우가 있지만 전자가 많다.

비용은 시간과 요개호도에 따라 다르지만 전업 이학요법사나 작업요법사를 한명이상 배치하는 경우는 하루당 27단위가 가산된다. 식사는 하루당 39단위, 송영은 편도로 47단위, 입욕개조는 44단위가 각각 가산된다. 개중에는 보험적용외의 서비스도 있어서 이용할 때는 사전에 확인할 필요가 있다.

개호보험이전은 지방자치체가 운영하든지 또는 사회복지협의회 등의 사회복지법인이나 농협에 위탁된 데이서비스센타에서 데이서비스를 제공해 왔다. 그러나 개호보험제도이행으로 인해 위탁비가 없어져서 데이서비스사업이 적자에 빠진 사회복지협의회도 적지 않다.

한편 민간기업의 데이서비스로의 참여의욕은 높다. 그 이유는 통

/ 제 3 장 재택형 개호서비스 · 복지사업의 종류 /

소계 서비스는 방문계와 달리 이용자를 모아서 서비스를 제공할 수 있기 때문에 수익성이 높기 때문이다.

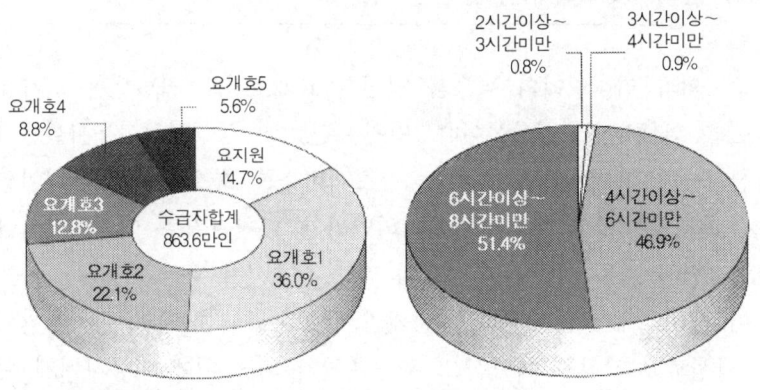

【통소개호수급자수의 구성비율】
(2002년 5월~2003년 4월 조사분합계)

【통소개호에 사용된 시간별 구성비율(회소)】
(2002년 5월~2003년 4월 조사분통계)

후생노동성의 「개호서비스 시설 · 사업소조사의 현황」에 의하면 2000년도에 있어서 통소개호 사업자수 8037개 중 민간기업은 4.5%였지만 2002년에는 사업자수가 1만 485개에 달하고(42페이지) 구성비는 12.7%로 급증했다. 민간기업의 사업자 수만으로는 4배 가까이 늘어난 것이다.

또 「개호사업 경영현황 조사결과」(2002년 4월)에 의하면(28페이지) 보조금을 포함하지 않은 기본수익으로 통소개호서비스 사업자의 이익률은 13.8%로, 통소리허빌리 15.9% 다음으로 높은 수준이다.

통소개호서비스에서는 아직 사회복지법인이 점유하는 비율이 높지만 앞으로는 민간기업의 참여가 더욱 활발해질 것으로 생각된다.

6. 통소리허빌리테이션(데이케어) - 수익성이 높은 전문적 서비스

> **Point**
> 개호노인보건시설이나 병원 등에 다니며 이학요법이나 작업요법 등의 리허빌리테이션을 받는 서비스

주치의가 리허빌리의 필요를 인정한 요개호자로 자립생활이 가능하도록 개호노인보건시설이나 병원·진료소 등 일일이용시설에서 심신기능의 유지회복을 꾀하는 통소서비스를 통소 리허빌리테이션(통소리허빌리)라고 한다. 방문리허빌리와 마찬가지로 이학요법사나 작업요법사 또는 리허빌리 경험이 있는 간호사가 담당한다.

이 서비스에서는 의사나 전문가가 공동으로 리허빌리 실시계획서를 작성하고 시작할 때 및 그 후 3개월이 되는 때에 이용자에게 설명하는 것이 의무적이다. 다만 리허빌리가 이용자개별로 실시되지만은 않고 기본적으로는 그룹단위로 행해진다. 통소리허빌리는 방문리허빌리와 달리 충분한 공간이나 기구류가 준비되어 있다는 장점이 있다.

비용은 실시시설과 요개호도에 따라 다르지만 통소개호와 마찬가지로 식사는 하루당 38단위, 송영은 편도 47단위, 입욕개조는 44단위가 각각 가산된다.

통소리허빌리는 전문성이 요구되기 때문에 경영주체의 대부분은 의료법인이다. 42페이지의 표에 나타난 대로 통소리허빌리 5,568사업소 중 의료법인이 72.3%로 대부분을 차지하고 사회복지법인이 8.1%, 민간기업이 겨우 0.1%에 불과하다. 또 전 항에서도 지적한대로 통소리허빌리서비스 사업자의(보조금을 포함하지 않은) 수익률은 15.9%로 개호서비스 전체 중 가장 높다.

다음으로 통소개호(데이서비스)와 통소리허빌리(데이케어)를 비교

해 보자. 2002년에는 행한 회수는 통소개호 쪽이 많지만 소요시간은 통소리허빌리의 경우 6~8시간이 74.1%나 차지한다. 통소개호에 비해 소요시간이 긴 것을 알 수 있다.

【통소재활 수급자수의 구성비율】
2002년 5월~2003년 4월 조사통계

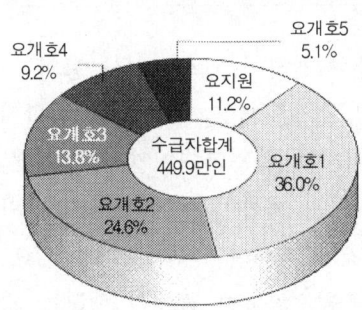

【통소개호와 통소재활의 회수비교】
2002년 5월~2003년 4월 조사

총수	통소개호		통소	
	회수(천회)	비율	회수(천회)	비율
	57570		33200	
2시간이상-3시간미만	460	0.8%	205	0.6%
3시간이상-4시간미만	521	0.9%	491	1.5%
4시간이상-6시간미만	26982	46.9%	7914	23.8%
6시간이상-8시간미만	29607	51.4%	24590	74.1%

【통원・통소재활・통소개호의 기능】

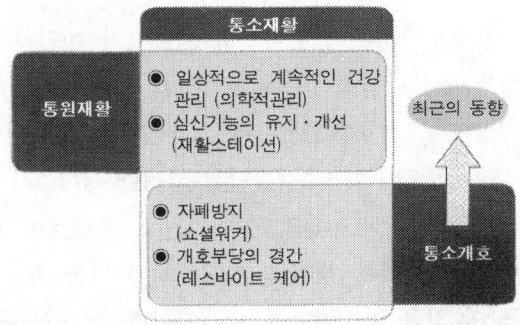

원래 이 두 서비스는 다른 기능을 갖고 있었지만 실제로는 그 차이가 애매해졌다고 한다. 의학적 관리와 리허빌리를 특징으로 하는 통소리허빌리에서도 PT・OT 외에 전문직의 배치 및 팀 어프로치가 불충분한 경우도 있고 통소개호에서 질병 대응 등의 리허빌리를 행하는 사업자도 늘고 있기 때문이다.

7. 단기 입소개호(쇼트스테이) - 수요는 높지만 공급 부족

> **Point**
> 단기간 체재하여 생활이나 간호, 리허빌리 등을 받는 서비스. 특별요양노인 홈이나 개호요양형 의료시설이 주요 담당자

쇼트스테이에는 인정시설에 단기간 체재하여 입욕·식사 등의 생활개호나 리허빌리 등을 받는「단기입소생활개호」와 간호나 의학적 관리하의 특수한 개호·리허빌리 서비스를 받는「단기입소요양개호」등 두 종류가 있다. 둘 다 모두 개호하는 가족이 병에 걸렸거나 외출이나 출장 등의 이유로 개호할 수 없을 때 이용된다. 전자는 쇼트스테이 전용 노인단기입소시설이나 특별요양노인 홈에서 행하는 경우가 많다. 후자는 개호노인보건시설, 개호요양형 의료시설, 요양병상을 가진 병원·진료소에서 행해지고 있다.

단기입소생활개호에서는 원칙적으로 이용자가 20인 이상, 한 사람당 공간은 정원 4인 이하로 10.65 평방 미터이상이란 설치기준이 정해져 있지만 2003년 개호보수개정에 의해 쇼트스테이와 특별요양노인 홈에 관해서 특별히「소규모생활단위형」이란 서비스가 신설되었다.

이 서비스는 입소정원 10인정도의 소규모 유니트에서 각자의 방 안에서 일상생활에 가까운 생활을 지내면서 가까운 공동 생활실에서 가족적인 만남의 장을 만들어나가는 케어이다. 이 때문에「개인방·유니트케어」라고도 불린다.

현재 도시권에서는 쇼트스테이나 특별요양 노인홈 시설이 부족하여 많은 대기자가 나오고 있는 상황이다. 정부는 앞으로 이 소규모 생활단위 형을 시행하는 개호노인보건시설 등이 늘어날 것으로 기대하고 있다.

/ 제 3 장 재택형 개호서비스 · 복지사업의 종류 /

동경도사회복지협의회의 「쇼트스테이의 이용에 관한 수요와 서비스 조정의 실태조사」(2002년 12월 실시)에 의하면 「쇼트스테이를 이용하려는 데 있어서 곤란한 점」(이용 전)으로 가장 많은 것이 「빈 공간이 없어 거절당했다」이고, 「쇼트스테이를 이용하면서 곤란한 점」(이용 후)는 「직원이 바빠 말을 걸기 어려웠다」, 「할 게 아무것도 없어 지루했다」 등이었다. 개중에는 「몸 상태가 나빠졌다」, 「상처를 입었다」, 「치매가 심해졌다」란 답변도 있었다.

【단기입소개호(생산개호+요양개호)】
2002년 5월~2003년 4월 조사합계

【단기입소개호이용이용실태】

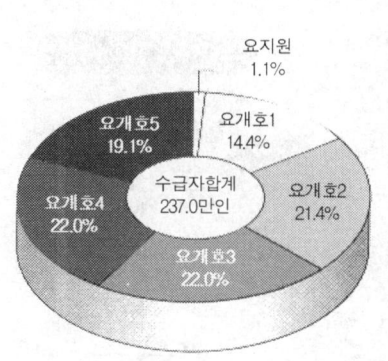

쇼트스테이를 이용하려다 어려운 점	
공실이 없어 거절당함.	56.4%
희망한 날짜에 이용할 수 없음	55.4%
희망한 시설을 이용할 수 없음	31.8%
이용까지 기다려야 했음	18.9%
쇼트스테이를 이용할 때 어려웠던 점	
직원이 바빠서 말을 걸기가 힘들었음	22.3%
아무것도 할 것이 없어 지루했음	22.1%
쇼트스테이를 이용하면서 좋았던 점	
가족들의 마음에 영유가 생겨 개호를 즐기게 되었음	68.0%
생활이 윤택해졌음	35.5%

*N=507인 (내 · 가족445, 본인 · 대표 등 620 중복회답.
출처 : 동경도사회복지협의회

쇼트스테이의 실상이 이용자의 수요에 얼마나 응하고 있지 않고 있는가를 반증하는 증거일 것이다. 새롭게 투자하여 시설을 만드는 데는 채산성이 높아 민간기업은 거의 참여하고 있지 않고 있지만 지자체 중에는 기업들의 참여를 돕는 경우도 있어 앞으로 기대되고 있다.

/ 일본의 개호복지 /

8. 거택요양관리지도 - 케어플랜작성에도 영향을 준다.

> **Point**
> 의사, 치과의사, 약제사, 치과위생사 관리영양사 등이 이용자의 자택을 방문하여 요양상의 관리·지도를 행하는 서비스.

병원·진료소 또는 약국의 의사, 치과의사, 약제사, 치과위생사, 관리영양사 등이 이용자의 집을 방문하여 요개호자의 자립 생활을 가능하도록 지원하는 것이 거택요양관리지도 서비스이다.

【거택의료관리 지침순서】

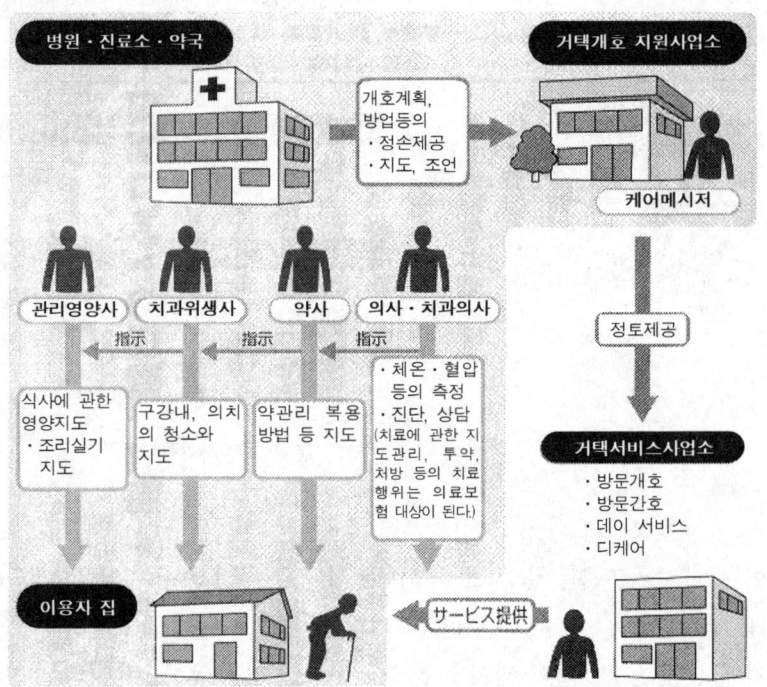

* 의사·치과의사 - 요개호자나 가족 등의 동의를 얻어 케어매니저나 그밖에 사업자가 서비스계획을 작성하는데 필요한 정보제공을 하거나 또는 요개호자나 가족에 대해 서비스를 이용하는데 대한 주의나 개호방법 등에 관한 지도·조언을 한다. 다만 의사나 치과의사의 방문진료나 치료에 관한 지도관리, 검사, 투약, 처치 등의 진료행위에는 의료보험이 적용된다.

* 치과위생사 - 치과의사의 지시에 기초하여 구강 내나 의치의 청소 또는 그 지도 등을 행한다. 또 치과위생사가 행하는 서비스를 보건사, 간호사, 준간호사가 대체할 수도 있다.

* 관리영양사 - 의사의 지시에 기초하여 식사에 관한 영양지도를 행한다. 특별식이 필요한 요개호자에게는 조리 실기지도도 행한다.

거택요양관리지도는 요지원부터 요개호 5급의 인정자까지 이용 가능하지만 후생노동성의 「개호급여비 실태조사 보고」(2002년 5월 ~ 2003년 4월심사 분)에 의하면 요개호도 5급의 이용자가 다소 많지만 요개호도 1급부터 각 요개호도 인정자까지 폭넓게 이용되고 있다. 2003년 4월 심사분의 평균 요개호도는 3.01이다.

【거택치료관리지도 수급자수의 구성비율】
2002년 5월~2003년 4월 조사합계

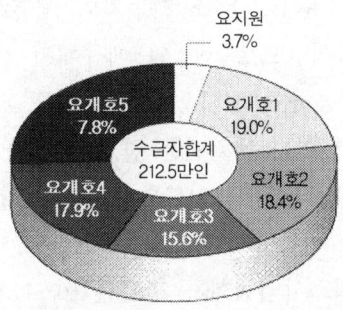

이 서비스는 케어매니저나 사업자의 케어플랜작성에도 영향을 준다.

9. 배식서비스 - 배식 비용의 압박이 과제

> **Point**
> 개호보험의 급여대상은 아니지만 재택고령자의 자립을 지원하고, 안부확인에 대해서도 식사를 배달하는 배식서비스는 중요하다.

식사를 자택까지 배달하는 배식서비스는 개호보험의 급여대상 외로 이른바 요코다시(橫出し)서비스라고도 불린다. 종래부터 노인복지시책의 일환으로 지자체에서 위탁을 받은 사업자(영리·비영리)가 조성금을 받아 이 서비스를 제공하고 있다. 또 지자체로부터 도움을 받지 않고 이용자와의 개별계약으로 배식을 직접 하는 경우도 늘고 있다.

배식서비스는 특히 혼자 사는 요개호자 등이 조리나 쇼핑의 수고로부터 벗어나 관리영양사, 영양사 등에 의해 영양의 균형을 고려하여 만들어진 식사를 매번 자택에서 먹을 수 있을 뿐 아니라 배식자에 의한 안부서비스도 겸하여 받게 된다. 재택에서의 자립을 지원하는 데 있어서 앞으로 더욱 필요한 서비스라고 할 수 있다.

개호서비스 사업자도 배식서비스에 진출한다. 민간 최대 기업인 니치이학관에서는 기내식 서비스 사업자와 제휴하여 주 요리, 반찬 등 150개 이상의 아이템으로 구성된 메뉴에서 선택할 수 있는「식탁응원시리즈」를 제공하고 있다. 또 고령자를 위한 택배 도시락을 특화시켜 급성장하고 있는 엑스빈은 한 끼에 550엔이란 저렴한 가격과 1끼만으로도 택배를 할 수 있도록 하는 서비스로 인기를 모으고 있다.

전국재택 배식서비스사업협회가 2001년 10~12월에 실시한 앙케이트 조사에 의하면 회원기업 수는 1999년에 비해 2001년에는 6개 회사가 늘어 18개 회사(19% 증가)가 되었고 매상도 62% 증가하여 약 80억 엔이 되었다. 매상 중 지자체 등으로부터의 위탁이 35%인 반면 이용자와의 개별계약이 65%를 차지하고 있다.

1식당 판매가격을 보면 800~1000엔대의 고가격대가 늘고 있는 경향을 나타내고 있다. 자치체등의 조성을 뺀 개인부담으로는 400~500엔 정도가 된다. 역시 보다 높은 식사의 질의 향상이 요구되고 있는 듯하다.

동 협회 회원의 영업지점수의 변화를 보면 2000년에는 1개사 당 2.6개에 불과했지만 2001년에는 12개소로 급증하였다. 그만큼 배식서비스에 대한 수요의 지역적 양적 확대가 요구되지만 사업의 수익성은 높지 않다. 그것은 한 집, 한 집으로의 배달 비용이 들기 때문이다. 지자체로부터의 위탁이라도 채산라인은 빠듯하다고 한다.

NPO법인에서는 유상 또는 무상의 자원봉사자를 통해 배달비용을 낮게 막을 수 있는 것이 유리하다고 말할 수 있을 것이다. 개중에는 마을의 상점가가 배식서비스를 담당하는 예도 있다. 지역 안에 서로 붙어있기 때문에 배달비용도 그만큼 들지 않고 상점가 가맹점이 판매하는 재료나 반찬 등을 이용할 수 있다.

앞으로 의료기관이 퇴원후의 특별식이나 식사관리 등으로 배식서비스를 활용하는 경우도 예상되어 배달비용의 압박을 줄이기 위한 아이디어가 요구되고 있다.

10. 재택 호스피스 · 데이 호스피스
- 뒤쳐진 일본의 재택 호스피스

Point

재택이나 통소에서 여생이 얼마 남지 않은 환자가 편안히 지내면서 사망을 맞이하기 위한 케어서비스이지만 일본에서는 막 시작 단계이다.

말기암 등 여생이 거의 남지 않았다고 진단된 환자가 편안히 생을 마감할 수 있도록 통증 등을 없애고 정신적으로 서포트하는 것이 호스피스케어(호스피스·완화케어)이다. 일본에서도 조금씩 시설이 늘고 있지만 재택이나 통소로 호스피스케어를 제공하는 서비스는 뒤처지고 있다.

지금까지 일본의 의료는 치료와 연명에 중점이 놓여 있었기 때문에 사망선고를 받더라도 검사나 치료가 계속되어 환자는 병상에서 움직이지 못하고 행동이 현저히 제한되어 왔다. 그러나 호스피스 케어에서는 환자의 희망을 적극 받아들여 얼마 남지 않은 생애를 편안히 지낼 수 있도록 하는 것을 목적으로 한다.

후생노동성은 1990년에 「완화케어 병동입원료」를 신설하여 완화케어 병동의 시설기준에 달한 시설에게는 환자 1인당 입원료로 의료보험에서 하루당 현재 3만7800엔을 주고 있다. 그 결과 시설은 급증했지만 재택이나 통소에서 같은 케어를 제공하는 예는 아직 드물다.

통소에서 일일이용으로 하는 호스피스케어를 받을 수 있는 「데이 호스피스」는 영국에서는 200개소가 넘는다고 한다. 그 대다수는 호스피스에 부속되어 있다. 영국에서의 호스피스의 경향은 시설에서 재택으로 이동하고 있어 그 터미널 케어를 데이호스피스와 방문간호사가 맡고 있다.

/ 제 3 장 재택형 개호서비스 · 복지사업의 종류 /

일본에서도 서서히 그 필요성이 인지되고 있어 개호보험을 이용하여 쇼트스테이와 함께 데이호스피스를 개시하는 NPO도 미야자끼현 등에서 등장하고 있다. 미야자끼현은 재택호스피스에 힘을 다하고 있고, 「보건 · 의료 · 복지를 종합화한 서비스를 제공하는 재택호스피스케어를 현 전역에 보급」하기 위해 미야자끼현 재택호스피스케어추진계획을 책정하고 있다. 이를 위해 데이호스피스나 재택호스피스의 시설 · 인재의 지원 · 조성을 행하고 있다.

재택 호스피스 협회에서는 재택호스피스 케어의 질을 일정 수준으로 유지하기 위해 「기준」을 책정하고 있다. 그 기준으로는 「환자나 가족의 생명 · 생활의 질(QOL=Quality Of Life)을 최우선하여 환자와 가족이 안심하여 집에서 지낼 수 있도록 케어를 실시하는 것」을 기본이념으로, 다음과 같은 「제공되는 7가지 케어」를 들고 있다.

* 재택 호스피스에 있어서 7가지 케어
① 의사의 방문 진찰, 간호사의 방문 간호. 필요에 의한 그 밖의 직종의 방문 서비스.
② 환자의 집을 중심으로 한 24시간, 주7일간 대응 케어
③ 주로 환자의 고통을 대상으로 하는 완화의료
④ 유족을 대상으로 사별후의 계획적인 케어
⑤ 환자와 가족을 하나의 단위로 간주하는 케어
⑥ 인폼드 콘센트[3]에 기초한 케어
⑦ 병원이나 시설 호스피스와 연대한 케어

방문간호 서비스로도 터미널 케어가 보안될 수 있지만 체제는 불충분하여 앞으로 호스피스 케어에 특화된 재택 · 통소 서비스가 요구된다.

---
3) 치료 방법 등을 의사에게 설명을 듣고 동의하는 일

11. 거택 개호지원 - 케어매니저의 양성과 질의 향상이 과제

> **Point**
> 개호서비스의 질에 있어서 핵심이라 할 수 있는 케어플랜을 작성하고 서비스사업자와의 연락, 조정 등을 행하는 서비스

개호보험제도에서는 거택개호지원은 독립된 서비스로 분류되고 있지만 여기서는 편의적으로 재택형 개호에 포함했다. 거택개호지원이란 개호지원전문인 이른바 케어매니저에 의한 개호서비스 계획(케어플랜)의 작성과 이에 기반 한 서비스 사업자에의 의뢰·연락·조정 등을 행하는 서비스이다. 이용자에게 있어서는 최초의 상담 상대로 이용자에게 적합한(즉 자립과 기능의 회복·유지를 위한) 개호를 받기 위해서는 중요한 역할을 담당하고 있는 서비스라 할 수 있다.

또 케어매니저는 서비스 개시 후에도 적절하게 서비스가 실시되고 있는지 한달에 한번은 이용자의 집에 방문하여 체크하고 때로는 사업자와 교섭하던지 사업자를 변경할 책임과 권한을 갖고 있다. 즉 이용자 각각에 대한 개호서비스 전체를 관리하는 역할을 담당하고 있어 이를「케어 매니지먼트」라고도 한다.(상세한 설명은 후술)

거택 개호지원 서비스에서는 이용자의 비용부담은 없고 이용자로부터 의뢰를 받은 케어매니저는 미리 시, 구, 정, 촌에 신고, 이용자와 상담을 한 후 케어플랜을 작성한다.

다음페이지의 표에도 있듯이 케어매니저 한사람 당 담당이용자수는 40~49명의 분포가 가장 많고 평균적으로는 42.4명이다. 후생노동성이 기준으로 하는 50인으로는 부담이 너무 크다는 것이 많은 케어 매니저의 의견이다. 40인 이하가 바람직하지만 너무 줄이게 되면 개호 보수가 줄어 케어매니저를 고용하고 있는 방문개호 서비스 사

/ 제 3 장 재택형 개호서비스 · 복지사업의 종류 /

업자가 경영적으로 괴롭게 되는 딜레마가 있다.

현재로는 거택개호지원의 개호보수가 충분하지 않기 때문에 독립적인 매니지먼트 사업자로 운영하는 것이 어려워 많은 케어매니저가 방문개호서비스의 민간기업에 속해있다. 원래는 거택개호지원은 중립적인 입장에서 행해져야 하지만 기업에 속해 있는 이상은 완전한 중립이 어렵다. 또 의료 분야출신의 케어매니저는 개호·복지 분야 전반에 대한 지식이나 인적 네트워크가 부족하여 케어플랜작성에 문제를 안고 있다.

【거택 개호지원사업소의 개호 지원전문인 상근 환산
1인당 담당 이용자의 분포】

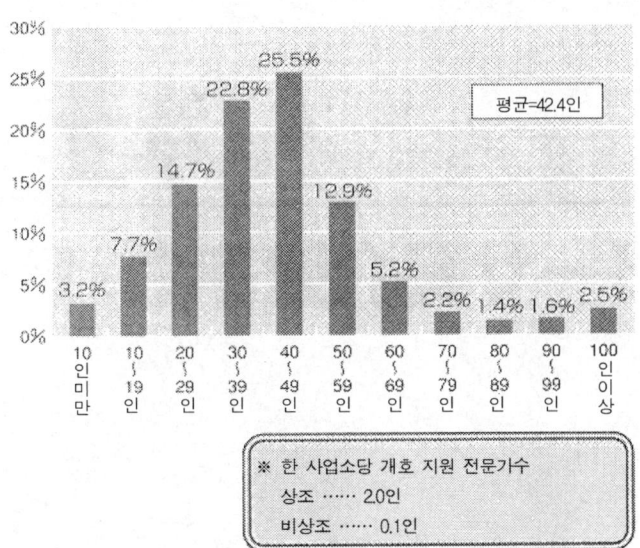

출처 : 미츠비시 종합연구는 「거택개호지원사업소 및 개호지원 전문인 업무 상태에 관한 조사. 2003」

머지않아 홈헬퍼 출신의 케어매니저가 늘 것이 기대되지만 앞으로도 케어매니저의 양상과 질적 향상은 커다란 숙제가 될 듯하다.

83

제 4 장 시설·주택형 개호 서비스
·복지 사업의 종류

1. 개호노인 복지시설
2. 개호노인 보건시설
3. 개호요양형 의료시설
4. 유료 노인홈
5. 경비(輕費) 노인 홈
6. 치매 대응형 공동 생활 개호 (그룹 홈)
7. 고령자를 위한 우량임대 주택 (고우임)
8. 고령자 공동 주택(그룹 리빙 기타)

/ 일본의 개호복지 /

1. 개호 노인 복지 시설(특별 양호노인 홈)
- 대기자가 늘어 신형으로의 전환을 촉진

> **Point**
> 의식불명이나 치매로 인해 상시 개호를 필요로 하는 이용자를 위한 시설로 입소희망자는 많지만 시설이 부족하여 대기자가 늘고 있다.

개호 노인 복지 시설 (특별 양호 노인홈, 특양), 개호노인보건시설(노건), 개호요양형 의료시설(의료) 등 3개의 시설의 운영은 현재 지방공공단체, 의료법인, 사회복지법인 등 후생노동대신이 정한 비영리 단체에 한정되어 있어 민간기업이나 NPO법인은 참여할 수 없다.

이 중 개호 노인 복지 시설은 의식불명이나 치매 등 자립 생활이 어려운 요개호자를 받아들여 일상적인 생활 개호부터 기능훈련, 요양상의 도움 등을 행한다. 주로 특별요양 노인홈이 중심이 된다. 2002년 10월 현재 전국의 개호노인 복지시설은 4870개소이다. 정원은 50~59명이 반 가까이 차지한다. 또 내부 시설은 4인실이 46%이고 개인실도 32%로 서서히 늘고 있다(90페이지 표).

본래 특별요양노인 홈은 입주자의 재택생활로 의 복귀를 가능하도록 하는 것이 주목적이지만 실상은 시설 내에서 생애를 마치는 경우가 많다. 후생노동성의 「2002년 개호서비스 시설·사업소 조사 현황」에 의하면 66%가 개호노인 복지시설에서 사망하였고 가족에게 복귀하는 사람은 3%에 불과했다.

개호보험은 시설 서비스에서 재택 서비스로의 전환을 가속화시키려 하지만 공교롭게 개호보험제도가 시작되자 특별요양홈에 입주를 원하는 희망자가 늘었다. 가족들에게도 특별요양 노인홈이 개호의 수고도 덜고 금전적인 부담도 가볍게 하기 때문이다. 그 때문에 현재 전국에 특별요양 노인홈 입주 대기자가 늘고 있다.

【3시설이용자의 입소 전, 퇴소후의 상황】

(단위 %, 2002년 9월)

	입소전				퇴소후				
	가정	타개호 시설	병원, 진료소	기타	가정	타개호 시설	병원, 진료소	기타	(사망)
개호노인 복지시설	31.5	37.5	24.7	6.3	3.1	2.4	27.5	0.7	66.3
개호노인 보건시설	54.3	8.1	36.5	1.2	54.1	11.8	31.3	1.5	1.3
개호요양형 의료시설	25.2	6.5	66.7	1.6	30.6	14.2	31.6	1.8	21.7

출처 : 후생노동성-개호 시설사업소조사개황

전국 노인 복지 시설협의회가 2002-3년 4-5월에 실시한「특별 요양 노인 홈 운영 상황조사」에 의하면 대기자는 1개 시설 당 평균 146인으로 그 중 거의 반이 병원과 자택에서 대기하고 있다. 대기자 총수는 2002년에 약 23만인으로 추정되어 이전의 5배 이상이 되었다. 개중에는 심각한 상황에 처해있음에도 불구하고 입소할 수 없는 경우도 많다. 개호보험의 시작으로 요개호 1급 이상의 요개호자밖에 입소할 수 없고 경과조치도 2005년에 중단되었다. 그 이후는 요지원과 자립 생활 가능자는 퇴소하지 않으면 안 된다.

이 때문에 전장에서도 기술했듯이 정부는 2003년도부터「소규모 생활단위형(개실・유니트 케어)」, 이른바「신형 특별요양 노인홈」을 내세워 개실을 중심으로 시설의 완비를 꾀하려 하고 있다. 현재 특별요양 노인홈의 신설은 신형에 한하고 있다. 한 조사에 의하면 개실・유니트 케어를 「실시하고 있다」 또는 「2~3년 이내에 도입할 예정이다.」라고 답한 시설이 약 42%에 달하여 신형으로의 전환은 급피치를 달릴 듯하다. 그러나 신형은 방세・광열비 등이 이용자부담이어서 한 달에 4~5만 엔의 비용이 든다.

2. 개호노인 보건시설 - 가정으로의 복귀를 목표로 리허빌리를 중시

> **Point**
> 특별요양노인 홈과 병원의 중간적인 존재로 병상태가 안정된 요개호자에 대한 진료 및 기능훈련을 제공하는 시설

개호 노인 보건 시설(노건)이란 입원할 필요가 없을 정도로 병상태가 안정된 요개호자를 대상으로 자립생활과 가정복귀를 목표로 의료나 간호, 개호, 리허빌리 등을 제공하는 시설이다. 말하자면 전항의 개호 노인 복지 시설(특별요양 노인홈)과 병원의 중간적 존재라 할 수 있다.

이 때문에 의사 및 간호사를 상시 배치하는 것이 의무적이라 2002년도의 조사에서는 운영주체의 7할 이상이 의료법인으로 나타났다. 시설 수는 전국에 2872개소가 있다. 정원은 100~109명이 40% 가까이 차지하고 있다. 내부 시설은 4인실이 5할 이상을 차지하고 개실은 3할에 약간 못 미친다.

개호노인 보건시설은 특별요양 노인홈과 같은 장기 입소를 가정하고 있지 않고 정기적으로 재택에서의 일상생활이 가능한 지를 검토하도록 되어 있다. 전 페이지의 표에도 나타난 대로 입소전후의 대다수가 가정(입소 전 퇴소후의 목적지 전체의 54%)으로 복귀한다. 평균 요개호도도 3 전후로 다른 2시설에 비해 낮다. 즉 리허빌리의 필요성이 높은 요개호자가 주요 대상이라 할 수 있다.

식사는 자기부담이지만 저소득자에게는 부담경감조치가 있다. 또 이미용대(理美容代), 개실 등의 방세 등 보통의 일상생활 비용은 개별 청구된다.

【3시설의 시설 수, 실정원 수, 요개호도】 (모두 2002년10월1일 현재)

(정원(병상 수) 규모별로 본 시설 수)

	개호노인복지시설		개호노인보건시설		개호요양형의료시설	
	시설수	비율(%)	시설수	비율(%)	시설수	비율(%)
총수	4870	100	2872	100	3903	100
1-9인	-	-	1	0.0	1304	33.4
10-19인	6	0.1	2	0.1	740	19.0
20-29인	23	0.5	8	0.3	384	9.8
30-39인	186	3.8	17	0.6	287	7.4
40-49인	32	0.7	37	1.3	292	7.5
50-59인	2370	48.7	330	11.5	249	6.4
60-69인	266	5.5	142	4.9	163	4.2
70-79인	317	6.5	229	8.0	49	1.3
80-89인	741	15.2	494	17.2	56	1.4
90-99인	105	2.2	258	9.0	78	2.0
100-109인	506	10.4	1110	38.6	69	1.8
110-119인	102	2.1	22	0.8	40	1.0
120-129인	65	1.3	45	1.6	33	0.8
130-139인	47	1.0	23	0.8	17	0.4
140-149인	13	0.3	36	1.3	9	0.2
150인 이상	91	1.9	118	4.1	133	3.4

(실정원별실수)

	개호노인복지시설		개호노인보건시설		개호요양형의료시설	
	시설수	비율	시설수	비율	시설수	비율
총수	123743	100	91328	100	45247	100
개인실	39868	32.2	26139	28.6	8759	19.3
2인실	22207	18.0	14969	16.4	8400	18.6
3인실	2080	1.7	2035	2.2	4795	10.6
4인실	57100	46.1	48185	52.8	21233	47.0
5인실 이상	2488	2.0	-	-	2060	4.5

(요개호도분포)

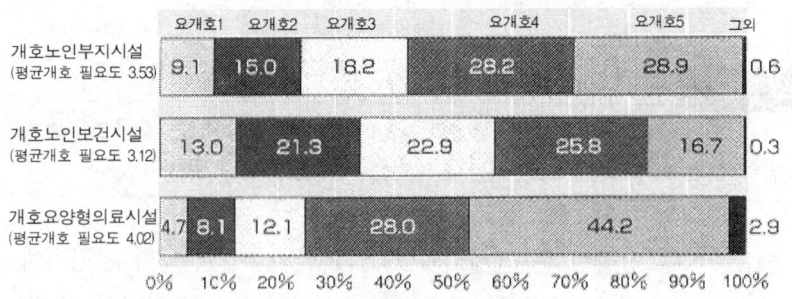

출처 : 후생노동성-개호서비스 시설·사업소 조사의 개황

3. 개호요양형 의료시설
  - 노인성 치매환자에 대한 신체구속의 문제도

> **Point**
> 급성기의 치료가 끝나고 병상태가 안정기에 있는 요개호자를 위한 장기 요양시설로 요양병상과 노인성 치매질환 요양 병동이 있다.

뇌졸중이나 심장병 등 급성기의 치료가 끝나고 병상태가 안정기에 들어선 요개호자가 장기적으로 요양하는 시설이다. 요양상의 관리, 간호, 의학적 관리를 위한 개호, 리허빌리 등의 서비스가 제공되고, 시설은 요양병상을 가진 병원·진료소와 노인성 치매질환 요양병동을 가진 병원 등 2종류로 나뉜다.

요양 병상은 의료시설이지만 기능훈련실이나 상담실, 욕실, 식당 등의 설치가 의무적이고 방이나 복도 등도 일반병상보다 넓다. 1병실에 4상 이하로 입소자 한사람 당 6.4평방미터 이상의 공간이 필요하다. 직원은 입소자 100명에 대해, 상근 의사가 3명, 간호사 17명, 개호직원 17명이 의무적이다.

퇴소 후에 가정으로 복귀하는 비율은 30.6%, 사망하는 경우는 21.7%로 모두 특별요양 노인홈보다는 낮고 노건보다는 높은 수준이지만 입소자의 평균 요개호도는 4급으로 가장 높고 4할 이상이 요개호 5급의 높은 수준이다.

노인성 치매질환 요양병동은 정신과의 병상으로 배회나 문제행동을 하는 노인성 치매 질환자에 대한 만성적인 의료와 개호를 제공한다. 이 때문에 지금까지 침대나 자동차 의자 등에 묶어 놓는 신체구속(억제)이 문제가 되어 왔다.

개호 요양 의료시설이 속해 있는 일본 요양병상 협회의 앙케이트에 의하면 「배회하지 않도록 자동차 의자나 침대에 몸통이나 사지를 묶는다」란 질문에 대해 「필요하지 않다」는 72.4%였지만 「필요하다」고 답한 회원이 0.2%, 「경우에 따라서」가 26.9%였다. 또 실제로 억제(구속)을 「행하고 있다」고 답한 회원도 각 항목에서 눈에 띈다.

【"신체구속 제로를 향한 절차"에 의한 금지대상이 되는 구체적인 행위】

일본요양병상협회에 의한 앙케이트 결과
회답 331병원, 1091병동, 불분명하거나 미기재는 제외

금지대상이 되는 구체적인 행위		행한다	행하지 않는다.
① 배회하지 않도록 휠체어나 의자, 침대에 몸이나 사지를 끈 등으로 묶는다.	①	6.9%	92.9%
② 떨어지지 않도록 침대에 몸이나 사지를 끈 등으로 묶는다.	②	5.2%	94.7%
③ 혼자서 내려오지 못하도록 침대를 가드(사이드 레일)로 쳐놓는다.	③	66.3%	32.7%
	④	17.9%	82.1%
	⑤	34.5%	65.4%
④ 링겔과 경관영양 등의 튜브를 뽑지 않도록 사지를 끈 등으로 묶는다.	⑥ 상: 미끌어지지 않도록 하: 일어서지 않도록 (허리벨트)		
⑤ 링겔과 경관영양 등의 튜브를 뽑지 않도록 또는 피부를 긁지 않도록 사지의 기능을 제한하는 장갑을 끼운다.		19.5%	79.9%
		7.0%	92.4%
⑥ 휠체어나 의자에서 미끌어지지 않도록 하거나 위로 일어서지 못하도록 Y자형 억제대나 허리벨트, 휠체어테이블을 단다.	(Y자형 억제대)		
		24.7%	74.9%
⑦ 일어설 수 없게 하기위하여 의자를 사용한다.		13.6%	86.0%
⑧ 탈의나 기저귀가 빠지는 것을 막기 위하여 개호복(끈으로 연결된 옷)을 입힌다.	(휠체어 테이블)		
⑨ 타인에게 불편한 행위를 막기 위해 침대에 몸이나 사지를 끈 등으로 묶는다.		17.3%	81.9%
		9.3%	90.1%
⑩ 행동을 조심시키기 위해서 향정신약을 과도하게 복용시킨다.	⑧	28.7%	71.1%
	⑩	1.6%	97.9%
⑪ 자신의 의사로 문을 열 수없는 방 등에 격리시킨다.	⑪	1.9%	97.5%

출처 : 일본요양병상협회-2002년 "억제"에 관한 앙케이트 조사결과

후생노동성은 가이드라인 「신체구속 제로로의 인도」를 발표하여 개호보험의 적용을 받은 시설에서는 신체구속을 원칙적으로 금지하고 있다. 그러나 현장에서는 개조자의 부족이나 넘어짐·추락사고의 방지, 타인에 대해 폐를 끼치는 행동의 억제, 점적 주사 등의 치료 실시를 위해서 어쩔 수 없이 구속하는 경우도 있다. 케어스탭의 의식개혁이나 사람 수 증가, 복지용구의 개선 등으로 구속하지 않고 서비스를 행할 수 있는 상황을 하루 빨리 실현시켜야 할 것이다.

/ 제 4 장 시설 · 주택형 개호 서비스 · 복지 사업의 종류 /

4. 유료 노인홈 - 수요가 높아 민간기업이 잇달아 참여

Point

건강한 고령자나 요개호자가 입주하여 개호나 일상생활 서비스를 받으며 자립적 생활을 보내기 위한 시설.

유료 노인 홈과 다음 항에서 설명할 경비 노인홈은 개호 보험에서는 「특정 시설 입소자 생활 개호」란 거택 서비스로 분류된다.

이 중 도도부현지사의 지정을 받는 「개호부유료노인 홈」에서는 개호보험에서 급여되는 거택개호 서비스를 받을 수 있다. 한편 지정받지 않은 「주택형 유료노인 홈」이나 「건강형 유료 노인 홈」도 있어 여기서는 유료노인 홈을 합쳐 시설형으로 분류했다. 주택형은 외부의 개호서비스 사업자를 고용하여 그대로 생활할 수 있지만 건강형은 개호가 필요한 경우 퇴거시키지 않으면 안 된다.

이처럼 유료 노인홈은 법률상 노인복지 시설이 아닌 민간 시설로 규정되어 폭넓은 서비스를 제공하고 있다. (「상시 10인 이상의 고령자가 입주하고 식사의 제공, 그 밖의 일상 생활상 필요한 서비스를 제공하는 것을 목적으로 하는 시설로 노인 복지시설은 아닌 것」＝노인복지법)

거주 권리 형태는 「임대방식」, 「소유권 분양방식」, 「종신이용권방식」등 세 가지로 나뉘어 있다. 「임대방식」은 매달 방세를 부담하고 「소유권 분양방식」은 분양 맨션처럼 소유권 자체를 매입한다. 「종신이용권 방식」은 입주일시금 내어 종신이용권을 산 후 매월 비용을 부담한다. 많은 노인 홈이 종신이용권방식에 속하여 지금까지의 입주일시금은 수천만 엔이었지만 현재에는 500만 엔 이하의 싼 가격의 유료노인 홈도 등장하고 있다. 저 요금 타입은 사원숙소 등 기업의 복지 후생 시설을 바꿔서 사용하든지 토지나 건물을 빌려 운영하는 경우가 대다수로 서비스도 개호보험 급여 내에 한정되는 일이 많다고 한다.

  2002년도의 유료노인 홈의 시설 수는 508개소로 전년에 비해 27%가 증가하였다. 또 이용자수는 약 3만 5천명(전년 대비 17% 증가)이다. 특별 요양 노인 홈 등의 시설 부족도 있어 현재 유료노인 홈 사업에 참여하려는 개호보험 서비스의 민간기업이 늘고 있다. 전국 유료노인홈협회의 가맹회원에 대한 조사에서는 경영주체의 8할이 주식회사이고 나머지가 재단법인·사회복지법인·종교법인 등으로 나타났다.

【노인홈 종류별로 본 시설수, 정원, 재소자수】

(2002년10월1일 현재)

		시설수	정원(A)	재소자수(B)	B/A(%)
특별양호노인홈		4870	330916	326159	98.6
유료노인홈		508	46651	34598	74.2
경비노인홈	총수	1714	72364	66659	92.1
	A형	241	14293	13445	94.1
	B형	36	1688	1295	76.7
	케어하우스	1437	56383	51919	92.1
양호노인홈		954	66686	63780	95.6

출처 : 후생노동성 - 2002년사회복지시설등조사의 개황

  동 협회에 의하면 개호보험개시 이후 개호부유료노인홈의 수요가 높아져 도심에서 가까운 장소에 설립되는 경우가 늘고 있다고 한다. 가족이 사는 장소와 가까운 곳에서 입주하고자하는 고령자와 입주후에도 자주 만나고 싶어하는 가족의 수요가 합치된 결과일 것이다.

5. 경비(輕費) 노인 홈
- 신형 케어하우스에서는 민간도 참여가 가능

> **Point**
>
> A형, B형, 케어하우스(개호이용형)가 있다. 그 중 입소자의 대부분을 케어하우스가 차지하며 입소자의 증가에 대비하여 정원수의 완화나 민간사업자의 참여가 인정된다.

경비노인 홈은 노인복지법에 기반 한 시설로 「경비」라고 이름 붙였듯이 무료 또는 싼 가격으로 고령자가 입주하여 개호나 일상생활에 필요한 서비스를 받을 수 있다. 경비노인홈에는 A형과 B형, 케어하우스(개호이용형) 등 3종류가 있어 각각 아래와 같은 입소자를 대상으로 한다

* 경비노인 홈의 유형
① A형 - 수입이 일정정도 이상으로 친척이 없는 사람 또는 가정의 사정 등에 의해 가족과의 동거가 곤란한 자를 대상
② B형 - 가정환경, 주택사정 등의 이유에 의해 거택에서의 생활이 곤란한 자를 대상(자취가 원칙)
③ 케어하우스 - 자취가 불가능할 정도의 신체기능 저하 등이 인정되고 또는 고령 등으로 인한 독립생활의 불안이 인정되는 자로 가족에 의한 원조를 받는 것이 곤란한 자를 대상

A·B 형은 지방공공단체 및 사회복지법인으로 운영 주체가 한정되어 있지만 케어하우스는 공익법인, 의료법인, 농협 등에게도 인정되고 있다. 모두 60세 이상의 고령자를 대상으로 하지만 부부가 같

이 입소할 경우 어느 한 쪽이 60세 이상이면 된다.

앞 페이지의 표에 나타난 대로 경비노인 홈 전체의 입소자 중 케어하우스가 8할 가까이 차지하고 있다. 그러나 앞으로 특별양호 노인홈 등에서 낮은 수준의 요개호자의 퇴소가 예상되어 그 입주지로서 현 상태의 케어하우스로는 도저히 감당할 수 없다.

그리하여 후생노동성에서는 케어하우스의 정원규모를 완화(단독설치에서는 30인 이상에서 20인 이상으로, 평설설치에서는 15인 이상에서 10인 이상으로)를 행함과 동시에 PFI[4]방식을 활용한 민간사업자의 참여도 인정하였다. 이것을 「신형 케어하우스」라고 부른다.

즉 도도부현지사의 허가를 받은 민간기업자가 건설한 시설을 시정촌이 일단 매입한 후 사업자에게 다시 대여하여 운영을 위탁한다. 이미 동경도 스기나미구에서는 이 방식으로 신영 케어하우스의 설치를 진행하고 있다.

공적인 노인복지시설로서 경비노인 홈, 특별 양호노인 홈 외에 「양호 노인 홈」이 있다. 이것은 노인 복지법에 기반 한 시설로 신체상·정신상·환경상 이외의 경제적인 이유로 재택에서 생활이 불가능한 65세 이상의 노인을 대상으로 한다. 케어하우스나 특별요양 노인홈과의 차이는 이 두 시설은 이용자와 시설의 계약으로 입소가능한 데 반해 양호노인 홈은 시정촌에 의한 조치로 입소한다는 점 그리고 저소득이란 조건이 더해진다는(소득세액에 따라 비용이 바뀜) 점이 있다.

또 입소형이 아닌 재택형 개호시설로 「생활 지원 하우스」가 있다. 이것은 인적이 드문 지역 등에 만들어진 「고령자 생활 복지 센터」

---

[4] Private Finance Initiative의 약자. 유료 도로, 다리, 병원등 공공시설의 건설, 유지 관리, 운영 등을 민간기업의 자금이나 능력을 활용하여 행하는 수법. 사회보험이나 방위분야로도 넓혀지고 있다

의 명칭이 바뀐 것으로 국고보조를 확충하여 개호와 생활 지원을 제공하는 시설로 새 단장하고 있다. 다만 지자체 중에는 종래대로 건강한 고령자를 위한 시설로 생각해 요개호자를 받아들이는 것을 인정하지 않는 생활 지원하우스도 있어 급격한 제도의 변화로 현장도 혼란해 하고 있다.

/ 일본의 개호복지 /

6. 치매 대응형 공동생활 개호 (그룹 홈)
   - 다른 업종도 참여하여 대도시 이외는 급증 중

> **Point**
> 치매 상태에 있는 요개호자가 적은 숫자(그룹)에 의한 공동생활을 영유하는 것을 개호 스탭이 지원하는 시설이다.

그룹 홈은 원래 스웨덴에서 시작한 개호방식으로 일본에서도 각지에서 자발적으로 이루어지고 있었지만 1994년부터의 신 골드플랜에 의해 치매성 노인대책으로 포함되어 전국적으로 추진되었다. 그룹홈에는 지적장해자나 정신장해자를 위한 시설도 있지만 개호보험의 급여대상이 되는 것은 치매대응형 뿐이다.

그룹 홈은 중간 정도 이하의 치매성 고령자를 주 대상으로 하여 입주자 5~9명을 1그룹으로, 4~5명의 스탭이 배치되어 입주자가 공동생활을 하는 것을 지원한다. 단체실이나 개인실이 원칙이다. 속박을 받지 않고 자연스럽게 생활할 수 있어 치매증상이 개선된다고 한다. 시설은 소규모로 되어 있기 때문에 보통의 주거지나 공동주택가 일부가 이용되는 경우도 있다.

그룹홈에 대한 수요가 많기 때문에 시설수가 급증하고 있어 부동산 개발자, 건설회사·공무점(工務店) 등 건축·부동산 분야로부터의 참여가 눈에 띈다. 후생노동성의 조사에서는 2003년 10월 현재 시설 수는 3665개소로 전년대비 65%나 증가했다. 2000년은 675개소였기 때문에 그 증가 수준은 놀랄 정도이다. 민간 기업의 참여도 늘고 있어 2002년은 영리법인의 구성비율이 34%, 사회복지법인이 33%였던 데 반해, 2003년은 영리법인이 43%, 사회복지법인이 27%가 되었다.

그러나 물품가격이나 스탭의 인건비의 인상 등으로 도심부에서의

/ 제 4 장 시설·주택형 개호 서비스·복지 사업의 종류 /

그룹홈은 거의 늘지 않고 있다. 동경도 사회복지협의회가 2003년 1~2월에 조사한「동경 그룹홈 백서」에서는 그룹홈이 1건도 없는 시정촌이 16개나 되었다. 그 때문에 PFI 방식 등을 활용하여 그룹홈을 유치하는 구도 생겨났다. 반대로 그룹 홈이 너무 증가하는 지자체에서는 개호보험재정의 악화를 막기 위해 신규 설립을 규제하는 움직임도 있다.

【그룹홈 (치매대응형)의 종류】

입거자	주거·거실
· 요개호자는 의사의 진단서에 의한 치매상태의 확인 · 적은인원으로 공동생활에 지장이 없는 자 · 이용자부담분은 기본적으로 실비 (식재료비, 이미용비, 기저귀비 등)	· 한 사업소 마다 공동생활 주거 (유니트)수의 상한은 2. 한 유니트의 정원은 5-9명. · 기본적으로는 독실. 한방의 바닥면적은 7.43평방미터 이상.

그 룹 홈
적은 인원을 하나의 단위로 하는 가족적 공동생활의 형태로 치매성노인의 자립생활의 지원이나 개호하는 가족의 지원

장소·설비	사업자
· 단독형에 대해서는 주택지 혹은 주택지와 동일한 정도의 가족이나 지역교류의 기회가 확보되는 장소 · 거실, 마루외의 식당 · 부엌, 욕실 등 일상생활을 영위함에 있어서 필요한 설비를 설치한다.	· 이용자 3명에 대해 1명 이상의 개호종사자를 배치(그중 한명 이상은 상근) · 관리자 및 계획 작성 담당자는 도도부현 등이 실시하는 "치매보호실무자 연수(기초과정)"의 수강의무 · 계획작성담당자는 개호지원전문인의 유자격자 · 관리자는 개호시설의 직원이나 방문간호원 으로서 3년 이상 치매성 고령자의 개호 경험이 있는 자

동경도는 개호보험제도의 재검토 시안을 발표하여 그중에서「치매 병상태가 없는 요개호 고령자를 위한 그룹홈」의 창설을 호소하고 있다. 앞으로는 그룹홈이 치매에 한하지 않고 공동생활을 기본으로 한 개호의 장으로서 점차 늘어날 가능성도 있다.

7. 고령자를 위한 우량임대 주택 (고우임)
- 시설이나 개호서비스의 복합형도 등장

> **Point**
> 국토교통성이 사업자에 대해 건설비를 보조하고 입주자에게는 집세의 보조를 하는 고령자를 위한 임대 주택

　고령자를 위한 우량임대주택 (고우임)은 1998년도에 국토교통성 (당시의 건설성)이 창설하여 2001년부터는 고령자 거주법에 의해 법정사업으로 규정되었다. 국교성이나 지방자치체가 주택을 건설하는 사업자에게 건설비용을 보조하고, 입주자에 대해서도 집세 보조를 제공하는 것으로 고령자가 안심하고 살 수 있는 임대주택을 확보하려는 것이다.

　인정의 기준은 주택호수가 5호 이상, 높이 차가 없는 마루, 난간이나 비탈의 설치 등 배리어 프리(Barrier Free 장애 제거)화 그리고 긴급시의 통보가 가능한 장치를 설치하고 야간을 포함한 24시간 긴급 시에 신속하고 적절하게 대응하는 서비스를 제공할 수 있는 체제의 정비 등이 요구된다.

　입주대상자는 60세 이상의 고령자로 사업자는 입주자를 보호하기 위해 계약체결전의 계약서, 관리규정 및 중요사항 설명서의 설명을 하고 장기간에 걸쳐 안정된 경영이 가능한 사업 수지계획을 작성하여 그 해의 재무내용의 적정한 경영방침을 책정하지 않으면 안 된다.

　국교성의 2004년도 주택건설계획호수에서도 고우임은 전년도와 마찬가지로 2만 3천호로 예정되고 있다. 또 2006년도 주택국관계예산에서는 고령화 대책으로서 총액 378억 엔의 예산을 편성하고 있어 표에서 알 수 있듯이 주택, 복지시책의 연대에 의한 모델 프로젝트의 추진을 강조하고 있다.

「재개발형 고우임 모델 프로젝트」란 도시부에서 시가지 재개발사업에 의해 고령자를 위한 우량임대주택을 정비함과 동시에 덧붙여 데이 서비스 센터나 진료소 등을 도입하여 일체적, 종합적인 서비스를 제공하는 것이다. 「그룹 거주형 고우임 모델 프로젝트」란 고령자를 위한 우량 임대주택에 있어서 공동생활을 배려한 방의 배치·설비를 정리하고 공동으로의 재택생활을 지원하는 서비스를 일체적으로 제공하는 것이다.

【주택복지연계에 의한 고령화 대책 행정플랜】

주택복지의 연계지원책에 충실
- 재개발형 고우책 프로젝트… 도시에 있는 주택생활을 지원한다.
- 그룹거주형 고우책 프로젝트… 공동주택생활을 지원한다.

주택복지에 관한 종합정보제공: 상담체계의 정비
- …고령자의 주거환경정비에 관련한 하드와 소프트 양면의 정보제공, 상담체계의 정비

주택복지의 연계 모델 프로젝트의 실시
- …대규모적인 공동임대주택의 재건축시 데이 서비스 센터나 보육소 등을 병설할 것을 원칙화
- …기존의 공영주택 등에서 고령자 생활 상담소의 정비와 보조대상
- …공영주택과 사회복지시설의 연계적 정비와 보조금액 할증

주택건축물의 문턱 없애기 추진

현 상태로는 지자체가 재정난으로 인해 적극적으로 추진하지 못하고 국교성의 계획을 하회하고 있지만 이미 데이서비스 센터를 병설하는 고우임이나 식사나 개호 서비스도 제공하는 고우임도 등장하고 있어 앞으로의 전개가 기대된다.

8. 고령자 공동 주택(그룹 리빙 기타)
- 종래의 아파트로부터의 전용(転用)도

> **Point**
> 명확한 정의는 없지만 자립 또는 가벼운 수준의 요개호자가 공동으로 생활하는 것을 지원하는 저요금 시설

    법률에 의한 설치기준이나 행정의 적극적인 지원은 없지만 일반대중에 의해 움직이고 있는 고령자를 위한 주택 서비스가 있다. 자립 또는 낮은 수준의 요개호자를 중심으로 구성된 입주자가 공동으로 생활하는 것을 지원하고 아울러 개호서비스등도 제공하는 저요금의 고령자 공동주택이다. 이것들은 그룹 리빙 또는 그룹 하우스라고 불리며, 건강한 고령자만을 대상으로 한 공동주택은 「시니어 코렉티브 하우징」이라고 부르기도 한다.

    신형특별요양 노인홈(87페이지) 등의 개실·유니트 케어와 마찬가지로 개실을 중심으로, 식당이나 욕실 등은 공용으로, 공동생활을 영유한다. 유료노인 홈과는 달리 비교적 저요금으로 남은 생을 영위하는 것이 가능한 것이 특징이다. 또 오랫동안 살았던 지역 근처에 있는 것이 기본적이다.

    고령자에게 있어서 주택의 배리어 프리화는 아직 정비되지 않았다. 고령자가 있는 세대의 6할은 어느 정도 설비가 있지만 계단이외의 난간의 설치 율은 낮고 방내의 높이차의 해소도 불충분하다. 다음 장에서 설명할 「재택 개수」 등의 개호보험급여도 있지만 금액에는 상한이 있어 앞으로 고령자를 위해 만들어진 그룹 리빙이나 콜렉티브 하우징의 필요성은 높다고 할 수 있다.

    그리고 종래부터 있었던 아파트를 고령자용으로 전용하는 경우도

볼 수 있다. 홋카이도에서는 학생을 위한 아파트를 고령자전용으로 개수하여 그룹 리빙을 시작한 아파트 경영자가 늘어 삿뽀로를 중심으로 현재 도 내에 80개소를 넘고 있다. 2000년에는 이러한 경영자·사업자가 모여 홋카이도 고령자 공동 주택 사업소 협의회가 설립되었다.

【고령자를 위한 주택설비상황】

*65세 이상 노인이 있는 세대(자기집＋전·월세) 1386반호의 조사결과

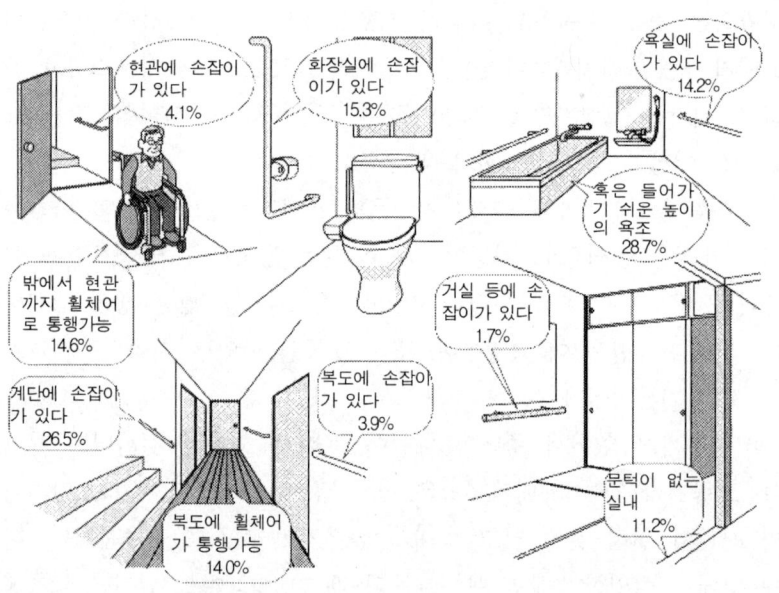

출처 : 총무청 통계국-주택·토지 통계조사(1999)

그밖에도 초기 건강했던 고령 입주자들이었지만 년 수를 지나면서

요개호자가 늘어 외부의 개호서비스 사업자에 의뢰할 뿐만 아니라 스스로 데이서비스나 방문개호 서비스를 시작한 아파트 사업자도 있다. 필요에 응한 그룹리빙이 발전해 왔다고 할 수 있다.

노인 복지법에 따르면 그룹리빙은 유료 노인 홈에 인정되고 있지만 신고를 하면 행정적으로 설치기준 등의 제약을 받기 때문에 신고하지 않은 상태에서 보통의 임대주택으로 운영되고 있는 경우가 많다. 법의 규제에서 벗어나 고령자에 대한 자유로운 서비스가 제공 가능한 반면, 질 나쁜 사업자가 나올 가능성도 있어 이용자의 주의가 필요하다.

제 5 장 서포트형 개호서비스・복지 사업의 종류

1. 개호 복지용구
2. 주택 개수
3. 개호 택시
4. 건강관리 시스템
5. 긴급 통보・지켜보기 시스템
6. 쇼핑 대행 등
6. 일용품 회사의 배설 케어
7. 개호 동반 여행
8. 컨설팅 서비스
9. 개호 예방 서비스

/ 일본의 개호복지 /

1. 개호 복지용구 - 시장규모는 1조엔 이상

> **Point**
> 일상생활을 지원하는 복지용구나 기능훈련을 위한 개호·복지용구의 대여 또는 구입비를 급여하는 서비스

개호 보험제도에 있어서 요지원 또는 요개호자가 일상생활을 지낼 수 있도록 하기 위한 지원과 요개호상태의 악화방지, 예방을 위해 이용되는 개호·복지용구에 대한 대여(렌탈)비의 지급과 구입비를 지급하는 2종류의 서비스가 있다. 대여의 대상이 되는 용구는 비교적 고가의 12품목, 구입의 대상은 5품목이 지정되어 있다(다음페이지 표).

복지용구라고 할 경우 협의와 광의의 두 가지로 파악할 수 있다. 협의로는 개호를 필요로 하는 고령자나 장해자가 신체기능의 대용이나 리허빌리, ADL(63페이지)의 보조를 위한 도구를 가리키고 오른쪽에 기술된 17품목 외에 기저귀나 보청기, 의지(義肢) 등이 포함된다. 한편 요개호자·고령자의 자립을 높이기 위해 또는 일시적인 장해를 입은 사람이나 개호자를 위해 이용자를 불문하고 사용될 수 있는 물건도 복지용구로 파악한다. 이것을 「공용품」이라고 하며 공용품을 포함한 개념이 광의이다. 예를 들어 단차가 없는 주택설비, 점자표시가 있는 전기기기, 자동의자로 탈 수 있는 승용차 등도 포함된다.

경제산업성의 조사에 의하면, 2001년도의 협의의 복지용구 시장규모는 1조 1927억 엔, 수치가 높은 품목은 「기저귀(901억 엔)」, 「복지차량(684억 엔)」, 「요양침대(492억 엔)」, 「온수세정변기(1158억 엔=광의에도 포함된다)」등이다. 광의의 시장규모는 3조 2134억 엔이다.

개호보험에 의해 휠체어의 수요도 늘어 자동차 회사나 의자 회사 등의 신규참여도 확대, 저가격이나 고부가가치의 휠체어 등 제품의

폭도 넓어졌다. 후생노동성의 자료에 의하면 복지용구대여 서비스를 경영하는 사업소수는 2000년 10월에 2685개소였지만 2003년 10월에는 5019개소까지 증가했다. 그 중 약 90%가 영리법인이다.

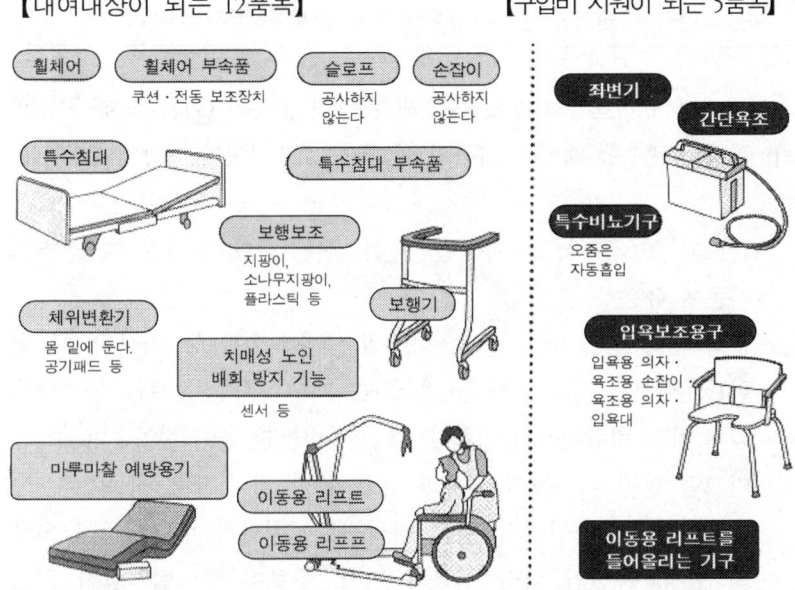

복지용구를 간편하게 이용할 수 있게 되었다는 사실은 혼자 살거나 요지원등급의 노인 등 비교적 건강한 고령자에 있어서도 희소식이었지만 오늘날, 복지 용구대여의 개호급여가 늘고 있는 데 대해 후생노동성 등은 이용을 억제하려는 움직임을 보이고 있다. 아직 확정되진 않았지만 자동의자 등을 요개호 1급 이상의 요개호자에게 한정하여 이용할 수 있도록 하는 안도 있다.

요지원의 고령자도 전동3(4)륜차에 의해 외출하고 스스로 쇼핑 등을 하는 것으로 개호상태의 악화를 막는 케이스도 있다. 후생노동성의 급여억제책은 본말이 전도되었다고도 할 수 있다고 생각한다.

2. 주택 개수 - 질이 안 좋은 사업자에 의한 문제도 급증 중

> **Point**
> 요개호자가 재택에서 생활하기 위한 주택개수의 비용을 상환하는 급여제도. 난간의 설치나 문턱의 해소 공사 등이 지정되어 있다.

재택에서 요개호자가 생활하는 데 지장이 없도록 (이른바 배리어 프리) 주택을 개수할 때에는 다음의 6종류가 보험급여의 대상이 된다.

① 난간의 설치 - 복도, 화장실, 욕실, 현관 등에 넘어짐 예방 또는 이동에 유용한 물건
② 문턱의 해소 - 거실, 복도, 화장실, 욕실, 현관 등 마루의 턱 및 현관에서 도로까지의 턱을 해소하는 개수. 구체적으로는 문지방을 낮게 하고 비탈길을 설치한다. 욕실의 마루를 높이 쌓아올림 등.
③ 미끄럼 방지 - 이동의 원활화 등을 위한 바닥 또는 통로면의 소재 변경 - 다다미에서 판식 바닥재료·비닐식 바닥재료 등으로의 변경, 욕실의 바닥 재료의 변경, 통로에서는 미끄럽지 않은 포장제로의 변경 등.
④ 미닫이 등으로의 문 교체 - 여는 문을 미닫이 문, 접이식 문, 아코디언 커텐 등으로 교체함. 또는 도어 노브의 변경, 문바퀴의 설치 등도 포함됨.
⑤ 서양식 변소 등으로의 변기 교체 - 일본식 변기에서 난방 좌변기·세정 기능 등이 있는 서양식 변기로 교체. 다만 이미 서양식 변기인 경우 그것들의 기능 추가는 포함되지 않음.
⑥ 그 밖에 이 들 각 공사의 부대 공사

이 6종류의 공사를 모아 20만 엔까지 급여된다. 이용은 1호의 주택 당

/ 제 5 장 서포트형 개호서비스·복지 사업의 종류 /

1회가 원칙이지만 이사할 경우는 다시 지급한도액까지 이용가능 하다.

　2002년도의 전국 보험급여상황을 보면 주택 개수 보험 급여는 35만 건(전년 대비 18%증가)를 넘어 보험지급액은 383억 엔(전년대비 25%증가)이다. 성장하고 있는 서비스이지만 주택개수의 사업자에는 지정제도가 없어 일반 공무점이나 리모델링회사에 의뢰하도록 되어 있지만 개호나 고령자 복지에 대한 지식부족 등으로 공사나 계약에 문제가 생기는 경우도 적지 않다.

【주택개선 보험급무상황】

(2002년 3월~2003년 2월 서비스 분포 통계)

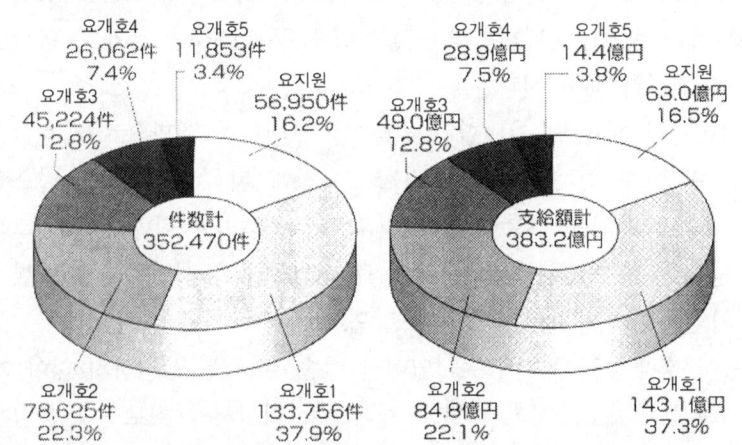

출처 : 후생노동성-개호보험 사업 상황보고

　국민 생활 센터에 의뢰된 주택개수 고충은 2001년도에 136건으로 배나 증가했다. 고충이 많은 공사는 「문턱의 해소」37%, 「난간의 설치」21% 등이다. 이 밖에 공사비를 포함한 문제도 많아, 엉성한 계약이나 500만 엔을 넘을 정도의 공사비를 청구하는 예도 있다. 신뢰할 수 있는 업자의 소개시스템을 구축할 필요가 있다.

3. 개호 택시 - 개정에 의해 용도가 제한적인 서비스로

> **Point**
> 요개호 1급 이상의 요개호자의 통원이나 필요한 쇼핑 등을 위한 이송을 하는 서비스. 운전수는 홈헬퍼의 자격을 요하고 승강의 도움과 이송을 한다.

개호 택시를 둘러싸고 후생노동성과 국교성간의 견해차이나 법제도의 미비 등에 의한 혼란이 지속되고 있다. 사건의 발단은 2000년 후쿠오카현의 택시회사가 승강개조(乘降介助)의 대가로 개호보수 2,100엔을 받고 30분 미만의 이송운임을 무료로 하는「개호 택시사업」을 개시한 데서 시작한다.

이용자는 개호보수의 1할인 210엔을 부담하는 것만으로 개호서비스를 받을 수 있는 택시를 이용할 수 있게 된 것이 인기를 일으켰다. 그러나 운임을 무료로 하는 것은 도로운송법에 위반되었다. 그래서 당시 운륜성(運輸省)은 정규운임을 받도록 이 사업자를 지도했지만 사업자는 이용자의 요구를 바탕으로 지도에 따르지 않았다.

당시 후생성은 개호제도에 있어서 이송서비스를 상정하지 않아 개호 택시는「개호보험의 대상에 제외되어 있어서 개호보수에 운임은 포함되지 않는다.」는 견해를 밝혔지만, 운륜성은 당혹스러워 하며 울며 겨자먹기식으로「2,100엔에 운임이 포함되어 있으면 사업자가 위법이라고 판단하지 않는다」는 타협안을 내세웠다. 그리하여 편도 30분 미만의 개호택시에게 2,100엔을 개호보수로 사실상 제공할 수 있게 되었다.

그 후 2001년에 후생노동성은 지정방문 개호사업의 운영기준개정을 공포하여「방문개호사업자는 특정한 행위로 특화한 사업운영을 행해서는 안 된다.」고 명확하게 밝혔다. 다시 말하면 방문개호는 신체개호에서 생활원조까지 종합적으로 행해져야 하므로 개호 택시 사업만을 행하는 것은 허락하지 않는다는 것이다.

이용자에게 있어서 30분 이내로 일률적으로 210엔을 낸다는 것은 부담이 없지만 한편으로 개호보수로 생각하면 너무 비싼 것은 아닌가 하는 지적도 당초부터 있었다. 그 때문에 후생노동성은 2003년 개호보수 재검토를 통해 개호택시 서비스를 메뉴에 편성하여 「통원 등을 위한 승차 및 하차의 개조」로서 1회 1,000엔의 개호보수를 설정했다.

요개호 1급 이상으로 한정하여 승하차를 포함해 편도 1회로 정하고 이송 그 자체는 급여대상에서 제외되었다. 이 때문에 요개호 4급 및 5급을 제외하고 신체개호보수가 지급되지 않아 개호택시 사업자에게는 보수가 큰 폭으로 인하된 결과를 낳았다. 이용자에게 있어서도 개호보수 부담 분 운임이 인상된 결과가 되어 부담이 대폭 늘었다. 현재 개호 서비스를 제공하고 있는 사업자로서는 이송 거리를 포함한 운임 등 여러 가지 이용금을 설정하고 있다.

개정에 의해 요지원자의 이용은 인정되지 않고 케어플랜에 기초한 이용이 전제되었다. 그 때문에 통원이나 쇼핑 등 케어플랜에 포함된 목적 이외(예를 들어 취미나 오락 등)의 목적으로 개호 택시를 사용할 수 없어 이용자에게 있어서는 이용성이 낮은 서비스가 되었다고도 할 수 있다. 예방 개호의 관점에서도 요지원자의 이용이나 통원, 쇼핑이외에서도 활용 가능한 길을 열어야 하지 않을까 생각한다.

4. 건강관리 시스템 - 자치체도 개호예방으로서 주목

> **Point**
> 개호 보험의 급여재원이 압박받는 지금 앞으로는 개호예방 서비스가 중시될 듯하다. 건강관리 시스템도 그 일환이다.

본 항부터는 보험급여 대상은 아니지만 개호나 복지 차원에서 앞으로 필요하게 될 듯한 서비스를 검토하겠다.

개호나 의료의 보험재원이 압박받는 지금 개호 예방 서비스가 중시되고 있다. 재택에서의 건강관리 시스템도 과거 각지의 지자체 등이 중심이 되어 고령자를 대상으로 실험적으로 행해져 왔지만 아직 일반적으로 널리 퍼지지 않은 듯하다. 하지만 당뇨병이나 고혈압, 심장병 등 특정한 병을 가진 고령자에게 있어서 건강관리 시스템은 개호예방의 관점에서 봤을 때 개호보험의 급여 대상으로서 충분한 이점이 있다고 생각된다.

현재 실용화되고 있는 시스템으로는 이용자가 재택에서 혈압이나 심전도를 전용단말기로 기록하고 통신 회선을 사용하여 의료기능으로 송신하여 체크하는 구조가 중심이라 할 수 있다. 또 맥이 혈관으로 전해지는 속력인 「맥파」를 측정하고 혈관의 굳기 등을 검사하는 시스템도 있다. 맥파의 검사는 간단한 방법을 통해 정도가 높은 동맥경화의 조기발견에 유용하여 심장질환이나 뇌질환의 예방에 효과가 있다고 알려져 있다.

지자체도 건강관리 시스템에 주목하고 있어 동경도와 북구, 이따바시구는 2005년도를 목표로 「디지털 건강수첩」이라고 하는 서비스를 개시할 예정이다. 이는 신장·체중·혈압 등을 포함한 건강 앙케이트에 대한 회답을 휴대전화나 인터넷으로 송신하면 동경도 노인

/ 제 5 장 서포트형 개호서비스 · 복지 사업의 종류 /

종합연고소가 진단시스템으로 건강 리스크를 판정하여 이용자에게 회신하는 시스템으로 북구 · 이따바시구의 구민(특히 65세 이상의 고령자)에 대해 유료로 제공한다. 이것은 도와 두 구에서 진행되는 지역산업 활성화를 위한 「KICC프로젝트」의 일환으로 행해지고 있어 「웰네스넷 협의회」가 운영 모체가 된다. 협의회에는 NTT도코모나 센트랄 스포츠 등의 민간기업도 참여한다.

이 서비스에서 건강 데이터를 정기적으로 송수신하여 이용자가 몸 상태 관리에 유용하게 이용할 수 있도록 하고 노인 종합 연구소이 개발한 근육향상 트레이닝 등 개호 예방 프로젝트의 실시도 상정되고 있다. 장래에 협의회가 축적한 건강 데이터 등을 기초로 지역이나 연령 · 체질별 등으로 발생 질병 경향을 분석하고 데이터베이스화 하여 신제품 개발이나 건강 서비스에 활용해 나갈 방침이다.

또 이와데현 가마이시시에서는 세이테츠기념병원과 가마이시시 케이블 티비가 CATV회선을 이용한 재택 건강관리 시스템 「우라라」를 공동 개발하여 이미 1922년부터 운영하고 있다. 이용자 측의 단말기는 전화기 정도 크기로 혈압측정용의 팔대나 심전도측정용 전극을 장착했고 음성에 따라 간단한 질문에 대답하면 데이터가 병원에 보내져 전임간호사가 체크하여 이상이 발견된 고령자는 의사에게 보고하는 구조로 되어 있다. 2003년 말 등록자는 272명이었다. 우라라의 이용요금은 월 2,000엔이지만 CATV시청료 25,000엔이 추가되면 좀처럼 가입자는 늘지 않을 듯하다. 이러한 시스템은 역시 이용료가 관건이다.

/ 일본의 개호복지 /

5. 긴급 통보 · 지켜보기 시스템
- 적외선 센서에 의한 24시간 모니터도

Point

고령자 등에게 긴급한 상황이나 이상이 발생할 경우에 자동 통지하는 지켜보기 시스템은 휴대전화나 인터넷 등의 발달로 쉽게 이용할 수 있게 되었다.

혼자 사는 고령자에게 긴급한 상황이나 이상한 사태가 발생할 때에 가족 등에게 연락하는 긴급 통보 장치는 기존에도 있었지만 막상 일이 벌어졌을 때에 통보용 기기 등이 주변에 없으면 쓸모가 없다. 또는 가까이 있더라도 발작 등으로 몸을 움직일 수 없는 경우도 있다.

그래서 최근에는 원격으로 고령자의 행동이나 일상생활 등을 지켜보아 보통과 다른 패턴이 발생할 경우 자동 통보하는 「지켜보기 시스템」이 등장하게 되었다.

최초로 화제를 불러일으킨 것이 포트 회사가 개발한 전기 포트에 의한 지켜보기 시스템이다. 이것은 보통 고령자가 사용하는 전기포트에 무선 통신을 내장하여 이용 상황을 휴대전화 또는 컴퓨터 등 인터넷을 사용한 이메일로 가족 등에게 통지하는 시스템이다. 만약 언제나 차를 마시는 시간대에 이용하지 않는다면 뭔가 이상이 있다고 생각하는 것이다.

또 고베시에서는 가스 사용량을 체크하여 전기 포트와 마찬가지로 전자메일로 통지하는 서비스를 실험적으로 개시했다. 그러나 이러한 시스템은 막상 이상한 일이 발생했을 경우 타임랙(Time Lag)이 발생하여 시기를 놓칠 위험도 있다. 그리하여 최근에는 이상을 발견하는 정밀도를 높이기 위해 여러 가지 IT기술이 사용되고 있다.

예를 들어 TV의 스위치, 화장실이나 냉장고의 도어 노브, 부엌 매트 등에 접촉형 감지 센서를 설치하여 전용 소프트웨어에 의해 일상적인 이용 빈도와 차이가 발생할 경우는 「이상」경고를 휴대전화에 통지한다. 또 인체의 체온을 감지하는 센서를 실내나 복도에 설치, 고령자가 근처를 다니면 반응하여 데이터를 서비스 회사에 송신하고 그 송신시간이 일정간격 이상 되면 경고가 표시되어 헬퍼가 이용자의 집으로 달려가는 서비스도 있다.

【65세 이상 독거노인의 상황】

긴급시 연락처(3개까지 복수응답)

자녀	66.8%
형제자매	27.5%
친구, 지인	18.1%
이웃	17.4%
그 외의 가족, 친족	10.9%
자녀의 배우자	10.2%
주치의	7.1%
시청, 구청, 동사무소, 사회복지소	5.8%
재택개호지원센터, 소방소	4.7%
홈헬퍼	2.7%
없음	1.3%
1% 미만...배우자, 방문간호사, 가정부, 모르겠다. 등	

2002년 12월 발표
<조사대상의 성별, 연령>
n=1941
남 23.4% 65-69세 26.7%
여 76.6% 70-74세 28.4%
          75-79세 22.4%
          80세 이상 22.5%

15분 이내	
자	29.8%
손	12.9%
형제자매	21.7%
기타	10.6%
없음	45.4%

출처 : 내각부-독거노인에 관한 의식조사

    고령자의 사고가 많다고 알려진 욕실에서 사람의 움직임이 멈추면 통지하는 욕실 센서를 개발한 기업도 있다. 그 밖에도 적외선 센서에 의해 고령자의 동작을 24시간 모니터하여 사전에 등록된 이용자의 패턴과 비교하여 이상이 있을 경우는 가족이나 담당자에게 자동 통보하는 시스템도 조금씩 넓혀지고 있다.

    65세 이상의 혼자 사는 남녀를 대상으로 행한 내각부의 조사에 의하면 긴급 시 연락처는 「자식」이 압도적으로 많다. 그렇지만 설령 자식이 있더라도 고령자의 프라이버시에도 배려한 서비스를 제공할 필요가 있다.

/ 일본의 개호복지 /

6. 쇼핑 대행 등 - 전자 상거래 이용자5)부터 이미용복지사 까지

> **Point**
> 개호 보험에서는 커버할 수 없는 쇼핑 대행 등의 가사 원조나 이발 등 여러 가지 지원 서비스도 등장하고 있다.

고령자나 요개호자의 가사를 지원하는 사업자는 개호 서비스의 기업이나 NPO에 한정되어 있지만은 않다. 마을의 상점가나 일반 가정을 고객으로 하는 기업도 개호보험외의 지원 서비스를 시작하고 있다.

[쇼핑 대행]
최근에는 각지의 상점가 등의 활성화를 위해 전화나 네트워크로 상품을 주문받아 낮은 요금으로 배달하는 서비스가 늘고 있다. 이시가와현 쯔루기쵸에서는 상점가의 유지들이 모여 「쯔루기활지원 센터」를 설립했다. 이곳에서는 월요일부터 금요일까지 1회 100엔으로 주문 품목을 당일 배달하는 쇼핑 대행 서비스를 행하고 있다. 식료품이나 도시락·반찬부터 식료품, 일용잡화, 클리닝 까지 일상에 필요한 물품을 거의 갖추고 있다.

또 요코하마시 미도리구의 나카야마상점가에도 20여개 점포의 택배가맹점을 중심으로 「라쿠라쿠편」이란 쇼핑대행을 행하고 있다. 택배일은 매주 화·목·토이지만 전화 외에 이메일로 주문하면 미도리구 내나 15분 범위의 구역에 1회 200엔으로 두부 1모부터 배달해 준다.

전자주문이라고 할 수 있는 이러한 쇼핑대행은 전국에 조금씩 범위를 넓히고 있지만 아직 많지는 않다. (재)유통 시스템 개발 센터의

---
5) 御用聞き - 단골집의 주문을 받으러 돌아다님 또는 그런 사람.

/ 제 5 장 서포트형 개호서비스·복지 사업의 종류 /

「상점가의 정보화(IT활용) 앙케이트」(2003년도)에 의하면 「택배·물류·쇼핑 대행 사업」을 실시하고 있다고 답한 상점가는 5%에 불과하다. 계획 중·검토 중은 13%이지만 고령화사회를 생각하면 더 늘어야 서비스가 나아질 것이다.

[가족적 개호대행 서비스]

더스킨은 「홈인스테드 사업」이란 명칭으로 고령자의 집의 가사나 말 상대, 외출의 동반 등을 요구하는 서비스를 24시간, 365일 항상 제공한다. 이 회사는 미국의 홈인스테드·시니어케어사와 제휴하고 있지만 시니어케어사는 미국 전역에 430점의 프랜차이즈 체인을 가지며 급성장 하고 있다. 더스킨도 일본에서 프랜차이즈 체인방식의 전개를 계획하고 있다.

[이용·미용서비스]

홈 헬퍼의 자격을 가진 이미용사 (이미용복지사)가 고령자의 집을 방문하여 이발하는 서비스도 퍼지고 있다. 지금까지는 자원봉사자가 무료로 행하여 왔지만 역시 전문가에게 머리를 자르고 싶어하는 것은 당연할 것이다. 이미용사법에서는 일반 방문서비스를 금지하고 있지만 노인 홈 등의 복지시설이나 가게에 가는 것이 곤란한 이용자를 예외적으로 인정하고 있다.

제이 앤 씨(J&C)는 이 분야의 개척자로 약 500개소의 복지·의료시설, 재택에서 약 1,000명의 이용자가 이를 이용하고 있다. 앞으로도 이에 대한 수요는 계속 높아질 것이다.

6. 일용품 회사의 배설 케어
- 이용자의 신뢰를 얻기 위한 서비스

> **Point**
> 성인용 종이 기저귀를 만드는 일용품 회사가 고객 서비스·판촉의 일환으로 배설 케어중심의 개호서비스를 시행하기 시작했다.

배설은 일상생활에서도 특히 중요한 행위이다. 건강한 사람에게 있어서는 스스로 용변을 보는 것이 당연하지만 요개호자나 고령자에게는 그것이 곤란할 경우도 있다. 그러나 소변이 새는 것만으로 바로 종이 기저귀를 벗겨 버리는 일은 자립을 방해하는 일이 된다.

성인용 종이 기저귀는 유니챠임, P&G, 화왕 등 대기업 3사가 6할의 시장을 점유하고 있어 각사 모두 이용자의 신뢰를 얻기 위해 적절한 종이기저귀의 사용방법이나 배설 케어를 중심으로 개호지원을 시작하고 있다.

· 유니 챠임 -「라이프리 - 활기찬 개호」란 명칭으로 홈페이지에서 정보제공이나 전화 상담을 행하고 있다. 배설 케어의 의의나 의식불명에 의해 발생하는「패용증후군」이란 신체장애, 실금에 관한 기초지식 등이 알기 쉽게 해설되어 있다.

실금에도 몇 개의 타입이 있어 적절한 대처방법을 취하면 증상을 개선시킬 수 있다. 무엇보다 고령자에게 많은 것이「기능성 요실금」으로 치매나 신체기능의 저하에 의해 일상생활의 동작이 잘 이루어지지 않아 발생하는 실금을 말한다. 또 방광에 소변이 남아 있어 흐르는 타입도 많아 때때로 방광염을 일으킬 위험도 있다. 그 밖에 방광의 수축에 의해 화장실까지 참고 가는 갈 수 없는 타입이나 근육의 이완으로 발생하는 종류도 있어 한 가지 방법으로 해결할 수 없다.

• 화왕 - 배설 케어를 전화로 조언하는「개호 지원 센터」를 2001년에 개설했다. 전문 스탭이 헬퍼로 성인용 종이 기저귀의 올바른 사용법을 설명한다든지, 오줌이 새는 원인이 진단 등을 행한다. 이용자는 우선 가게 앞에 있는「진단신청서」에 기입하여 서퍼트 센터에 보내면 전문 스탭이 한 사람 한 사람에 대한 어드바이스 시트를 작성하여 회송하고 그 후에도 개선되었는지 어떤지 확인하는 세심한 주의를 기울이는 서비스다.

• P&G - 의사나 간호사, 개호 어드바이저 등 전문가가 모인「노력하지 않는 개호생활을 생각하는 모임」과 협력하여 노력하지 않는 개호생활 및 배설 케어를 제창하고 있다.「어텐트」란 브랜드명으로 종이 기저귀나 소변 처리 패드 등 여러 가지의 상품을 조합한 이용법을 추천하거나 배설 케어에 관한 전화상담실「어텐트 핫라인」을 개설함과 더불어 홈페이지에도 상세한 정보를 제공하는 등 노력하지 않는 개호와 조합된 서비스를 제공하고 있다.

또「무리하지 않는 개호생활」의 5가지 원칙은 ① 혼자서 개호를 떠맡지 않는다. ② 적극적으로 서비스를 이용한다. ③ 현 상태를 인식하고 수용한다. ④ 개호 받는 측의 기분을 이해하고 존중한다. ⑤ 가능한 한 즐거운 개호의 방법을 생각한다. 이다.

성인용 종이 기저귀뿐만 아니라 앞으로 고령자나 요개호자가 이용할 제품을 제조하고 있는 회사나 점포 등은 개호에 대한 정보제공이나 상담창구를 개설할 필요가 있을 것이다.

/ 일본의 개호복지 /

7. 개호 동반 여행 - 배리어 프리의 해외여행도

Point

> 홈 헬퍼가 동반자로 참여하여 개호시설이 설치된 여관이나 호텔에 숙박하는 개호동반 여행의 수요가 높아지고 있다.

개호 보험제도에서는 일상생활에 관한 개호에 대해서만 보험금이 나오지만 여행이나 연극·스포츠 관전, 취미 등으로 외출하고 싶어하는 고령자나 요개호자도 많다. 건강한 노인을 위한 개호예방이나 요개호상태의 개선을 위해서도 기분전환이나 놀이는 필요하다.

내각부의 조사에 의하면 현재 65세 이상의 고령자의 여가는 「TV·라디오」, 「취미·스포츠」, 「친구나 지인과의 식사·대화」의 다음으로 「여행」이 네 번째로 많아 3할 가까이 차지한다.

NPO법인인 일본라이프 지원 협회는 60세 이상으로 요개호 2급까지의 고령자를 대상으로 외출이나 여행을 지원하는 전문스탭의 양성강좌를 개강했다. 전문 스탭은 쇼핑이나 외출에 동반하는 「외출 서포터」와 여행지에서의 급병이나 상처에 대응할 수 있는 간호사자격을 가진 「투어 너스」등 두 종류이다. 수료 후에는 협회에 등록하여 파견사업도 시작할 예정이다.

또 긴키 일본 철도나 긴키 일본 투어리스트 등이 출자한 클럽 투어리즘은 재택 개호서비스 사업자의 인정도 받아 고령자나 장해자를 위한 「배리어 프리여행」을 기획 운영하고 있다. 리프트가 설치된 버스로의 이동이나 개호자가 없을 경우에는 「여행 서포터」도 준비하고 있다. 국내뿐만 아니라 해외여행도 기획하고 있고 시각장애자를 위한 여행도 있다.

지금까지 해외여행 등을 포기하고 있었던 요개호자나 장애자가 개

/ 제 5 장 서포트형 개호서비스·복지 사업의 종류 /

조 스탭의 노력으로 예상한 것 이상으로 훌륭한 체험을 했다는 기쁨에 찬 목소리도 나오고 있다. 자동의자로 앙코르와트 여행에 참여한 이용자는 가까이서 앙코르와트를 바라보려 할 때 개조 스탭이 자동차 의자를 민다든지 들어 올리든지 하여 돌의 회랑이나 계단을 오를 수 있어서 감격했다고 한다. 노력하면 여행에도 갈수 있다고 하는 마음의 활기가 있으면 개호상태를 악화시키지 않고 살 수 있지 않을까.

【고령자 삶을 즐기는 방법】

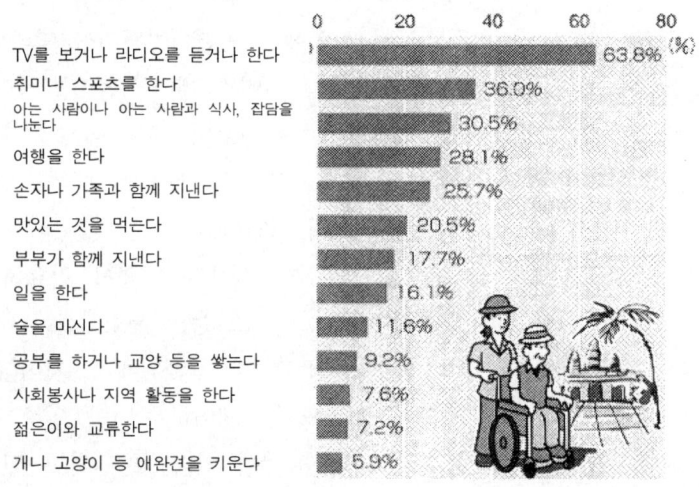

출처 : 내각부-고령자 건강에 관한 의식조사

일본 의료 기획이 발행한 월간지 「개호 학교」는 개호를 하는 사람, 받는 사람에게 여러 가지 정보를 제공하여 불안을 해소하는 것을 취지로 하고 있지만 개중에도 배리어 프리 설비나 배려가 확보된 숙박시설을 소개하는 「숙박 카탈로그」가 메다마기업의 하나라고 한다. 「매 식사의 대응」이나 「수화스탭의 유료」 등도 게재되어있어 개호하는 가족 등에게도 유용하다.

/ 일본의 개호복지 /

8. 컨설팅 서비스 - 서비스의 제3자 평가도 의무화로

> **Point**
>
> 지금까지 경영관념에서 부족했던 개호·복지 시설에 대해 운영의 개선이나 종업원·서비스의 질 향상을 제안하는 서비스가 움직이기 시작했다.

개호 보험 제도의 개시에 의해 지금까지 사회복지법인이나 지자체가 주로 담당해 왔던 개호·복지 사업에도 민간기업적인 경영과 서비스 정신이 요구되고 있다. 「제공하는 서비스」에서 「선택할 수 있는 서비스로」가 개호보험제도의 하나의 콘셉트이다. 또 이제껏 민간기업에 개방되지 않았던 시설도 개실·유니트 케어의 보급에 의해 민간기업이 간접적으로 참여할 수 있게 되었다.

따라서 앞으로는 시설에도 민간의 경영감각과 기술이 필요하다. 더구나 민간이 이미 참여하고 있는 데이서비스 등의 통소시설이나 유료노인홈 등은 더욱 더 서비스나 가격의 경쟁이 심해지게 될 것이다.

후생노동성의 조사에 의하면 경비노인홈(케어하우스)의 입주자의 약 43%가 「설비·운영 등으로 곤란한 적이 있다」고 답하고 있다. 그 중에도 「외출(쇼핑이나 통원 등)에 불편하다」고 하는 답변이 가장 많고 「식사나 이용료, 상담·조언 등이 준비되지 않음」 등이 다음으로 많았다. 요컨대 운영상의 문제가 대부분으로 입주자들이 시설 서비스에 만족하고 있지 않은 이유이다.

그래서 오늘날에는 컨설팅 회사에 의뢰하여 경영이나 서비스의 개선을 꾀하려는 사업자도 조금씩 늘고 있다.

경영 컨설팅 회사인 일본 LCA도 개호업계의 컨설트를 시작해 치

/ 제 5 장 서포트형 개호서비스 · 복지 사업의 종류 /

매고령자 대응케어부 종신형 주택의 운영을 지원하고 있다. 개호업계의 전문 컨설팅 회사도 있어 시너지 워크 플래닝 센터는 사회복지법인이나 노인복지시설, 재택복지사업 등의 경영경험을 가진 전문 스탭이 경영지원을 하고 있어 여러 가지 시설이나 사회복지법인, 의료법인에 대한 컨설트 실적을 갖고 있다.

【경비노인홈-입소자 설비 · 운영에 대한 감상】

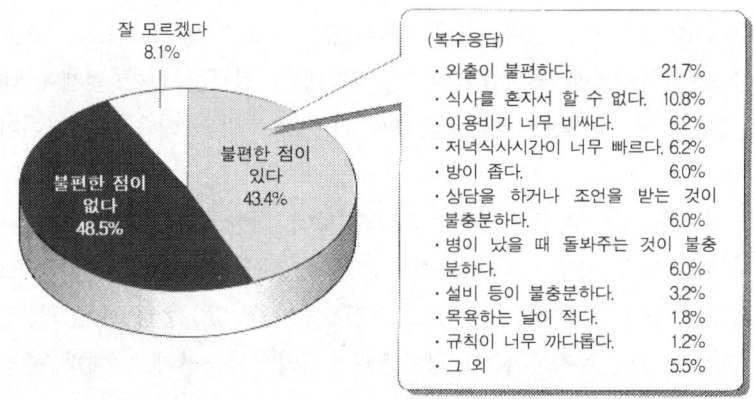

출처 : 후생노동성-2002년 사회복지시설 등 조사개활

후생노동성 관할하의 실버 서비스 진흥회는 2004년 5월 「이용자에 의한 개호서비스(사업자)의 적절한 선택에 이바지하는 정보게시의 표준화에 관해」란 중간보고서를 후생노동성에 제출했다. 이에 의해 앞으로는 모든 개호 서비스 사업자는 제공하고 있는 서비스 내용에 대해 제3자에 의한 객관적 사실에 기초한 확인을 하여 그 결과를 모두 정기적으로 게시하는 것이 의무적이 될 것이다. 이른바 제3자 평가가 의무적이지만 그 상세한 설명은 7장에서 정리한다. 결국 앞으로 서비스의 질은 엄격하게 추궁될 것이다.

9. 개호 예방 서비스
- 정부·지자체·민간 모두 주목

Point

개호도의 악화가 진행되지 않도록 하는 개호예방 서비스에 주목하고 있다. 앞으로는 예방이 보험의 급여대상이 될 가능성도 있다.

개호 보험의 급여금이 급증하고 있는 요즘 건강한 고령자나 낮은 수준의 요개호자의 신체기능을 지금 이상 악화시키지 않도록 「개호예방」을 하는 것에 초점을 맞추기 시작했다. 진부한 급여 억제에 대한 의논은 본말전도이지만 원래 의미의 개호예방은 더욱 중시되어야 할 것이다.

후생노동성은 2005년 개호보험 재검토에 의한 주요 부분 중 하나로서 개호예방 사업의 구체화의 시작으로 개호예방서비스를 개호보험의 급여대상으로 하는 방향으로 검토하고 있다. 후생노동성의 전국 고령자 보건복지·개호보험담당과장회의에서는 「개호 예방 중점 추진 본부」의 설치를 결정했고 2004년 전국 고령자보건복지예방을 둘러싼 조사 분석 및 전년도부터 실시하고 있는 「미래지향 연구 프로젝트」를 잇따라 추진할 것을 확인했다.

이 미래지향연구 프로젝트란 지자체나 공공기관, NPO단체 등에서 선구적인 개호·복지 서비스에 몰두하고 있는 모델 사업으로 개호예방 분야에서는 현재 왼쪽 표의 5종류의 프로젝트가 시행되고 있다. 또 후생노동성의 실태 조사에 의하면 전국에서 전도골절의 예방교실을 실시하고 있는 지자체는 2,004 시정촌(약63%), 일상적인 생활동작 훈련(IADL훈련사업)을 행하고 있는 것은 558시정촌(약17%)이다. 앞으로 이러한 개호예방 사업을 추진하는 데에는 지역의 자원봉사자

/ 제 5 장 서포트형 개호서비스 · 복지 사업의 종류 /

나 NPO법인을 끌어들이는 활동이 필요할 것이다.
　민간 기업도 개호 예방 서비스의 강화를 시작하고 있다.
・ 니치이 학관 - 통소개호를 거점으로 신체기능을 유지하는 운동을 제공하는 서비스에 몰두할 예정.
・ 라이프 코뮨 - 관동지구 중심으로 유료 노인홈을 운영하는 이 회사는 가나가와현의 노인홈에서 뇌의 움직임을 활성화하는 프로그램을 시험적으로 도입. 전국전개를 꾀한다.
・ 토탈 케어 서포트 - 치바현을 중심으로 재택 개호 등을 담당하는 이 회사는 후나바시시에 개설한 그룹 홈에 진료소나 통소 리허빌리를 병설. 근방의 고령자에게도 개방하여 운동요법 등을 조합한 개호 예방 서비스를 제공한다. 또 고령자에 대한 개호나 운동, 영양관리를 조합하여 제공하는 회원제 서비스도 개시할 예정이다.
　2005년은 개호예방원년이 될 지도 모르겠다.

＊ 미래지향 연구프로젝트의 실시 상황
・ 히로시마현 고쵸마치쵸 - 새로운 기법에 기초한 개호예방에 의해 요개호상태가 되는 것을 방지하고, 그 기법・비용에 대해 검토
・ 니가타현 아라이시 - 운동 프로그램에 포함하여 영양개선 프로그램을 실시, 근력 증강이나 영양상태의 개선을 검증
・ (재)동경도 고령자 연구・복지 진흥 재단 동경도 노인 종합 연구소 - 재택 개호 지원센터, 보건소, 병원이 연대하여 요개호자의 위험을 발견하는 검진시스템을 연용. 조기 발견, 조기대처시스템의 개발을 목표
・ 후쿠오카현 북큐슈시 - 개호보험인정심사 및 급여 데이터, 노인보건법의 건강진사, 국민건강보험급여 데이터를 결합한 「지역건강만들기 데이터베이스」를 구축

· 아이치현 다카하마시 - 개호예방사업의 추진을 목적으로 하는 NPO법인을 활용하여, 특정 지역 내에서의 효과적 시행방법, 「(가칭) 커뮤니티 NPO구상」을 모색

제 6 장 대형 사업자와 개호·복지 관련단체의 프로필

1. 대기업 사업자의 열성도
2. 니치이 학관
3. 콤슨 (굿윌 그룹)
4. 재팬 케어 서비스
5. 상냥한 손
6. 동경 리빙 서비스
7. 시민 복지 단체 전국 협의회
8. 하세산즈
9. 쇼난 복지 네트워크 옴부즈맨
10. 카나가와 복지 서비스 진흥회
11. 국립 시 사회복지 협의회
12. 일본 개호 크래프트유니온
13. 전국 유료노인 홈 협회

/ 일본의 개호복지 /

1. 대기업 사업자의 열성도
- 니치이 학관과 컴슨의 일대일 승부

Point

기대되는 민간기업 사업자도 개호보험제도 개시 직후는 생각지도 못한 고전을 겪었다. 이윽고 시장을 확대하여 업적이 호전, 대기업 2개사에 의한 패권쟁탈이 계속 되었다.

2000년 4월에 개호보험제도가 시작되어 민간에게 개방된 방문개호서비스만 사업소수가 1만 5천(2003년 10월)을 넘었다. 그중 주식·유한 회사 등 영리법인이 전체의 45%를 차지하게 되었다.

개호보험사업은 대표적인 규제완화 뉴 비지니스로 주목을 받아 개시하기 전부터 이상할 정도로 기대가 높아졌다. 관련분야를 포함해 10조원 규모의 시장쟁탈전이라고 화제가 되어 이 "전쟁"의 메인 플레이어 가되었던 것이 니치이 학관과 굿윌 그룹이었다.

니치이 학관은 의료사무대행 서비스로 성장한 기업이지만 1996년부터 개호사업에 참여, 1999년에는 재택개호 대기업의 헬시 라이프 서비스를 산하에 두었다. 그 후에도 복지 서비스 관련 기업을 잇달아 흡수합병하여 현재는 개호업계에서는 가장 높은 매출을 자랑하고 있다.

또 하나의 주역인 굿윌은 경작업 등의 업무 청탁을 본업으로 1998년에 광통신과 손을 잡고 재택 개호서비스인 콤슨에 자본 투자로 참가했다. 1999년에는 콤슨을 자회사화하여 개호사업에 본격적으로 참여했다. 당시 오리구치사장(현재는 회장겸 CEO)은 방문개호 홈 헬퍼의 거점을 전국에 「1000개소 설치한다.」고 선언하여 주위를 놀라게 했다. 그 후 재택개호 대기업인 일본개호서비스도 매수하여 거점 전개의 스피드를 올렸다.

니치이 학관도 개호보험제도가 시작하기 전까지 600거점이상을 일

／ 제 6 장 대형 사업자와 개호·복지 관련단체의 프로필 ／

제히 개업한다고 발표, 그 후 750거점으로 상향 수정했다. 두 회사는 본 경기 전부터 치열한 데드 히트를 전개했다.

개호보험이 시작하자 굿윌의 콤슨은 예상이상의 피치로 전국적인 전개활동을 하여 순식간에 1200개의 지점을 개업했다. 동시에 개시 후 3개월 동안 TV CM에 50억 엔 신문·잡지에 10억 엔이란 거액을 광고, 선전비로 투입하여 지명도를 올렸다.

【개호관련 주요기업 10개사의 업적】

니츠미 학원 (東京/2004) 189.987(11%) 14.045(9%)	굿윌 구릅 (東京/2004) 予) 91.000(46%) 予) 5.500(14%)	일본의료사업센터 (東京/2004) 49.429(11%) 1.230(▲42%)
메디칼저팬 (鴻巣市/2004) 予) 21.746(21%) 予) 867(▲13%)	초인 (横浜市/2004) 単獨11.699(46%) 単獨)452(21%)	메디칼저팬 (東京/2004) 10.851(15%) 564(45%)	회사이름 (주소지/결산기) 매상액(백만엔) 경영이익(백만엔) 괄호안은 전회기 비율
메세지 (岡山市/2004) 8.425(-)*H16.4 562(-)店頭公開	저팬케어서비스 (東京/2004) 6.363(21%) 22(▲81%)	친절한손 (東京/2004) 5.975(26%) —	케어21 (大阪市/2004) 予) 5.026(76%) 予) 100(▲36%)

그러나 이용자는 예상이상으로 신중하여 양사 모두 매상이 늘지 않고 개호사업은 적자로 전락했다. 콤슨은 거의 1년 동안 300개소까지 지점을 삭감, 정리해고된 헬퍼들이 반발하는 등 물의를 일으켰다. 니치이 학관도 100개소를 삭감, 600지점으로 축소했다.

이러한 제트 코스터와 같은 기업의 움직임도 이후 시장의 급속한 확대에 의해 호전되었다. 대기업 각 회사는 증수증익으로 콤슨은 다시 800지점(2004년 6월)까지 회복되었다. 앞으로도 니치이 학관과 콤슨의 패권쟁탈은 계속될 전망이다.

/ 일본의 개호복지 /

2. 니치이 학관 - 다기능 케어센터를 신설

> **Point**
>
> 업계 최대기업으로 방문개호 외에 복지용구 대여, 배식 서비스에도 주력. 그 외에도 여러 가지 타 기업, 기관과 연대하여 다기능성 서비스를 전개

업계 최대 니치이 학관의 2004년 3월의 매상은 약 1900억 엔, 경영이익은 140억 엔으로 모두 사상 최고를 달성했다. 사업부문은 의료관련사업, 헬스케어 사업, 교육사업 등으로 나뉘고 그중 개호서비스는 헬스 케어사업으로 행해지고 있다.

방문개호서비스의 지점 수는 672개소, 이용자수는 5만 7천명을 넘고, 스탭은 홈헬퍼 12만 8000명, 케어매니저 1000명을 거느리고 있다.(2004년 3월말) 그 밖에 데이서비스 센터는 184개소, 복지용구 물류센터는 7개소로 같은 사업의 매상은 695억 엔, 전년과 대비할 때 18%의 성장률을 보이고 있다.

같은 회사 사업경영본부의 키타무라 토시유끼 중역은 「매상으로는 방문개호가 크지만 이익의 신장으로 보면 복지용구가 가장 기여하고 있다」고 말한다. 니치이 학관은 2002년 2월에 독일의 복지용구 물류 기업과 제휴하여 복지용구의 렌탈·판매에 참여, 2004년 3월에는 주택개수 서비스 분을 포함하여 매상이 104억 엔까지 증가했다.

또 배식 서비스에도 힘을 쏟아 JAL그룹에서 기내식을 담당하는 회사와 제휴, 자사의 데이서비스센터 이용자에게 제공해 왔다. 2003년 9월부터 「식탁응원 시리즈」와 「주방응원 시리즈」란 새로운 서비스를 추가했지만 전자는 가정을 위해 150가지 이상의 메뉴에서 반찬을 선택, 주문할 수 있는 서비스이고 후자는 의료시설·개호시설을

위한 서비스다.

앞으로의 전략으로는 방문개호거점을 2005년 3월까지 875개소까지 늘리는 것과 데이서비스 센터의 서비스 확대 등이 있다.

【니치이학관 부문별 판매추리와 헬스케어 사업내역】

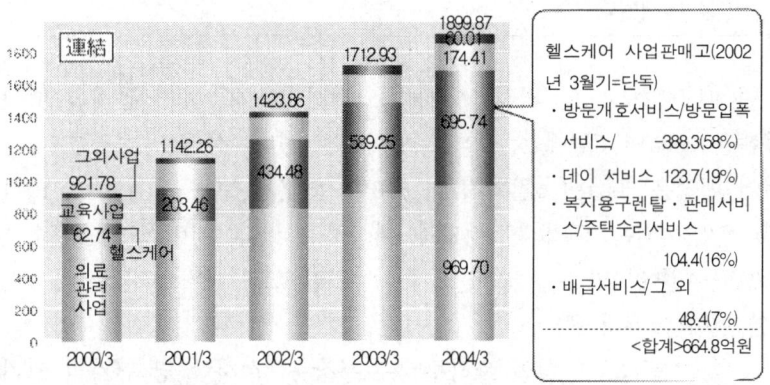

출처 : 니치이학관 홈페이지에서 그래프화 함.

「앞으로는 재택과 시설개호의 융합이 진행되어 두 서비스를 자유롭게 오고 갈 수 있는 다기능성이 필요할 것이다. 당사는 앞으로 데이서비스 센터에 그룹 홈, 방문개호, 복지용구 등의 서비스를 설치하여 다기능화를 꾀할 예정이다.」고 키타무라중역은 말한다. 같은 회사에서는 이것을 「다기능케어센터」라고 불러 그룹 홈이나 개호예방, 일시적인 숙박, 동반 케어서비스(렛츠 파이트 케어)등 종합적인 서비스를 제공하는 거점을 2006년 4월까지 약 200개소 신설할 계획이다.

「노인이나 요개호자 여러분이 지역 안에서 자유롭게 생활할 수 있는 것이 중요하다. 이를 위해서는 지역과의 연대가 필요하다.」고 키타무라 중역은 말한다. 앞으로도 각지에 다양한 전문회사·기관 등과 제휴해 가는 전략일 듯하다.

/ 일본의 개호복지 /

3. 콤슨 (굿윌 그룹) - 케어가 딸린 시니어 주택으로 진출

> **Point**
> 개호사업의 풍운아라고도 불리는 콤슨이 한층 더 성장을 지향하여 방문개호와 유료 노인 홈 등의 시설 개호라는 두 개의 주요 사업을 내세웠다.

한 때 방문개호의 지점을 1200개소에서 300개소까지 통폐합 했던 콤슨은 2004년 6월에는 800개소까지 회복했다. 실적도 호조를 나타내어 매상은 2004년 6월까지 약 360억 엔(굿윌 그룹 전체로는 910억 엔), 경영이익은 16억 엔 정도를 예상하고 있다. 서비스 이용자수는 2004년 4월에 4만 5천 명 정도 이다. 월간 고객 단가는 평균 약 6만 3천 엔이다.(아래 표)

굿윌 그룹 집행임원인 오하쿠 홍보부장은 "한사람 당 단가의 크기 역시 콤슨이 강세다."라고 말했다.

「당사의 고객단가는 동종 라이벌 회사에 비해 평균적으로 20%이상 높다. 이것은 당사의 서비스를 이용하고 있는 시간수가 많다는 의미로 사용자에게 만족을 주고 있다는 증거이다.」

콤슨은 개호택시에도 참여하고 있어 2004년 5월 현재 220대를 갖추고 있다. 이와 함께 현재 콤슨이 가장 힘을 기울이고 있는 전략적 사업이「시설 개호서비스」이다. 방문 개호와 함께 2개의 주력 사업으로 그룹 홈 유료노인 홈, 건강한 노인도 대상으로 한 케어가 딸린 시니어 주택을 확충해 나가고 있다.

그룹 홈 사업은 1년 전에 참여하여 2004년 6월말에 기업단독으로는 국내 최대 규모인 80개소를 확충했다. 유료 노인홈은 3개소를 확충했다. 그리하여 현재 케어가 딸린 시니어 주택의 준비를 진행하고 있어 천억 엔을 투자하여 2007년까지 2500호 정도를 건설할 예정이

/ 제 6 장 대형 사업자와 개호·복지 관련단체의 프로필 /

다. 2004년 말까지는 수도권을 중심으로 5백억 엔 상당의 토지를 구입할 것이다. 유료노인 홈의 입주일시금이 8백만 엔 정도인데 비해 케어가 딸린 시니어 주택은 평균 4천만 엔의 종신이용권방식이 된다. 또 5천만 엔 이상의 고액의 상품도 준비할 예정이다.

【콤슨 서비스 제공 고객수와 고객단가의 추이】

출처 : 굿윌 구룹 홈페이지에서 그래프화 함.

"개호부 주택이나 시설로의 입주를 희망하는 고령자가 늘고 있지만 현재는 수도권에는 이렇다 할 시설이 거의 없다."고 오하쿠 부장은 말한다.

16년에 굿윌 그룹이 상장하는 등 자본조달 능력도 갖춘 그룹이 아니고는 할 수 없는 전략이라 할 수 있다. 「콤슨 통신」2004년 4월호에 그룹을 통솔하는 오리구치회장은 이렇게 썼다. "이제부터는 콤슨이라고 하면, 케어비지니스와 시니어비지니스의 두 업종을 머리에 떠올릴 수 있도록 운영해 나가고 싶다."

이 시니어비지니스의 제 1단이 케어가 딸린 시니어주택이다. 앞으로는 개호의 틀을 넘어선 비즈니스를 전개해 나갈 듯하다.

/ 일본의 개호복지 /

4. 재팬 케어 서비스 - 24시간 대응 방문 개호도 개시

> **Point**
> 재택 개호 서비스를 사회에 정착시키려는 이념 하에 언제라도 긴급 대응하는 새로운 모델을 개시. 케어가 딸린 고령자 주택도 강화.

특별 양호 노인 홈부터 출발한 재팬 케어 서비스는 급격한 확대 노선을 타지 않고 착실히 매상을 올려왔다. 1994년 3월에는 매상이 약 64억 엔으로 전년대비 21%증가했지만 경영이익은 2,200만 엔으로 전년대비 81%가 감소했다. 이것은 자회사 3사의 합병에 의한 경비나 자회사의 거래처의 도산에 의한 담보금의 계상 등의 영향에 의한 결과이다.

1994년 3월 당시 방문개호거점은 108개소, 방문간호거점은 10개소, 데이서비스 거점은 9개소이고 이용자수는 8,170명, 헬퍼 수는 3,015명이다.

재팬 케어서비스는 "어떠한 장해가 있더라도 사람은 일상적인 생활을 보낼 권리가 있다."고 하는 노멀라이제이션(normalization)을 이념으로 하여 "재택 개호서비스를 사회에 정착시키는 것을 최우선으로 해왔다." (동 회사의 우라타니 가오루 관리부장).

"이 사업은 24시간 365일이 기본임에도 불구하고 개중에는 토요일, 일요일이나 신년휴일을 쉬는 개호서비스 사업자도 있다. 사업자의 노력이 부족하다."라고 우라타니 부장은 엄격하게 지적한다.

이 때문에 당 회사는 1994년 1월부터 「나이트케어 패트롤」이란, 24시간 언제라도 긴급 대응하는 방문 개호서비스를 시험적으로 개시했다. 평상, 야간의 임시대응은 비용이 들기 때문에 적극적으로 몰두하는 사업자는 적다. 이 서비스는 후생노동성의 미래지향 프로젝트의 일환으로 세따가와구와 제휴하여 진행하고 있는 모델사업이지만 당 회사로서는 여기서 노하우를 쌓아 2006년부터 실시되는 개호보험의 개정을 목표로 정식으로 메뉴 화할 예정이다.

그룹 홈 사업도 위 회사는 가장 먼저 모델 사업으로 몰두해왔다. 현재까지 4개소가 있지만 이것을 도시부를 중심으로 확대할 예정이다.

「다만 도시부에서는 토지취득 등 비용이 비싸기 때문에 소규모 다기능 서비스 거점이 될 것이다.」고 우라타니부장은 말한다.

【저팬케어서비스 중기경영계획에서 보는 매상고 외】

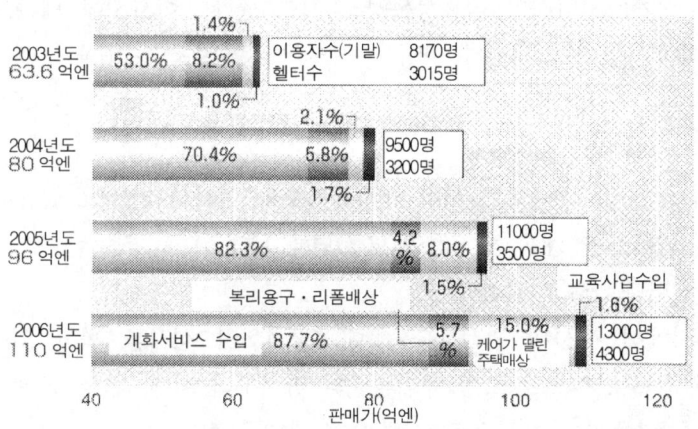

출처 : 저팬케어서비스 중기경영 계획에서 그래프함.

또 동시에 고령자를 위한 케어가 딸린 주택도 확충할 방침이다. 현재는 삿뽀로로 입주일시금 150만 엔의 케어가 딸린 임대 맨션 두 채를 갖추고 매출은 2003년도(2004년 3월)에 1억 45000만 엔이지만 이것을 2006년도에는 15억 엔까지 끌어올릴 계획(2004년 5월 중기경영계획)이다.

/ 일본의 개호복지 /

5. 상냥한 손 - 업계에 선구적으로 CRM 시스템 도입

> **Point**
> 간호부, 가정부 소개소에서 시작한 역사를 가진 이 회사는 개호에 있어서 프로를 자처하여 수도권에 집중적으로 직영을 두고 프랜차이즈의 전국적 전개를 꾀한다.

1964년부터 곁에서 시중드는 간호사 등을 소개하는 가정부 소개소를 운영하고 있었던 카토리 사장은 고객의 고령화가 진행되는 상황에서 개호서비스의 필요성을 느껴 1993년에 「야사시이 테」를 창립, 개호사업에 참여했다. 이후 수도권을 중심으로 지역에 밀착하여 방문개호 서비스를 제공해 온 이른바, 대대로 이어내려 온 가게라 할 수 있다.

"우리는 진정한 개호 서비스의 노하우와 역사를 가지고 있습니다. 서비스의 질을 계속 연구하여 2000년에 ISO9001을 취득한 것도 이 때문입니다." 라고 말한다.

당사에서는 사내 감사를 포함에 연 4회의 심사를 받고 있지만 ISO의 사고방식으로 모범 케어플랜의 작성부터 실행, 반성, 개선이란 사이클을 돌리는 방식으로 품질 유지 관리를 하고 있다.

이러한 이유로 규모의 확대를 급하게 하지 않아 2003년 7월 시점에 방문 개호 지점 수는 31개소, 이용자수는 약 6,500명으로 매상은 2003년 6월에 약 60억 엔이다. 매년 25~50%로 매상을 올리고 있어 2002년 6월에는 흑자를 달성했다.

2003년 8월에는 고액 투자를 한 통합시스템이 완성되어 한층 더 성장의 토대를 구축했다. 당사의 사와이 관리개발본부장은 이렇게 말한다.

"10년 앞을 내다보는 이 시스템은 CRM부터 회계까지 서로 이어져 있는, 업계에서 예를 찾아볼 수 없는 것입니다. 이것에 의해 업무의 표준화가 가능하게 되었습니다."

CRM(Customer Relationship Management)란 고객을 중심으로 한 정보·비즈니스의 추이를 만들어내는 경영기법이다. 구미에서는 일반적이지만 일본기업의 도입은 뒤떨어져 있다. 이 회사는 이 시스템에 의해 고객 정보, 서비스의 예정·실시 또는 개호보수의 청구·지불 업무 관리 등이 실시간으로 가능하게 되었다.

【친절한 손 거택개호서비스 사업현황】

거택개호서비스	이용자수 6503명
거택개호지원사업	이용자수 2674명
친절한 손 직영사업소	
① 방문개호	31사업소(지정사업소수)
② 24시간 순회방문 개호	4사업소
③ 거택개호지원사업	25사업소
④ 방문입욕개호	3사업소
⑤ 통소개호 (데이서비스 센터)	5사업소
⑥ 복지용구대여, 판매	
⑦ 주택개수	
⑧ 재택개호지원센터 (위탁사업)	5사업소

(2003년7월 실시)

"지금까지 집계에 1~2주가 걸렸던 실시기록을 즉시 알 수 있어 사용자의 수요에 바로 대응 가능함과 함께 본부와 지점, 케어매니저, 헬퍼의 정보공유가 실현되었습니다."라며 사와이 본부장은 자신만만하다.

당사는 프랜차이즈 방식에 의해 지방으로 전개하고 있어 2004년 가을부터 가맹기업에도 이 시스템을 제공, 프랜차이즈화를 가속화할 방침이다. 질로 승부해 온 본사의 특색이 시험대에 올랐다.

/ 일본의 개호복지 /

6. 동경 리빙 서비스 - 개호는 전력사업의 체질과 만난다.

Point

동경 전력 그룹의 복지 후생시설 관리를 행해 왔던 이 회사가 개호 보험제도의 개시를 기회로 방문 개호 사업에 진출, 본격적인 업무 확대를 꾀한다.

동경 전력 그룹에는 개호관련 자회사가 2사 있다. 동경 리빙 서비스는 복리 후생시설의 관리 등을 행하고 있지만 2000년 4월 개호보험의 개시와 함께 방문개호사업에 참여했다. 또 다른 한 회사인 동경 라이프 서포트는 유료 노인 홈 사업을 담당하고 있다.

동경 리빙 서비스는 현재 동경·사이타마·치바·카나가와를 중심으로 개호 서비스를 전개하고 있다. 매출은 2004년 3월 말에 약 15억 엔, 방문 개호거점은 22개소, 데이서비스 거점은 4개소, 그룹 홈은 1개소 등을 거느리고 있다. 이 회사 복지 사업부의 미아세부장은 "점차 인재를 육성하여 2003년도에 기반을 굳혔다."고 말한다. 더욱더 본격적인 전개를 꾀하여 앞으로 개호 사업만으로 매상 백억 엔을 목표로 하고 있다.

동경 전련 그룹이라는 브랜드가 유용했다고 생각했으나 이마세부장은 고개를 흔들었다. "개호 회사로 인지되지 않아 케어매니저나 헬퍼 등의 전문 스탭을 제대로 채용하지 못했다. 게다가 입사 후에도 전문직 사람들과 동경 전력 관리기법에 익숙치 못해 우수한 스탭이 그만두는 경우도 있었다." 당사의 아베부장도 "기업의 피라미드식 관리기법으로는 통용되지 않는다. 개호 비즈니스는 고객을 중심으로 한 역 피라미드"라고 말한다.

시행착오 끝에 전문직과 본사가 의견을 합치했다. 지금은 초기의 채용했던 전문가가 거점의 소장을 역임하게 되어 사내의 커뮤니케이션도 원활하게 되었다고 한다. 그리고 지금까지 4년간은 "인재 양성에 집중하여 선전도 하지 않고 연수에 투자해 왔다."고 이마세부장은 말한다.

동경전력 자회사임에도 친회사로부터 지원은 인재 파견뿐으로 전력과 개호사업간의 비즈니스상 상승효과는 특히 없는 듯하다. 그렇지만 행정에서의 신뢰는 돈독하여 주택개수나 그룹 홈 운영의 요청이 많다고 한다. "동경 전력 그룹이라면 일단 시작한 개호사업을 관두지는 않을 것이란 신뢰. 주택 개수는 문제가 많아 행정도 신중히 대응할 수 있는 업자를 찾을 것이다."고 이마세부장은 말한다.

【동경 리빙 서비스의 개호사업실적평가】

	실적				계획			
	2000년	2001년	2002년	2003년	2004년	2005년	2006년	2007년
연도말고객수(인)	792	1837	2997	3253	7585	10637	11995	13635
매상고(억엔)	1.8	5.2	10.3	15	35.6	54.7	68.8	76.3
방문개호센터(개소)	4	9	14	22	34	41	48	55
데이서비스(개소)	0	1	2	4	9	11	13	15
그룹홈(개소)	0	1	1	1	2	3	4	5
스텝 수(인)	210	606	1032	1416	2570	3489	3923	4459

출처 : 동경리빙서비스 자료에서

앞으로는 방문 간호나 방문 리허빌리 또는 보험 적용외의 가사대행 등도 개시할 예정이다. 사업 확장에 즈음하여 개호와 전력이란 당초 어울리지 않은 두 종류의 체질을 훌륭히 융합시킨 이 회사만의 방침이 아베부장의 말에 실려 있다. "벌이가 된다고는 그다지 생각지 않는다. 수지가 순조롭다면 좋지 않겠는가. 전력회사로서의 지역밀착 서비스의 일환이기도 한 개호는 전력사업의 체질에 맞다."

/ 일본의 개호복지 /

7. 시민 복지 단체 전국 협의회
- 개호에 관한 동종집단들의 협력체제

Point

개호・복지 분야에서 유상 지원자의 서비스를 제공하는 비행정계 NPO법인・시민 단체가 모인 네트워크 조직. 지역과 고령자의 연결 역할.

개호 서비스에는 영리법인 뿐 아니라 지역의 자원봉사자나 시민단체, NPO법인의 참여가 필요하다. 그러나 오늘날에는 NPO법인, 행정, 민간기업의 3자의 협력체제가 거의 정비되지 않고 있다. NPO법인으로서 2000년에 설립되었던 시민 복지단체 전국 협의회(시민협)는 이러한 상황을 타파하기 위해 개호・복지계의 시민단체가 의의가 있는 활동이 가능하도록 여러 가지 지원이나 정보교환의 장을 제공하고 있다.

타나카 사무국장은 「행정이나 농협 등의 자금적인 연결이 없이 지역 안에서 일반 시민에게 개호 서비스를 유상으로 제공하고 있는 지원단체는 전국에 약 1300개 있지만 그중에서 740단체가 시민협의 회원으로 되어 있습니다.」라고 말한다.

시민협은 가맹단체로의 정보제공, 보험・공제의 제공, 연수 서비스 외에 개호 보험사업의 사무지원 (청구업무의 대행이나 회계사무 등) 및 매니지먼트 지원(제3자 평가 실시, 톱 매니지먼트 세미나 등)을 시행하고 있다.

또 시민협 독자적인 사업으로서 「LSA사업」을 제창・추진하고 있다. LSA란 원래 고령자를 위한 공영주택에서 입주자의 생활 상담 등을 담당하는 「Life Support Advise」의 약어이다. 이것을 NPO형으로 발전적으로 포착하여 고령자가 지역에 계속 살 수 있도록 개호보험 사업이나 서로 돕는 사업 등을 행해왔다. 이른바「지역과 고령자의 연결 역할」이다.

이 LSA사업을 유지할 목적으로「LSA지원 센터」를 설치하여 NPO나 공적기관, 영리 기업 등 지역의, "자원"을 코디네이트하여 알선하고 있다. 개중에도 NPO 동종집단의 네트워크를 LSA의 귀중한 자원으로 생각하여 NPO의 횡단적 협력에 의한 복지서비스를 제공하려고 하고 있다.

LSA사업의 하나의 모델케이스로 시민협이 지금 추진하고 있는 것이「복지장실・커뮤니티하이츠」다. 그 1호로 동경도 히가시구루메시에서 개시한 커뮤니티 하이츠는 일반의 임대맨션의 1실에 개호 서비스를 제공하는 NPO법인이 입주하여 같은 건물 내의 입주한 고령자에게 월 만 엔의 LSA비를 받아 라이프 서포트를 제공하는 구조이다. 제 4장에서 설명한 고령자 공동주택(그룹 리빙)에도 가깝지만 커뮤니티하이츠는 특히 공용 공간 등이 설치되어 있지 않아도 기존의 임대 맨션에서 실시할 수 있는 등 유연성이 높다.

"고령자가 인간다운 삶을 살기 위해서는 개호보험만으로는 한계가 있다. 개호보험외의 서비스를 서로 도우며 제공할 수 있는 NPO법인이 필요하다. NPO의 힘을 활발하게 하기 위해서는 케어매니저가 개호 서비스 기업에 속하지 않는 독립적 케어 매니저로서, 케어 플랜의 메뉴의 하나로서 NPO 서비스에 몰두하도록 해야 한다."고 다나카 사무국장은 말한다.

/ 일본의 개호복지 /

8. 하세산즈 (특정 비영리 활동법인 서로 돕기)
- 지역밀착형 개호 서비스 모델

Point

동경도 오오타구의 뜻있는 사람들이 모여 성립된 NPO법인. 개호보험급여대상외의 서비스에 대해서도 회원제로 제공하고 있다.

NPO법인「하세산즈」는 동경도 오오다구 메구로구·세타가와구를 중심으로 방문 개호 서비스를 제공하고 있다. 이 지역은 민간 개호 서비스 회사가 모여 있는 격전지이지만 하세산즈는 매년 실적을 올려 2002년도의 총수입은 8천만 엔, 연간 서비스 제공시간 수는 3만 4천 시간에 달하고 있다.

개호 보험급여대상 서비스 뿐 아니라 하세산즈의 회원(입회금 3천 엔, 연회비 3천 엔)이 되면 1시간당 8백 엔으로 대상서비스외에「회원제 서로 돕기 서비스」를 받을 수 있다. 일상적인 가사부터 산보, 외출 등의 동반 보조, 송영·이송, 말상대 등 이 요금으로 영리법인은 제공하기 힘든 NPO법인만의 서비스라 할 수 있다.

사카구찌 이사장은 이렇게 말한다.

"미술관이나 연극에 가고 싶고, 성묘에 가고 싶어 하는 이용자들의 희망은 개호보험만으로는 응할 수 없다. 서로 돕기 위한 NPO라 가능한 것이다."

2004년 3월 현재 하세산즈의 방문 개호서비스의 이용자는 120명, 헬퍼는 70명이다. 회원제 서로 돕기 서비스 이용자는 180명, 서로돕기를 제공하는 회원은 123명이다. 헬퍼나 케어매니저, 서로돕기 회원들에게는 하세산즈의 활동이나 사고방식에 공감하여 참여하는 사람이 적지 않다. 헬퍼로 활동하다 현재 코디네이터 겸 서비스 제공 책

/ 제 6 장 대형 사업자와 개호·복지 관련단체의 프로필 /

임자인 나다씨도 그 중 한사람이다. 「하세산즈에 들어와서 어려움에 빠진 사람들이 인간다운 삶을 살 수 있도록 도울 수 있다는 것을 실감했다. 지금부터도 하세산즈밖에 할 수 없는 것을 해 나가고 싶다.」

하세산즈는 1992년에 오오다구의 여성 세미나에서 坂口이사장외의 사람들이 골드플랜(고령자 보건 복지 추진 10개년 전략)에 관한 강연을 열었던 데서 시작한다. 사카구찌씨 외의 사람들은 이것을 흘려듣지 않고 자신들이 지역의 서로돕기를 하려는 취지에서 복지·개호의 비전문가 25명이 조직을 만들었다. 그리하여 오오다구내의 우량 병원 랭킹을 만든다던가, 지역의 고령자·장애자의 지원 등을 시작했다. 1999년에는 NPO법인을 설립했다. 이와 관련하여 이름은 「곧바로 급히 달려가다」에서 고안했다. 4년 전부터는 개호예방에도 몰두, 체조나 마작, 컴퓨터교실 등을 개최하고 있다.

【하세산즈의 연간서비스 제공시간 수】

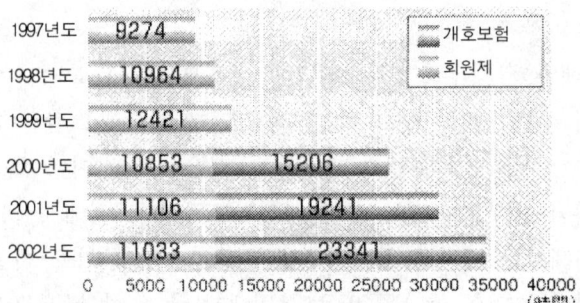

출처 : 하세산즈 자료에서

「NPO는 행정이 불가능한 일도 선구적으로 몰두할 수 있다. 그것이 장점이다」고 坂口이사장은 말한다. 하세산즈는 지역밀착형 개호서비스의 하나의 모델이라 할 수 있다.

9. 湘南 복지 네트워크 옴부즈맨
- 시설 이용자의 믿음직스런 친구

> **Point**
> 상남 지역의 개호·복지 시설과 계약하여 이용자에 대한 서비스의 향상이나 개선을 꾀하는 옴부즈맨 활동을 행하는 NPO법인

시설에 있어서 서비스의 내용이나 질, 문제점은 한 번의 조사로는 볼 수 없다. 더구나 개선이나 향상을 재촉하는 데는 정기적인 체크가 필요하다. 상남 복지 네트워크 옴브즈맨(S넷)는 확실히 이런 착실한 활동을 지역밀착으로 전개하여 성과를 올리고 있다.

현재 S넷에 가맹하고 있는 시설은 상남지역에 21개소가 있지만 매월 1번 S넷의 담당 옴부즈맨이 복수의 시설을 방문하여 시설이용자에게 설문 조사를 시행하고 있다. S넷의 옴브즈맨은 현재 총 20명이다. 1년간 같은 시설을 담당하기 때문에 이용자와 얼굴을 잘 알게 되어 속마음을 끌어낼 수 있다고 한다.

S넷의 에자키 사무국장은 "최근에는 옴부즈맨이 알려져 자신들의 말을 들어 주는 사람이라고 하는 것이 되고 있다."고 말한다. 옴부즈맨에 의한 설문의 결과 곧 개선가능한 점은 시설장이나 협력원(시설과 이용자와 옴부즈맨과의 사이의 연락조정역)에 전해지지만 중대한 문제에 대해서는 가지고 돌아와 S넷의 입장에서 문서로 시설에 대응을 요구한다. 그 후 상담을 받은 본인에게 추진 상황을 설명하고 개선상황 등을 계속적으로 체크한다.

가맹시설은 이용자 한사람 당 4천 엔을 S넷에 지불하지만 옴부즈맨은 철저히 이용자의 입장에 서서 대응한다. 가맹시설 이외의 이용자나 재택의 장애자가 개인으로서 계약하고 옴부즈맨 조사를 의뢰하는 경우도 있다. 그중에는 특양노인 홈을 방문한 가족이 이용자의

골절에 신경이 쓰여 상담해 온 경우도 있다. 또 화장실에서 스스로 용변을 볼 수 있는데 기저귀를 벗겨주고 있다는 호소도 적지 않다. 이용자의 괴로움으로는 가족이 연금을 관리하고 있어 용돈도 착실히 주지 않는다는 경제적인 문제도 많다고 한다.

【S넷 가맹시설의 직원에 대한 앙케이트 조사】

Q4-1. 지금까지 현장에서 실제로 이용자의 권리가 침해당한다고 생각하여 이를 문제시해야 한다고 생각한 적이 있습니까? 혹은 타인으로부터 그와 같은 제보를 받아본 적이 있습니까?

있다.(고 생각한다.) 64명 · 없다.(고 생각한다.) 46명 · 모르겠다. 23명
· 그 외 1명 · 무응답 10명 <계 144명>

Q4-1-2. 그 케이스를 어떻게 처리했습니까?

자신이 S넷에 연결시킨 5명 · 이용자에게 S넷의 이용을 권한 것 5명 · 이용자 본인이나 가족이 S넷에 연결시킨 것 8명 · 망설이고 있다. 5명 · 아무 것도 하지 않는다. 10명 · 처리는 본인에게 맡긴다. 5명 · 그 외 21명

Q4-1-3. (그 이유)

출처 : S넷조사자료, 1999년.

S넷은 복지관계 연구자나 변호사, 고령자나 장애자를 위한 시설의 관리자가 시설이용자의 권리보호에 대해 공부를 하는 것을 계기로 1998년에 발족했다. 당초는 8개의 시설과 6명의 옴부즈맨으로 세워졌고 2001년에는 NPO법인으로 인증을 취득했다.

「대형 시설에는 한계가 있어 앞으로는 시설이 해체되어 재택중심이 될 것이라는 것이 우리들의 근본적인 사고방식입니다. 이용자를 시설에서 어떻게 지역으로 돌려보낼까? 그것이 큰 과제입니다.」라고 에자키 사무국장은 말한다. 지역에 뿌리를 둔 네트워크형 옴부즈맨 제도는 앞으로 필요불가결하게 되어 갈 것이다.

/ 일본의 개호복지 /

10. 카나가와 복지 서비스 진흥회 - 독자적 평가 프로그램을 개발

> **Point**
> 복지에 열정적인 카나가와현이 설립한 사단 법인. 전국에서 선구적으로, 사업자 자신이 조사하는 저비용의 「개호 서비스 평가 프로그램」을 시작했다.

카나가와현은 복지·개호에 열정적인 자치체로 개호보험사업자도 2004년 2월에 만 5천사업소를 돌파, 2000년 4월부터 비하면 42%가 증가했다.

카나가와현은 개호보험제도의 개시를 예측하여 1998년에 「카나가와 복지 서비스 진흥회」를 설립했다. 민간기업의 참여를 촉지하면서 동시에 서비스의 질을 높이는 구조를 준비했다. 우선 사업자의 정보를 모아서 공개하고 2001년부터는 전국에서 앞장서서 독자적 서비스 평가제도인 「개호 서비스 평가 프로그램」을 개시했다.

현재 후생노동성의 추진으로 조금씩 제3자 평가를 도입하는 지자체나 시설·사업자도 나오고 있지만 문제는 그 수고와 비용이다. 전문가가 시설이나 사업자 또는 이용자에 상세한 설문조사를 하기 위해서는 비용이 50~100만 엔이 드는 경우도 있다. 그렇게 되면 시설·사업자의 부담이 커진다.

그래서 당 진흥회에서는 제3자의 손을 빌리지 않고 사업자 자신이 사업소 및 이용자를 조사하는 프로그램을 개발했다. 이것은 사업자가 이용자 30인을 부작위로 셔플링하여 그 수신인의 주소로 조사표를 보내고 진흥회가 그 회답을 회수하여 공개하는 것이다. 그 결과 조사비용은 기본세트로 3만 3천 엔으로 저렴하게 막을 수 있게 되었다. 당 진흥회의 나다코 전무이사는 이렇게 말한다. "만약 사업자가 조사 도중에 부정을 저지른다면 그것은 사업자에게 불이익이 된다. 이 프로그램은 사업자가 이용자의 정직한 목소리를 듣고 그것

/ 제 6 장 대형 사업자와 개호·복지 관련단체의 프로필 /

을 서비스나 경영의 개선에 참고하기 위한 것이다."

다만 비용이 낮으면 평가 서비스를 받는 사업자가 많게 되는 것은 아닌 것 같다. 2003년도의 평가 실시 상황을 보면 신청 율은 현내 전사업소의 약 10%에 불과했다. 개시했던 2001년도에는 약 26%로 매년 신청 율은 줄고 있다.

【카나가와현의 개호서비스 평가프로그램 실시상황】

(2003년도)

서비스 종류	지정사 업소수	신청사 업소수	실시사 업소수
재택개호지원	1236	95	95
방문개호	1013	95	92
방문개호	260	22	22
방문입욕개호	147	21	21
통소개호	536	67	67
통소	177	16	14
복지용구대여	318	46	43
합계	3687	362	354
(신청율 9.8%, 실시율 97.5%)			

【도도부현, 지정도시】

(개호서비스 제3자 평가)
福島縣   6시설(2002년)
福井縣   8사업소 4시설(2002년)
京都府   110개소실시예정(2003년)
兵庫縣   24사업자(2002년)
熊本縣   6사업소(2002년)
神戶市   83사업자를 예정(2004년)
福岡市   149사업소신청(2003년12월)
北九州市 70사업소(2004년2월)

(복지서비스 제3자 평가)
東京都   83개소(2002년1월)
三重縣   20시설실시예정(2003년)
滋賀縣   20개소실시예정(2003년)
大阪府   16사업소실시예정(2003년)

출처 : 위) 카나가와복지서비스진흥회
　　　 오른쪽) 후생노동성-제9회 사회보장 심의회개호보험부회 자료

「매년 계속해서 평가를 받는 이 점이 적은 듯하다. 의무화되면 얘기는 달라질 것이지만...」이라고 灘戶전무이사는 말한다.

현재 후생노동성에서는 평가의 의무화와 그 비용을 개호보수 메뉴에 포함시킨다는 것을 검토하고 있어 의무화되면 진흥회의 평가프로그램은 재인식될 것이다.

또 진흥회에선 혼자 사는 고령자를 중심으로 지역 NPO와 대학·의료기관, 지자체를 끓어 들인 개호예방 프로그램을 실험적으로 실시하고 있는 중이다. 그 상세한 설명은 8장에서 정리했다.

/ 일본의 개호복지 /

11. 국립 시 사회복지 협의회 - 개호보험제도의 정보 센터

> **Point**
> 지금까지 복지·개호의 중심적 담당자였던 사회협이지만 적자사업도 많아 개호서비스에서 철수하는 경우도 있다. 그러나 정보나 신뢰의 면에서도 역할은 크다.

사회복지협의회(사협)은 전국의 시정촌에 설치되어 있는 사회복지법인으로 지금까지 지자체 등으로부터 안정적으로 개호서비스를 위탁받고 있었다. 그러나 개호보험제도의 개시와 함께 민간사업자와 경쟁하게 되어 개중에는 이익이 오르지 않은 것을 이유로 개호서비스에서 철수하는 사협도 나타났다.

동경도 국립시사협은 재택개호지원센타에서 1999년부터 방문개호서비스를 시작했고 데이서비스는 1003년부터 제공하고 있다. 또 유상 지원자에 의한 1시간 900엔의 가사·개호 원조 서비스(안심서비스)도 전개해 왔다. 그리하여 개호 보험 개시 후에도 방문개호, 거택개호의 이용자수는 약 90인, 헬퍼는 75명, 거택개호지원 이용자가 160명, 데이서비스가 50~55인이다. 국립시사협복지추진과의 우즈키 과장은 이렇게 말한다. "개호보험이 개시하고 가장 변한 것은 데이서비스이다. 지금까지는 시에서 위탁받았지만 개호보험에 전부 전환되어 적자에 빠졌다. 올해 겨우 흑자가 되었다. 케어플랜 사업도 적자로 방문개호만 흑자다."

국립시사협에서는 민간사업자도 늘고 있어서 잠시 케어플랜 작성을 관두었던 적도 있지만 결국은 요청이 많아 재개했다.

"사협이 요개호자를 떠맡고 있다(민간사업체에 보내지 않는다)고 하는 비판도 있지만 우리는 떠맡는 것은 없다. 몇 십년동안 (복지사업을) 해왔던 신뢰가 있으니까 시민이 상담하러 온다."라고 우즈키과장은 말한다. 국립시사협에서 케어플랜작성을 담당하는 오카와 주사도 이렇게 말한다. "케어플랜의 상담을 받아도 그 중 3분의 1에서 반은 개호 서비스에 연결되지 않은 경우도 있다. 결과적으로는 의료나 그 밖의 행정서비스에서 대응하는 경우도 많지만 이용자도 필사적이기 때문에 상담을 받고 움직이는 것이 당연하다."

【구니다찌시 사협 헬퍼스테이션사업의 이용자 현황】

연령별이용자수
(2004/3말 현재)

-64세	8
65-69세	9
70-74세	11
75-79세	20
80-84세	16
85-89세	12
90-94세	8
95-99세	5
100세 이상	0
합계	89

요개호도별 정도
(2003/4-2004/3의 인원)

요지원	225
요개호1	307
요개호2	115
요개호3	90
요개호4	91
요개호5	156
합계	984

출처 : 구니다찌시 사협자료에서

그에 비해 사협은 복지·개호, 의료, 행정, 지역주민이나 지원자 등의 정보나 네트워크를 풍부하게 갖고 있어 개호보험의 메뉴에 포착되지 않는 서비스를 제공할 수 있는 존재임이 확실하다. 개호보험에서 커버할 수 없는 지원도 제공하는 안심서비스도 있다. 민간사업자와 같은 일을 고비용으로 하는 것은 의미가 없지만 이러한 개호보험의 정보센터적인 역할은 앞으로도 필요할 것이다.

12. 일본 개호 크래프트유니온 - 개호종사자의 노동환경을 개선한다.

Point

5만 명 가까이가 가맹되어 있는 개호보험업계 횡단의 노동조직. 노동 조건을 조사하고 개선을 제언한다. 연수나 토의 등의 교류, 종사자 전용 보험제도도 있다.

일본 개호 크래프트 유니온(NCCU)는 78만 명의 조합원을 고용한 UI전선 동맹이 개호보험제도개시와 함께 설립한 노동조합이다. 기업단위에 얽매이지 않는 개호업계 횡단(크래프트 형)의 조직으로 2004년 5월 현재 헬퍼를 중심으로 4만 6천명의 조합원이 모여 있다.

개호업계에서 일하는 사람들의 노동조건의 개선부터 정책 제언, 노동자의 네트워크화나 연수 그리고 상처나 사고 등 만일을 위한 공제제도 등을 제공하고 있다. NCCU의 타카하시 부사무국장은 이렇게 말한다. "헬퍼의 이직 율은 1년에 35%에 달한다. 3년이 지나면 모두 이직할 정도의 수치다. 헬퍼의 사회적 지위나 임금을 올리기 위해서는 헬퍼의 기술을 높여 높은 평가를 받아 사회에서 더 인정받게 하지 않으면 안 된다."

NCCU에서는 2003년 10월에 조합원 약 7,600명을 대상으로「의식조사」를 행했다. 그중에서 비상근・파트 헬퍼의 취업환경의 만족도는「임금・수입」11%,「고용형태・신분」12%,「일의 내용」21%로 낮게 나왔다. 또「단기간에 퇴직하는 이유」도 낮은 임금이나 경비가 지불되지 않는 것을 이유로 드는 사람이 많았다. 이 의식조사에 대해서는 제 8장에서 상세히 설명했지만 비상근・파트 노동조건은 매우 나쁘다고 말할 수 있다.

NCCU에서는 UI전선 동맹 등을 통해 이러한 노동조건의 개선 등

/ 제 6 장 대형 사업자와 개호·복지 관련단체의 프로필 /

의 정책제언을 행하고 있다. 헬퍼의 개호보수의 재검토에 대해서는 「이동·대기시간, 연수시간, 유급취득, 축제일이나 시간대별 할증율, 취소시의 수당, 교통비등 경비의 지금, 사회보험의 가입 등」을 과제로 들고 있다. 또 헬퍼에 있어서 교통비나 이동시간의 임금이 지불되지 않는 것에 대한 불만이 특히 높은 듯하다.

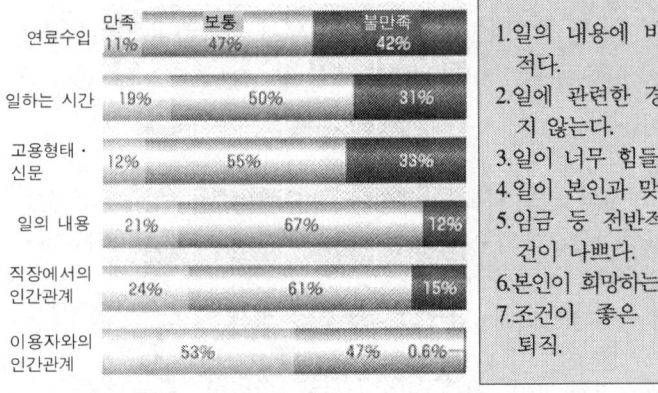

출처 : 2003년도 조합원 의식조사

NCCU에서는 매월 각 지역에서 「스텝 업 연수」를 실시하여 전문가에 의한 강연이나 그룹 토의, 친목회를 개최, 조합원동지의 교류 등도 꾀하고 있다. 또, 개호 서비스 종사자 전용 보험제도 「NCCU공제」는 월 300엔의 비용으로 상해입원위문금이나 휴대품보상, 배상책임보상 등이 있어 조합원에 있어서 든든한 우군이다.

"이제 곧 조합원은 5만 명을 돌파할 예정이다. 앞으로는 시설의 직원에게도 넓히고 싶다."고 타카하시 부사무국장은 활동적으로 기세를 몰고 싶어하는 것 같다.

155

13. 전국 유료노인 홈 협회 - 극진한 개호 서비스 제공을 목표로 함

> **Point**
> 최근 급증하는 유료 노인홈의 이용자 보호와 사업자의 건전한 발전을 꾀하기 위해 설립된 노인 복지 법 규정의 사단법인. 입주자 기금제도로 이용자를 지킨다.

사단법인 전국유료 노인홈 협회는 1982년에 입주자 보호와 사업자의 건전한 발전을 목적으로 사업자 단체로서 발족하여 1991년부터는 노인 복지법에 규정된 법정법인이 되었다. 주요한 사업으로는 다음의 3가지이다.

① 입주희망자의 지원・계몽 (세미나・정보의 제공, 입주상담 등)
② 입주자의 보호 (「입주자 기금제도」의 운영, 고충처리위원회의 운영 등)
③ 사업자의 건전육성 (설립・운영상담, 직원연수 등)

2004년 5월 현재 협회 가맹 법인 수는 130법인, 시설 수는 213홈, 입주자수는 약 2만 3천명이다. 이 협회의 마츠오카 고문은 이렇게 말한다. "유료 노인 홈은 지금까지 건강할 때 입주하여 나이가 듦에 따라 필요한 개호를 받으며 남은 여생을 보냈지만 개호보험제도가 시작된 이후 요개호상태에서 입주하는 사람이 늘어 개호전용형 유료노인 홈이 늘었다."

제 4장에서 기술한 대로 유료 노인홈은 「개호부」「주택형」「건강형」의 3가지로 나뉘지만 시설로서 개호보험의 급여대상이 되는 것은 「개호부」뿐이다. 개호부도 양극화 경향이 있어, 독신기숙사 등 기존의 건물을 빌려 개수하여 싼 비용으로 제공하는 저비용 타입과 보험급여대상외의 서비스도 제공하는 등 극진하게 개호하는 타입으

로 나뉜다. 설비나 거실 등을 업그레이드한 고액의 유료홈도 등장하고 있다.

"저비용 타입은 개호보험 서비스만을 제공하고 있어 협회로서는 극진한 개호서비스를 제공하는 쪽이 이용자에게 있어서 좋지 않을까 생각하고 있다."고 마츠오카 고문은 말한다.

【협회가맹총수와 비가맹총수의 추이】

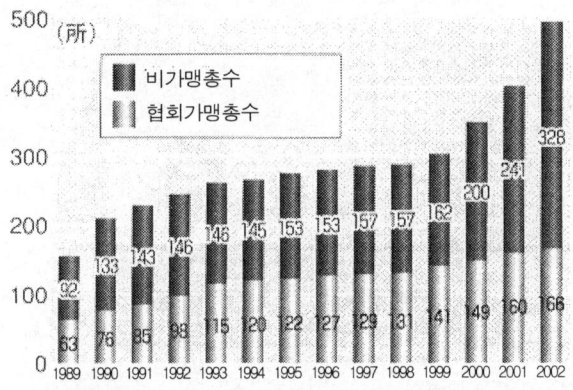

출처 : 전국 유료노인홈 협회자료에서

노인 홈의 이용자에게 있어서 가장 걱정되는 것은 사업자의 도산 등에 의해 계속 살 수 없게 되는 것이다. 그러한 이유로 협회에서는 입주자 기금제도를 운영하고 있어 가맹사업자의 사고로 입주자가 살수 없게 될 경우, 한사람 당 5백만 엔의 보증금을 지불한다. 이 제도를 이용하는 데는 사업자가 입주자 한사람 당 20만 엔을 갹출하는 것이 조건이다. 또 1991년부터 학식경험자나 소비자대표 등 제3자를 참가시킨 고충처리위원회를 협회 내에서 설치하여 이용자로부터의 고충에 대응하는 체제를 정비했다. 당 협회의 이라시 사무국차장은 "고충으로 가장 많은 것은 식사 등의 생활상의 이야기나 인간관계의 문제"라고 말한다.

여러 가지 종류의 유료노인 홈이 늘고 있는 와중에 앞으로 협회의 역할도 커지지 않으면 안 될 것이다.

제 7 장 개호·복지 비즈니스의 구조와 창업

1. 개호보험제도의 구조
2. 요개호인정의 구조
3. 개호보수의 구조
4. 케어매니지먼트와 케어플랜
5. 개호비지니스의 창업 ①
6. 개호비즈니스의 창업 ②
7. 개호비지니스의 창업 ③
8. 개호비즈니스의 창업 ④
9. 개호비즈니스의 창업 ⑤
10. 개호비지니스의 창업 ⑥
11. 개호비즈니스의 창업 ⑦
12. 개호비즈니스의 창업 ⑧
13. 이용자를 위한 객관적 평가

/ 일본의 개호복지 /

1. 개호보험제도의 구조 - 재원 구성과 피 보험자

Point

개호보험제도의 재원은 피보험자의 보험료와 국가 및 지방자치체가 반씩 부담하는 구성으로 되어있어 40세 이상이 피보험자가 된다.

개호보험의 재원은 보험료를 지불하여 보험에 가입하는 피보험자와 국가·도도부현·시정촌이 각각 50%씩 부담하는 구성으로 되어 있다(다음페이지 표). 공비인 세금이기 때문에 바꿔 말하면 피보험자를 포함한 국민 전체가 같이 부담하는 보험제도라고 할 수 있다.

40세 이상의 국민은 개호보험 가입이 의무적이지만 최근에는 대상 연령을 낮추는 것을 후생노동성에서 검토 중에 있다. 피보험자는 「제 1호 피보험자」와 「제2호 피보험자」로 나뉜다.

제1호 피보험자는 65세 이하로 시정촌 내에 주소를 가진 자이다. 외국인이라도 정식으로 등록을 하여 주소를 갖고 있으면 피보험자가 된다. 다음 항에서 설명했지만 보험 서비스를 받기 위한 신청은 주민기초대장에 기록된 주소에 해당하는 시정촌에 대해 행해지기 때문에 전출 등으로 주소를 옮긴 경우 피보험자의 자격을 상실한다.

제2호 피보험자는 시정촌내에 주소를 가진 40세 이상 65세 미만의 의료보험 가입자를 가리킨다. 제 2호 피보험자가 개호보험 서비스를 받기위해서는 요개호상태가 「특정질병」에 의해 생겼을 경우로 한정하고 있다는 사실에 주의할 필요가 있다. 특정 질병이란 노년 초기 치매, 뇌혈관질환(뇌출혈, 뇌경색 등), 당뇨병성 관련 질환, 만성 관절 류마티스, 골절을 동반한 골조송증 등이다. 즉 개호보험제도의 보험료 부담은 40세 이상이지만 개호보험의 급여를 받는 대상은

/ 제 7 장 개호·복지 비즈니스의 구조와 창업 /

주로 65세 이상으로 상정되어 있다.

　제 1호 피보험자가 지불한 제1호 보험료는 월액 1만5천 엔 이상의 연금을 받을 경우 연금에서 공제형식으로 징수된다. 보험료는 전국적으로 같지 않고 각 시정촌의 개호서비스 레벨에 맞춰 단계로 랭크를 나누고 있지만 3년째에 재검토하여 재정의 균형을 이루도록 하는 것이 요구되고 있다. 즉, 각 시정촌의 보험급여액의 증감에 따라 보험료도 증감해야 한다는 것이다. 이와 관련하여 2003년의 전국 평균 보험료는 월 3,293엔이지만 전년인 2002년도는 2,911엔으로 이미 13%정도 인상되었다.

　제2호 피보험자가 지불한 제2호 피보험료는 국민건강보험이나 건강 보험조합 등의 의료보험자가 피보험자의 소득에 따라 할당하여 의료 보험과 같이 징수한다. 보험료의 반은 국가나 사업주가 부담한다.

【개호보험의 피보험자와 부담비율】

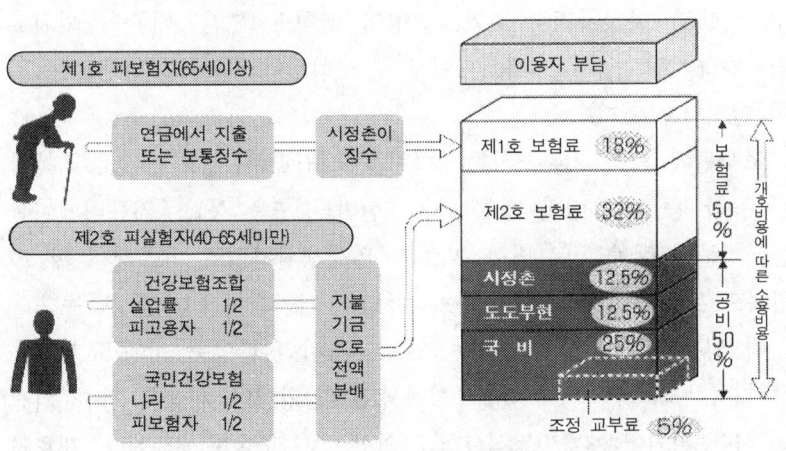

161

2. 요개호인정의 구조 - 요개호인정의 신청에서 서비스 개시까지

> **Point**
>
> 개호보험 서비스를 받는 데에는 요개호 인정을 시정촌에 신청하여 받을 필요가 있다. 컴퓨터에 의한 1차 판정과 전문가에 의한 2차판정으로 인정한다.

개호보험제도에서는 피보험자가 서비스를 받기위해서 우선 시정촌에 「요개호 인정」 신청을 할 필요가 있다. 인정조사에서는 전국을, 일률적인 기준에 따라 판정한다.

그 절차는 피보험자 또는 그 가족이 시정촌에 신청하면 조사원이 이용자의 집을 방문하여 결정된 선택식 기본조사를 행한다(240페이지 참조). 이 조사는 시정촌의 담당자(케이스워커나 보건사 등)나 거택개호지원사업자 또는 개호보험시설의 케어매니저에 위탁하여 행할 수도 있다. 마찬가지로 요개호인정의 신청도 본인·가족의 의뢰로 거택개호지원사업자나 개호보험시설, 사회보험노무사가 대행하는 것이 인정되고 있다.

조사원에 의한 기본조사는 「마비·구축(拘縮)」, 「이동 등」, 「복잡한 동작 등」, 「특별한 개호 등」, 「신변의 도움 등」, 「커뮤니케이션 등」, 「문제 행동」, 「특별한 의료」, 「일상생활자립도」의 9개 분야 79항목으로 되어 있어 그 결과는 컴퓨터로 처리되어 1차 판정받는다.

이 컴퓨터 판정을 보충하는 것으로 조사원이 방문 시에 조사하는 「특기사항」과 주치의에 의한 의견서(진료상황이나 개호에 관한 의견 등)이 준비되어 개호인정심사회에 의한 2차 판정이 행해진다. 개호인정심사회는 원칙적으로 시정촌에 설치하여 보건, 의료, 복지에 관한 학식을 갖춘 자와 시정촌장이 임명한 멤버(5명이 표준)으로 구성된다.

/ 제 7 장 개호·복지 비즈니스의 구조와 창업 /

【신점에서 서비스개시까지의 흐름】

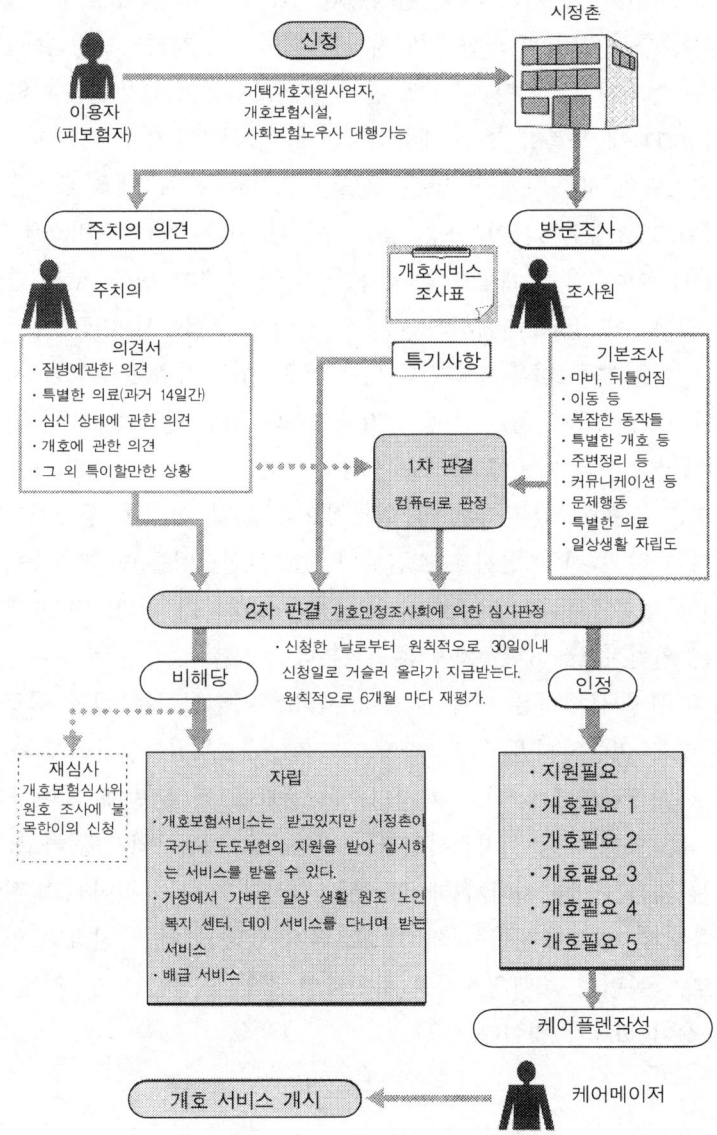

개호인정심사회는 이용자가 요개호 상태에 해당되는지, 요개호도 구분의 어디에 해당하는지를 판정한다. 또 신청자가 제2호피보험자인 경우, 특정 질병에 의한 것인지 판정하여 그 결과를 시정촌에 통지한다. 여기서 「비해당」이라고 판정되면 보험급여를 받을 수 없지만 인정결과에 불복할 경우 개호심사회에 이의를 제기할 수 있다.

요개호도의 구분은 가장 낮은 정도인 요지원부터 요개호 1~5급으로 나뉘고 요개호 5급이 가장 심한 수준이 된다. 재택 서비스를 이용하는데 있어 각 요개호도에 정해진 지급한도액이 왼쪽 표와 같이 되어 있다. 이 범위 내에서의 이용은 전액이 보험에서 지급되고 이용자는 이용액의 1할을 부담한다. 한도액을 넘을 경우는 전액이 자기부담이 되기 때문에 높은 수준의 요개호자의 경우 한도액내에서 맞추지 않아 본인이나 가족이 무거운 경제적 부담을 진 경우도 있다.

인정은 신청이 있는 날부터 원칙적으로 30일 이내에 행해지지만 인정의 효력은 신청 당시로 소급된다. 즉, 보험급여를 받게 되는 것은 인정 결과가 나온 날이 아니라 신청한 날부터가 된다. 또 요개호 인정은 원칙적으로 6개월째에 재검토된다.

이후 인정서를 받은 후에는 재택 서비스 사업자에게 직접 신청을 하는 것도 가능하지만 일반적으로는 거택 개호지원사업자에게 신청하여 케어매니저에게 개호 계획인 케어플랜을 작성 받게 되어있다. 다만 대다수의 재택 서비스사업자는 거택개호 지원사업자도 하고 있어 자사의 케어매니저에게 케어플랜을 작성하게 하는 것이 일반적이다. 때문에 케어 플랜이 자의적으로 되기 쉽다고 하는 지적도 있어 앞으로는 독립된 거택개호지원 사업자의 경영이 성립될 수 있는 환경 조성이 필요할 것이다.

【요개호도구분 상태와 지급한도액】

요개호도	상태	요개호인정 기준시간	지급한도액	주택개수	복지용구 구입
요지원 (사회적 지원을 필요로 하는 상태)	일상생활상 기본동작은 거의 가능하지만 일상생활을 도와주어 현재의 상태를 유지하게 함으로 서 요개호 상태에 빠지는 것을 방지하기 위하여 약간의 지원을 필요로 하는 상태	25분 이상 32분 미만	61,500엔	20만엔	10만엔/년
요개호1 (부분적인 개호를 필요로 하는 상태)	요지원상태에서 수단적 일상행동 능력이 더욱 저하되어 부분적인 개호를 필요로 하는 상태	32분 이상 50분 미만	165,800엔		
요개호2 (가벼운 개호를 필요로 하는 상태)	요개호1의 상태에 더해 일상생활 동작에 대해서도 부분적인 개호를 필요로 하게 되는 상태	50분 이상 70분 미만	194,800엔		
요개호3 (중등의 개호를 필요로 하는 상태)	요개호2의 상태와 비교하여 일상 생활동작 양쪽 다 현저하게 저하되어 거의 전면적인 개호를 필요로 하게 되는 상태	70분 이상 90분 미만	267,500엔		
요개호4 (중도 개호를 필요로 하는 상태)	요개호3의 상태에 더해 더욱 동작능력이 저하하여 개호 없이는 일상생활을 영위하는 것이 곤란하게 되는 상태	90분 이상 110분 미만	306,000엔		
요개호5 (최중도 개호를 필요로 하는 상태)	요개호4의 상태에 더해 더욱 동작능력이 저하하여 개호 없이는 일상생활을 영위하는 것이 거의 불가능한 상태	110분 이상	358,300엔		
자립 (비해당)	보행이나 일어나는 것 등의 일상생활상 기본적 동작을 자기가 행할 수 있고 약의 복용이나 전화의 이용 등 수단적 일상생활동작을 행하는 능력도 있는 상태				

*요개호 인정 등에 관련한 개호인 정심사회에 의한 심사 및 판정의 기준 등에 관한 성령(1999년 4월 30일 후생성령 제58호)

【요개호인정 등 기준시간의 분류】

직접생활개조	입욕, 배설, 식사 등의 개호
간접생활개조	빨래, 청소 등 가사원조 등
문제행동관련행위	배회에 대한 탐색, 불결한 행위에 대한 나중처리 등
기능훈련관련행위	보행훈련, 일상생활훈련 등의 기능훈련
의료관련행위	유액의 관리, 깔개의 처치 등 진료의 보조

3. 개호보수의 구조 - 3년째에 재검토되는 서비스 단가

> **Point**
> 개호보험급여의 액수는 개호보수라고 불리는 산정기준에 따라 결정되고 그 단가는 「단위」라고 불리고 있다.

개호보험은 법률에 의해 규정된 제도로 사업자에게 지급되는 개호보수도 정해진 산정기준에 의해 지급된다. 3년째에 재검토되는 것으로 되어 있어 2003년 4월부터는 새로운 개호보수가 설정되었지만 그것이 항상 사업자의 희망이나 시장원리에 따른 것만은 아닌 이유는 제 1장에서 기술한 대로이다. 다음회의 재검토는 2005년부터 시작되어 2006년 4월부터 새로 정해진 보수로 이행된다. 개호보수나 제도의 변동은 사업자에게 커다란 영향을 주기 때문에 철저한 규제 비즈니스란 것을 민간 기업은 유념하고 리스크를 막아야 할 것이다.

각설하고 개호보수는 「단위」라고 불리는 단가가 서비스 내용이나 시간, 요개호도, 지역에 따라 다르게 설정되어 있다. 1단위는 10엔으로 전환하는 것을 기본으로 하고 있지만 각지의 인건비 등을 감안하여 (국가공무원의 조정수당 구분이 기본) 지역에 따라 기본적으로 3~12%의 가산액이 정해져 있고 이에 매 서비스에 맞게 정해진 비율을 곱하여 액수가 정해진다. 예를 들어 동경 23구의 「특별구」에서는 12% 가산, 요코하마시, 카와사키시, 나고야시, 오사카시, 고베시 등 「특갑지구」에서는 10% 가산이 기본이다. 그 결과 방문개호에서는 특별구가 1단위 10.17엔이 되고 특갑지구에서는 10.60엔이 된다. (230 - 232페이지 참조) 또 멀리 떨어진 섬 등 방문이 곤란한 지역은 방문개호, 방문입욕, 방문 간호, 거택개호 지원서비스에 15%의 특별지역 가산이 정해져 있다.

개호보수단위의 예로 다음페이지의 표에서는 방문개호를 들고 있지만 신체개호의 경우는 30분미만 1회당 231단위, 1시간 이상에 584단위, 이후 30분마다 83단위가 가산되고 이에 비해 생활 원조는 1시간 이상에 291단위로 현저히 차이가 난다. 서비스를 제공하는 사업자나 헬퍼를 기준으로 살펴보면 생활원조가 결코 신체개호보다 부담이 적지 않고 조리 등은 기량과 경험이 필요한 만큼 신체개호와 생활원조를 나눌 필요성에 의문을 제기하고 일체화를 바라는 의견도 많다.

【방문개호의 보수단위】

방문개호	신체개호	30분 미만	231단위/회
		30분 이상-1시간 미만	402단위/회
		1시간 이상	584단위/회
		이후 30분 마다	83단위/회
	생활원조	30분 이상-1시간 미만	208단위/회
		1시간 이상	291단위/회
		이후 30분 마다	83단위/회
	통원 등 승강차 개조		100단위/편도
	가산 등	3급	소정의 90%
		2인 방문	소정의 90%
		야간(18-22시)조조(6-8시)	소정의 90%
		심야(22시-6시)	소정의 90%
		특별지역방문개호	소정의 90%

또 개호서비스의 제공에 의해 요개호도가 개선된다고 해도 개호보수에는 반영되지 않는 반면 요개호도가 낮춰짐으로써 사업자의 수입감소를 초래하기 때문에 자립지원이나 개호예방의 관점에서 성공보수적인 개호보수를 희망하는 의견도 있다. 결국 개호보수는 보험재원이란 하나의 파이를 자르는 법에 대한 논의이므로 전부를 만족시키는 답은 없다고 할 수 있다.

4. 케어매니지먼트와 케어플랜 - 개호서비스의 질을 정하는 요소

> **Point**
> 개호서비스는 모두 케어플랜에 기초하여 제공된다. 그리고 개호서비스 전체를 관리하는 케어매니지먼트 역시 개호보험제도의 요소다.

개호비지니스의 개시를 성공시키는데 있어 무엇보다 중요한 것이 케어매니지먼트와 캐어플랜(커택 서비스계획)에 대한 이해일 것이다. 케어매니지먼트를 제도로서 채택한 것은 영국으로, 일본의 개호보험제도도 이 방식을 제도의 주요소로 삼았다.

케어매니지먼트는 이용자의 수요와 의지를 중요시하여 자립과 QOL의 향상을 목표로 개호보험서비스나 그 외의 서비스를 합리적이고 효율적으로 계획하여 제공하는 것이다. 이용자의 수요를 정확히 파악하기(assessment) 위해서는 고도의 지식과 경험 그리고 커뮤니케이션능력을 필요로 하기 때문에 케어매니저(개호지원전문인)란 전문직이 탄생했다.

케어매니저는 케어플랜을 작성할 뿐 아니라 서비스 사업자에게 연락 및 교섭을 하고 계속적으로 이용자 집을 방문하여 체크하며 때에 따라서는 사업자를 교체하는 권한도 갖고 있다. 이른바 각종 개호서비스는 케어매니저란 사령탑의 지시 하에 움직이는 케어매니지먼트의 프로세스의 하나란 것을 잘 이해하고 있지 않으면 개호비지니스를 성공적으로 행할 수 없다.

그러나 현실적으로는 충분한 지식과 경험을 가진 케어 매니저가 심각할 정도로 부족하여 케어플랜의 미비를 지적하는 목소리도 적지 않다. 그래서 후생노동성에서는 2003년도의 개호보수 재검토에 의해 거택개호 지원의 개호보수를 대폭 인상하여 케어매니지먼트의 강화를 꾀하려 하고 있다. 예를 들어 4종류 이상의 서비스로 구성된 케어플랜에는 월 100단위의 가산을 신설하는 한편, 1개월에 최저 1회의 모니터링과 3개월마다의 기록을 실시하지 않는 등 건성으로 일하는 케어매니저에 대해서는 소정단위수의 70%로 감액하는 제도도 도입했다.

【케어매니저의 역할】

① 지역의 요개호자나 그 가족 등에의 상담과 조언
② 요개호인정의 신청수속과 갱신의 대행
③ 시정촌에서 의뢰받은 경우는 요개호인정의 방문조사의 실시
④ 요개호, 요지원 인정을 받은 사람(받고 싶은 사람)에 의한 의뢰에 대해 본인의 상태나 개호의 필요성 파악
⑤ 개호상의 과제를 분명하게 한다.
⑥ 요개호자의 희망과 조언에 근거한 케어플랜안과 서비스 계획을 작성
⑦ 서비스계획에 관계된 케어담당자회의를 열고 케어플랜을 재검토
⑧ 케어플랜에 근거한 서비스제공 실시를 코디네이팅
⑨ 정기적인 케어플랜의 실시상황이나 요구의 적합성의 모니터링 및 개호요구의 커다란 변화가 있는 경우의 케어플랜의 변경
⑩ 이용자의 상태의 변화나 의향에 따라 케어플랜을 재검토
⑪ 매월 국보연합회에 서비스지급 관리표를 제출
⑫ 개호보험시설의 입소희망자에 대한 연락조정 및 기입소자에 대한 서비스 이용 상 애로점 청취, 보고

예를 들어, 케어플랜의 작성에 있어서 담당 케어매니저가 이용자의 수요를 우선시하기 위해 방문개호의 횟수를 줄이고 데이서비스를 실시하는 쪽이 좋다」고 판단했다고 하자. 그러나 만약 이 케어매니저를 채용한 사업자가 데이서비스를 경영하지 않는다면 어떡할까? 케어매니저가 개호서비스 사업자의 일원인 한, 이익에 상반되도록 하는 케이스도 분명 있겠지만 민간사업자로서 이용자의 신뢰를 얻기 위해서는 자사의 단기적 이익보다는 이용자의 수요를 중시해야 할 것이다.

5. 개호비지니스의 창업 ① - 재택이냐 시설이냐, 단독이냐 복수냐

> **Point**
> 재택에서 개호를 받고 싶어하는 사람이 많아 방문개호사업을 제외하는 것은 불가능하다. 복수의 서비스를 행할 경우 사업자로서 특징을 명확히 하고 싶어한다.

개호 비즈니스는 크게 재택형 개호서비스, 시설·주택형 개호 서비스, 서포트형 개호 서비스 등 3종류로 나뉜다는 것은 이미 앞에서 기술했다. 개호 비즈니스의 창업을 생각하는 데 있어서 우선 최초의 선택은 "재택이냐 시설·주택형이냐"라고 하는 것일 듯하다. 재택은 초기투자가 적고 필요한 스탭만 모으면 시작할 수 있다는 것이 장점이지만 이익률이 낮은데다 사업형태도 정해지지 않아 계약이나 서비스를 둘러싼 이용자와의 문제도 적지 않다. 한편 그룹 홈이나 유료 노인홈 등의 시설은 일정 수 이상의 이용자를 모으는 것에 의해 이익을 내기 쉽고 업무도 정형적이지만 토지나 건물, 설비, 내장 등의 투자리스크가 있다.

내각부의 「고령자의 건강에 관한 의식조사」에 의하면 개호를 받고 싶어 하는 장소로서 고령자의 반수 가까이가 자택을 들고 있다. 시설 입주에 대한 저항감이 적지 않다고 할 수 있고 재택개호에의 높은 수요를 나타내고 있다고 말할 수 있다. 따라서 창업을 할 때에는 시설 서비스를 시작하든 방문개호사업을 뺄 수는 없지 않을까?

개호 서비스의 개호보수를 얻는 데는 각 도도부현의 서비스 지정업자로 인정받을 필요가 있다. 따라서 개호사업을 시작할 경우 단독 혹은 복수의 지정서비스를 받을 필요가 있다. 단독의 경우 대부분 방문개호사업부터 시작하는 케이스가 많다. 초기 비용은 거의 들지 않지만 이용자에 대한 종합적 서비스는 제공할 수 없다. 한편 복수의 지정을 받은 경우에는 사업자로서 어떠한 특징을 내세울 것인가의 방침을 명확히 하고 나서 서비스의 조합을 생각해야 한다.

【Q "만약 개호가 필요로 하게 되는 경우 어디서 개호를 받고 싶습니까?"】

자택에서 개호를 받고 싶다.	43.3%
자녀의 집에서 개호를 받고 싶다.	4.1%
형제자매 등 친족의 집에서 개호를 받고 싶다.	0.2%
특별요양노인홈 등의 복지시설에 입소하고 싶다.	12.3%
노인보건시설을 이용하고 싶다.	7.5%
병원 등 의료기관에 입원하고 싶다.	17.8%
개호기능이 있는 민간 유료노인홈을 이용하고 싶다.	1.7%

*홈헬퍼서비스 등 각종 자택서비스를 활용

남성 51.4%
여성 37.5%

남성 13.6%
여성 20.7%

출처 : 내각부-고령자의 건강에 관한 의식조사, 2002년

일반적으로 생각되는 것은 거택 개호지원 사업을 기본으로 하고 방문개호나 방문 입욕, 또는 개호·복지 용구의 대여 등의 사업을 조합하는 패턴이 보통이다. 거택 개호지원 사업은 전술했듯이 개호보험제도의 요소로서 비즈니스 전체를 전망하여 이용자의 수요를 이해하는데 가장 적합한 사업이다. 자사에서 갖지 못한 서비스를 타사와 연결함으로써 사업계 내에서의 네트워크도 넓힌다. 또 거택개호지원과 방문 개호를 기본으로 데이서비스 등의 통소계 서비스를 조합하는 것도 자주 있는 패턴이다.

이러한 보험급여대상 서비스 외에 이송이나 배식, 이발, 쇼핑대행 등의 지원서비스 전반, 이른바 「요코다시 서비스」를 조합하는 것도 좋을 것이다.

/ 일본의 개호복지 /

6. 개호 비즈니스의 창업 ②
- 사업계획의 작성과 지정사업자의 신청

> **Point**
> 개호 비즈니스는 한번 개시하면 간단히 관둘 수 있는 일은 아니다. 확실한 사업계획을 세워 서비스를 지속하는 것이 중요하다.

개호비지니스는 이익추구만으로 또는 사회에 기여를 하고 싶다는 선의만으로도 성공할 수 없다. 왜냐하면 커다란 사회복지 제도의 일환인 개호보험제도는 단순히 자유방임의 시장원리에 맡길 수도 없고, 반대로 아무리 뜻이 있어도 사업계획이 엉터리로 서비스를 지속시킬 수 없다면 이용자에게 커다란 폐를 끼칠 수 있기 때문이다. 개호사업에 성공한 기업경영자의 대부분은 이러한 균형감각에 탁월하다고 할 수 있다.

우선, 개호 비즈니스를 창업하기 위해서는 사업계획서를 작성해야 할 것이다. 창업의 동기부터 구체적인 개시까지의 스케쥴, 제공할 서비스의 내용, 주식회사나 NPO 법인 등 사업 운영 형태 등을 정하고 이어서 개업까지의 자금계획, 매상계획, 경비계획, 수지계산, 자금조달 계획, 시장조사, 영업 전략을 세우기 시작한다. 그리고 무엇보다 중요한 것이 인재의 확보와 양성이다. 이에 대해서는 다음 항에서 기술할 것이다.

니치이 학관 사업 경영본부의 키타무라 俊幸 중역은 개호비지니스로의 신규참여에 대해서 이렇게 말한다.

「참여는 비교적 간단하지만 지역에 의한 시장은 이미 성숙해 왔다. 남은 곳은 지방의 커다란 도시주변이다. 그 주변에서 시장조사를 해야 할 것이다. 도시부는 이미 헬퍼를 지망하는 사람이 없다. 이 일은 지역과의 연대도 필요해, 간단하게 시작할 수는 있어도 확대하는 것은 쉽지 않다. 그러므로 일단 시작하면 관두는 것이 불가능하다는 것도 각오하길 바란다.」

재팬 케어서비스의 우라타니 馨 관리부장은 「개호 비즈니스에는 새로운 서비스를 개척하려는 의지가 필요하다. 모방을 해서는 살아남을 수 없다. 사업자는 더욱 노력해야 한다.」고 안이한 참여를 간언했다.

【사업자 지정흐름】

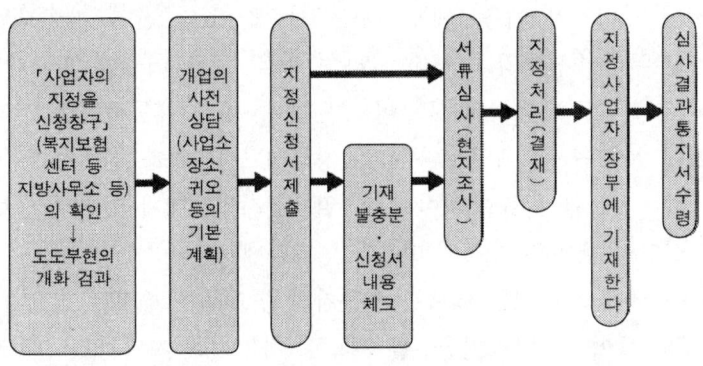

이 후 사업계획이 정해져 개업의 목표가 섰다면 도도부현지사로부터 지정을 받지 않으면 안 된다. 지정기준에는 인원(유자격자와 사람 수)와 설비(제품, 시설의 넓이나 구조 등)과 운영 (근무체제, 운영규정 등) 기준 등 3종류가 있어 제 2장에서 기술했듯이 재택 또는 시설 등 해당하는 서비스에 의해 각각 규정되어 있다.

이러한 기준을 만족하는지를 확인하고 각 도도부현에 소정의 용지로 신청을 한다. 또 개호보험법 뿐 아니라 방문 개호, 통소 개호(데이 서비스), 단기입소 생활개호(쇼트 스테이), 치매 대응형 공동 생활 개호(그룹 홈), 유료 노인 홈은 개호복지법의 신고가 필요하다.

7. 개호비지니스의 창업 ③ - 고객획득을 위한 영업 · 마케팅

Point

개호 비즈니스는 인간과 인간이 서로 접촉하는 서비스. 고객의 신뢰가 제일이다. 때문에 사협이나 지자체, 병원이나 마을 내 모임 등의 네트워크 조성이 중요하다.

개호 보험제도의 이념 중 하나가「이용자의 선택」이다. 지금까지의 복지 서비스가 이용자에게「주는 서비스」였던 반면, 개호보험은 이용자로부터「선택되는 서비스」라는 것을 우선 이해할 필요가 있다. 때문에 후생노동성에서는 이용자 측에 대한 계몽사업도 시행하고 있어 2002년 9월에「보다 좋은 방문개호사업자를 선택하기 위한 체크 항목 예」를 발표했다(아래 표 일부). 사업체에게 있어서 정보개시와 설명의 책임은 앞으로 더욱더 엄격하게 문책될 듯하다.

이용자에게 선택되는 데에는 이용자의 수요를 만족시킬 필요가 있다. 예를 들어 방문 리허빌리를 필요로 하는 이용자가 있을 때「당사에서는 제공하고 있지 않습니다.」로는 해결되지 않는다. 때문에 다른 개호서비스 사업자나 사회복지 협의회(사협) 또는 지역 자원봉사 단체, NPO법인 등에 협력을 요청할 필요가 있다. 이러한 네트워크를 갖고 있는가가 고객 획득과 신뢰도의 증대와 연결되어 있다.

동경도 국립시에서는 개호 서비스의 사업자 연락회를 만들어 사협이나 민간기업, NPO법인 등이 정보교환이나 업무상 협력관계를 구축하고 있다. 152페이지에서도 언급했던 국립시사협에서는 이용자가 상담하러 왔을 경우 다른 사업자를 소개시켜주는 경우도 적지 않다. 사협이 이용자를 부둥켜안고 있다는 비판도 있지만 훌륭히 사협과 협력관계를 구축하면 영업상으로도 유리하게 된다. 이렇듯 사협은 각종 복지시설이나 재택 개호센터, 의료 기관, 지자체, 민생위원, 지역 주민과의 관계로 그 정보량과 네트워크력은 무시할 수 없다.

요개호 인정을 받기 위해서는 주치의의 의견서가 필요하기 때문에 진료소나 병원, 약국과의 관계를 가지는 것도 중요하다. 그 외에도 혼자 살거나 의식불명인 고령자의 지원을 하고 있는 민생위원(民生委員)이나 지역의 마을 내 모임·상점가·노인회에도 필요한 정보가 모여 있다. 이러한 조직이나 단체의 키맨에게 자사의 존재를 알리는 데에는 팜플렛이나 홈페이지를 활용하는 방법이 있다. 또 NTT의 타운페이지도 중요한 선전의 장이다.

【"보다 좋은 방문개호사업자 선정을 위한 체크 항목 예"(일부)】

● 영업시간에 대하여
당신이 이용하고 싶을 때 사업소가 열려있습니까?
(일요일이나 휴일, 연말연시에는 어떻습니까?)   (예.   아니오.)

● 업무내용에 대하여
당신이 해주길 바라는 것을 제공받았습니까?
(중요사항 설명서에는 된다고 되어있습니까?)   (예.   아니오.)

● 사업소 직원 수에 대하여
개호복지사나 홈헬퍼 1급, 2급 등의 자격증을 가지고 있는 사람은 몇 명 있다고 씌어 있습니까?
(사업소의 직원의 숫자와 자격이 가장 중요한 사항의 설명서에 씌어져 있습니까?   (예.   아니오.)

● 방문개호요일의 변경
홈헬퍼가 오기로 한 날이나 요일을 변경하고 싶을 때 당신의 요구에 따라 변경해주었습니까?   (예.   아니오.)

동경 전력 그룹의 개호관련회사 동경 리빙 서비스(142페이지)는 우선 인재를 양성하는 일에 주안을 두어 자금은 주로 연수에 투자하고 광고선전활동은 팜플렛 배포조차 하지 않았다고 한다. 그러나 사업은 입소문으로 서서히 퍼졌다. 처음부터 대규모의 광고 선전 활동을 하지 않는 쪽이 오히려 신뢰도를 높일 수 도 있다.

8. 개호 비즈니스의 창업 ④ - 인재의 채용과 양성

> **Point**
> 개호비지니스의 운명을 쥐고 있는 것은 헬퍼나 케어 매니저 등의 인재일 것이다. 그러나 두 직종 모두 인재가 부족하여 자사에서 육성하고 있는 기업도 있다.

기업 서비스에서는 많은 헬퍼를 필요로 한다. 헬퍼의 고용 형태는 정사원, 파트 타이머, 계약 사원, 등록 사원 등 여러 가지 이지만, 대부분 비정규직·비상근 파트 타이머와 등록사원이다.

후생노동성의 「개호 서비스 시설·사업소 조사 현황」(2002년)에 의하면 홈 헬퍼 종사자 약 26만 명 중 비상근 여성이 73%를 차지하고 비상근 여성 중에서는 40~59세가 67%를 차지한다. 즉, 대부분은 육아를 마친 주부들이 헬퍼의 담당자로 되고 있다. 때문에 시간에도 한계가 있어 풀타임이 아닌 경우 좋은 시간대에만 일하고 싶어 하는 헬퍼가 많은 것이 현실이고 기업 측에서도 인건비를 억제하기 위해서는 이 방법이 좋다. 다만 개중에는 캐리어를 쌓는데 목적을 두고 일을 하고 싶어하는 헬퍼도 있어 획일적인 처우는 금물이다.

마찬가지로 호노성이 2002년 12월에 조사한 「개호 노동 실태 조사 중간결과보고」에 의하면 헬퍼의 부족을 느끼는 사업소는 22.5% 정도였다. 그러나 일본 경제 신문이 2003년 7월에 정리한 조사에서는 약 40%의 사업자가 인력 부족을 호소했다. 특히 도시부에서는 헬퍼를 채용하기 힘들다고 한다.

그래서 대기업 사업자들은 초보자를 교육하는 것으로 헬퍼를 확보하고 있다. 니치이 학관에서는 연간 11만 명을 교육하고 있지만 실제로 헬퍼로 채용하는 사람은 약 1만 명 정도다. 적은 보스 등을 이유로 헬퍼공부는 하더라도 직업으로는 하지 않는 사람이 많다.

콤슨에서는 고졸 신인을 중심으로 천명 이상을 채용하고 있지만 고졸의 확보는 간단하지 않다고 한다. 야사시이 테에서는 헬퍼의 기술과 경력 쌓는 것을 중요시 하여 여러 가지 연수제도를 설치하고 정보교환의 장도 준비하고 있다. 이 회사에 의하면, 헬퍼가 고용 시 무엇보다 신경쓰는 것은「집에서 (이용자의 집 까지)의 거리, 노동시간, 회사의 규모, 교육이나 경력 쌓기 시스템, 사회보험」이라고 한다. 보수에는 한도가 있기 때문에 이러한 불안을 없애는 것이 우수한 헬퍼의 확보와 관계가 있는 듯하다.

【종업원의 과부족상황(1년 후의 예상)】

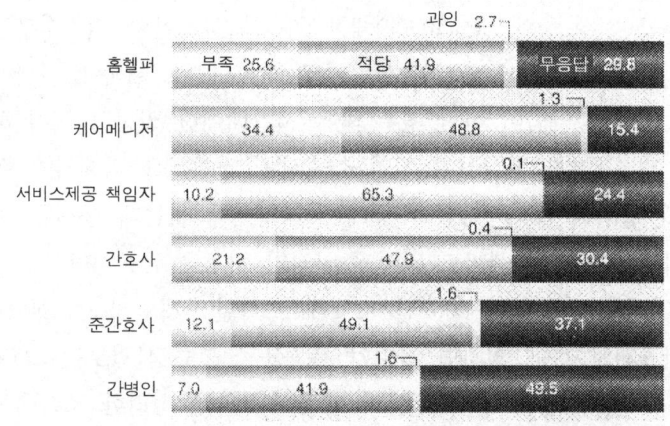

출처 : 후생노동성-개호노동 실태조사 중간결과 보고조사(2000)

또 케어 매니저의 절실한 부족, 특히 우수한 케어매니저의 확보는 정말 어렵다. 시간을 두어 헬퍼로 성장시키는 것이 지름길이라 할 수 있을 것이다.

9. 개호 비즈니스의 창업 ⑤ - 고객과의 계약과 고충의 대응

> **Point**
> 개호 서비스는 이용자와의 계약에 의해 성립된다. 계약당시에는 그 내용을 정확히 설명하고 그래도 고충이 있으면 대응하지 않으면 안 된다.

개호보험사업자는 이용자에게 서비스를 제공하기 전에 「중요사항설명서」를 전하고 운용규정의 현황, 서비스 제공자의 근무체제, 영업일이나 시간, 서비스 내용과 이용료, 서비스의 실시지역, 긴급시의 대응 등을 설명하여 이용자의 동의를 얻어 계약을 하지 않으면 안 된다.

개호보험법상의 규정은 없지만 후생노동성은 계약을 할 때는 서면이 바람직하다고 한다. 계약의 취소나 사고 시 대응 방법 또는 손해배상 등 기본적인 사항은 통일된 서식에 의해 계약을 하고 개별서비스의 요금이나 결정에 대해서는 계약서별 용지로 결정하면 좋을 것이다.

계약에는 구체적인 서비스의 내용, 토요일, 일요일이나 심야 조조의 대응, 이용요금, 계약 기간, 요코다시・우에노세[6] 서비스 요금의 지불 방법과 체납시의 대응, 케어 매니저나 헬퍼의 교대조건이나 수속 등에 관한 내용을 포함한다. 또 개호기기의 대여・판매에서는 불량이나 고장시의 대응 등도 첨부할 필요가 있다.

이러한 계약을 신중히 하더라도 문제가 일어나는 경우가 있다. 특히 방문 개호에 있어서 생활 원조는 가사에 대한 이용자의 사고방식이 각양각색으로 문제의 원인이 되기 쉽다. NPO 법인은 세산즈의

---
6) 上乗せ-차에 태움

/ 일본의 개호복지 /

坂口郁子이사장은 이렇게 말한다.

「일본인만큼 미각이 훌륭한 국민은 없다. 헬퍼들에게는 냉장고 안에 있는 재료로 요리를 만드는 연수도 하고 있지만 스패니쉬 옴시츠가 좋다던가, 와인 숙성 햄버거가 먹고 싶다는 등 까다로운 요구가 많아 당혹스럽다. 청소에 대한 요망도 이용자 마다 달라 가이드라인을 만들고 있다.」

이 가이드라인은 보험대상이 되는 상세한 생활지원 메뉴를 리스트로 작성하여 어디까지 대응해야 할지를 명기함으로서 사전에 이용자에게 설명하지 않고, 문의가 있을 경우 대응기준으로 삼고 있다고 한다. 헛되이 자신을 낮추지 않고 무리한 요구에는 의연하게 대응하는 것도 필요하다고 坂口이사장은 말한다.

【국보연합회】

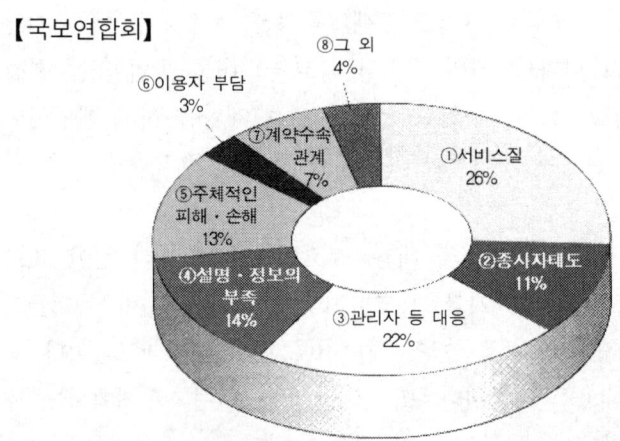

출처 : 국보연합회 불편사항 내용별 누계

이용자로부터의 고충은 직접 사업자나 케어매니저에게 갈 뿐만 아니라 시정촌이나 도도부현 마다 설치되어있는 개호보험심사회, 국민

/ 제 7 장 개호·복지 비즈니스의 구조와 창업 /

건강보험단체연합회(국보연합회) 등도 그 창구가 되고 있다. 국보연합회로의 고충내용은 서비스의 질차원의 일로 종사자나 관리자의 대응·태도, 설명 부족이 많았다. 문제가 발생하면 즉시 현장에서 관리자에게 정보를 전하고 초기대응 하는 것이 최고의 고충처리라 말할 수 있을 것이다.

/ 일본의 개호복지 /

10. 개호비지니스의 창업 ⑥ - 컴플라이언스와 고객 만족도

Point

법령을 지키는 것은 개호비지니스에 한하지는 않지만 부정행위에 의해 지정을 취소되는 사업자가 끊이지 않고 있다.

분량을 늘리거나 가공 청구 등으로 개호보수를 부정하게 지급받는 사업자가 늘고 있다. 후생노동성의 조사에 의하면 2000년 4월부터 2003년 12월말 까지 부정청구 등으로 지정이 취소되었던 건수는 121사업자 201사업소에 이른다. 그 중 민간 기업이 가장 많은 75사업자나 되었다. 방문 개호사업소에서 지정 취소의 가장 많은 이유는 「가공, 시간이나 회수의 늘림」, 다음으로 「무자격자에 의한 서비스 제공」이다. 즉 헬퍼나 케어 매니저의 자격을 갖추지 못한 자에게 당해 업무를 시키는 케이스다.

법령이나 사회윤리 등을 지키는 컴플라이언스는 누구나 책임을 져야만 하는 것이지만 특히 개호보험사업자는 사회복지란 신뢰를 바탕으로 업무를 하고 있는 것만으로도 보다 민감해야 할 것이다.

유료 노인 홈은 여러 가지 형태나 기능이 있기 때문에 이용자들이 알기 어려워 문제가 발생하기 쉽다. 공정거래위원회가 가리킨 팜플렛이나 홍보물 등 선전문구의 경품표시법에 위반한 과대·부당표시의 구체적인 예에 의하면, 거실의 전부가 아닌데도 「남향」이라고 쓰는 것, 개호·간호직원의 상근·비상근을 구별하지 않은 것, 사무직이나 경비담당자를 포함한 수를 기재하는 것 등도 부당표시에 해당한다. 실제로 배제명령을 받은 유료 노인홈 사업자도 있어 당국에서는 부정사업자에 대한 감독을 강화하고 있다.

고의가 아님에도, 원래 감산해야할 것을 통상단위 수로 청구하는 등 부주의 또는 이해부족에 의한 부정청구도 있어 기업 내의 사무·청구업무의 시스템화·합리화가 앞으로 요구되고 있다.

컴플라이언스는 당연한 일로서 최근 몇 년, 개호보험 사업자에게 요청되고 있는 것이 CS(고객만족)이다. 일률적인 서비스를 제공하는 것이 아닌, 이용자 한사람 산사람의 수요를 파악하고 서비스를 제공하여 결과를 물어 개선한다. 때문에 ISO9001을 취득한 사업자도 나오고 있다. ISO는 단순히 취득하는 것으로 가치가 있는 것이 아니라 일상 업무중에서 ISO의 정책에 따라 PDCA(계획, 실행, 확인, 행동=개선)의 사이클을 돌며 끊임없이 품질의 유지에 유용하게 하는 것이 목표이다. 종업원의 의식을 바꾸기 위해 이용하는 경우도 있어 앞으로는 취득 사업자가 더욱 늘 것이라 생각된다.

【방문개호사업소의 주된 취소사유】

부정내용	구체사례
허위의 시간이나 횟수의 증가 보고	
무자격자에 의한 서비스의 제공	무자격자가 유자격자의 명의를 도용하여 서비스를 제공함.
허위 지정신청	근무일정이 없는 헬퍼를 신청서에 기재하여 지정을 받음.
인원, 기준 위반	서비스제공 책임자가 부재 등
동거가족에 대한 서비스의 제공	이용자와 헬퍼가 동거가족이며 동거가족인 헬퍼가 다른 헬퍼의 명의를 도용하여 청구
대상외 서비스 제공	이송중의 시간을 서비스제공시간으로 청구

【거택개호지원사업소의 주된 취소사유】

부정내용	구체사례
무자격자에 의한 케어플랜의 작성	케어매니저의 명의를 도용하여 무자격자가 케어플랜을 작성
허위의 부적절한 케어플랜의 작성	헬퍼사업소 등의 거짓 청구를 방조하기위하여 거짓 케어플랜을 작성
거짓 지정 신청	근무일정이 없는 케어매니저의 이름을 도용하여 신청
평가, 급여관리가 실시되지 않거나 부적절	헬퍼, 사업소 등의 서비스제공 실적에 근거해 나중에 케어플랜급여 관리표를 작성
인원 기준위반	상근 케어매니저의 부재 등

출처 : 후생노동성-전국고령자보건복지, 개호보험담당과장회의자료(2004년)

11. 개호 비즈니스의 창업 ⑦ - 개호보수의 청구업무와 시스템화

> **Point**
> 제공한 서비스에 대한 개호보수를 얻기 위해서는 국보연합회에 청구하지 않으면 안 되지만 이 청구업무는 꽤 수고스럽다.

본장의 「개호보수의 구조」에서도 기술했듯이 개호보수는 서비스 내용이나 시간, 요개호도 등에 의해 단위가 세세하게 설정되어 있는 데다가 여러 가지 가산, 감산의 규정이 있다. 또 이용자의 사정에 의한 급한 취소나 변경도 있어 이용자수가 늘면 늘수록 실시 서비스의 명세와 보수액의 정확한 기록, 청구업무의 수고는 복잡·팽배하게 된다. 게다가 3년에 1번은 개호보수 재검토가 있어 그 때에 개정되지 않으면 안 된다.

보통 청구서류(개호급여비 청구서 및 개호급여비 명세서)는 원칙적으로 통신회선에 의한 전송 또는 자기매체(자기테이프, 광자기디스크, 플로피 디스크)형식으로 국민건강보험단체연합회(국보연합회)에 보내지고 국보연합회는 시스템에 데이터를 입력하여 청구내용의 심사와 지불 수속을 행한다. 디지털 데이터 방식의 청구가 불가능할 경우는 당면 종이에 의한 청구도 허용되고 있다. 이와 관련하여 국보연합회에서는 개호보수의 서비스 단위에 대응하는 「서비스 코드」를 「표준 마스터」로서 무료로 제공하고 있다.

심사에서 청구서에 불편이나 문제가 있으면 되돌려 보내던가, 지불액을 감액되는 경우도 있다. 청구는 서비스를 제공한 달의 다음달 10일까지 행해지지 않으면 다음 달 청구로 취급된다. 즉 월말에 도합하고 나서 10일 안에 청구업무를 완료하지 않으면 안 된다. 청구 실수를 적극적으로 억제하지 않으면 자금예측에도 영향을 준다. 동시에 서비스 사업자는 이용자 부담의 1할분 또는 우에노세·요코다시 서비스의 이용료를 직접 이용자에게 청구하지 않으면 안 된다. 매우 당연하지만 헬퍼나 케어매니저 등 종업원에 대한 지급업무도 있다.

이러한 업무를 합리화·능률화하기 위해서는 IT를 활용하는 것이 가장 좋다. 현재 청구 처리의 단순 기능부터 고객 관리·개호지원기능까지 처리하는 다양한 소프트웨어가 있지만 무턱대고 다기능을 요구하기 보다는 이용목적에 맞추어 도입해야 할 것이다.

【거택서비스 흐름】

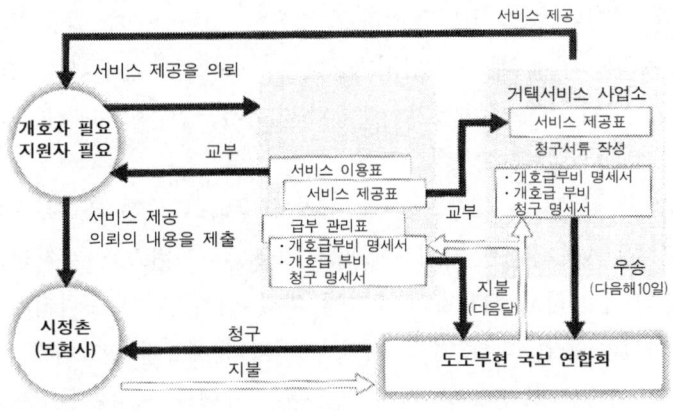

야사시이테에서는 시판되는 소프트웨어에 만족하지 않고 고객관리보다 앞서 나가는 CRM 시스템을 독자적으로 구축했다. 이것에 의해 하나하나 종이나 데이터를 정리하여 집계할 필요 없이 실시간으로 개호급여비의 청구액이나 명세가 파악 가능해 국보연합회 및 이용자에 대한 청구업무, 종업원에 대한 지급 업무 등이 효율화되었다. 앞으로 이 회사의 시스템을 참고한 사업자도 나올 듯하다.

/ 일본의 개호복지 /

12. 개호 비즈니스의 창업 ⑧ 제휴・다각화 원스톱 전략

> **Point**
>
> 다른 업종에서 개호 비즈니스에의 참여도 늘고 있다. 앞으로의 개호비지니스는 여러 가지 업종업태를 끌어들여 다각화・다양화가 진행될 것이다.

개호비지니스란 요개호상태가 되어도 자택에서 자립 생활을 영위할 수 있도록 지원하는 일이다. 즉 개호보험의 급여대상과 관계없이 인간이 살아가는 데 있어서의 모든 서비스를 포함하게 된다. 머지않아 한 세대가 고령기에 돌입하고 부유한 고령인구가 급증한다. 한 세대는 자손에게 재산을 남기기보다는 자신들을 위해 쓰는 경향이 있다고 하여 어쩌면 개호보험대상외인 유료노인홈이 다양한 방식으로 느는 것은 아닐까?

그러기 위해서는 재팬 케어 서비스의 우라타니 馨 관리부장이 지적했듯이 개호서비스 사업체에게는 「새로운 서비스를 개척해 나갈 의지」가 필요하고 사용자의 수요에 따라 기성관념에 포착되지 않은 발상에서의 동업, 다른 업종, 지역, 행정과의 제휴가 필요하다.

그 전단계로서 주요사업자의 대부분은 재택과 시설・통소를 융합시킨 소규모 다기능 서비스에 주력하려 하고 있다. 니치이 학관에서는 그룹 홈이나 개호예방, 일시적인 숙박동반의 케어 서비스(렛츠 파이트 케어) 등 종합적인 서비스를 제공하는 거점을 늘려갈 계획이다. 재팬 케어 서비스도 그룹 홈과 데이케어의 조합을 검토 중에 있다.

재팬 케어서비스의 우라타니 馨 관리부장은 「호텔 등과의 제휴도 생각하고 있지만 시설로서의 발상이 아닌, 철저히 재택케어가 기본」이라고 한다. 니치이 학관의 키타무라 俊幸중역도 「요개호자가 지역

안에서 자유롭게 생활하기 위해서는 지역과의 연대가 필요」라고 말한다.

프랜차이즈인 야사시에 테 갑부에서는 현애의 건설업자나 택시 회사, 경비 회사 등 다양한 다른 업종과 연대하여 쇼핑대행, 외출지원, 배식, 배리어 프리 주택에 대한 리폼 등 모든 수요에 응할 수 있는 메뉴를 갖추고 있다. 야사시이 테의 沢井昌義관리개발본부장은 「본부와는 관계없이 야사시이테 갑부가 독자적으로 전개하고 있다. 시장이 작기 때문에 메뉴를 늘리는 것으로 지역 밀착도를 높일 수 있다. 각지의 독자성도 있어 지역기업이 아니면 이러한 다른 업종연대는 어렵다. 이것이 프랜차이즈의 좋은 점일 것이다.」라고 말한다.

동경도 마치다시에서는 데이서비스나 유료 노인홈, 고령자를 위한 임대 맨션, 진료소 등을 한 동의 빌딩 안에 갖춘 「개호 서비스 백화점」을 건설할 예정인 사회복지법인도 있어 이러한 「원스톱 형」개호 서비스가 주요사업자의 주류가 되고 있다.

이 밖에 영업 중인 여관을 활용한 데이서비스를 시작한 개호서비스 사업자도 있다. 이용자는 전문가의 요리나 목욕을 여행기분으로 즐길 수 있고 여관측은 손님을 확보할 수 있어 일석이조이다. 또 대대로 이어온 가게의 호텔이 개호스탭을 채용하여 데이서비스를 시작한 경우도 있다. 또 도내에 있는 대중목욕탕에서는 비어 있는 낮 시간 동안 데이서비스를 개업했다. 이용객이 감소하기 쉬운 호텔·여관에 있어서 개호서비스는 하나의 열쇠를 쥐고 있을 지도 모르겠다.

13. 이용자를 위한 객관적 평가
- 제3자평가제도와 정보개시 표준화

Point

지금까지 일부 도입되었던 제3자 평가 제도를 대신하여 「정보개시의 표준화」가 전사업자에게 의무적으로 되고 있다.

사업소 각각의 개호서비스 질을 객관적으로 평가하는 사업으로서, 지금까지 일부에서는 도도부현 공인의 평가기관을 이용한 제3자 평가나 등급을 매긴 평가가 실시되어 왔다. 그룹 홈에서는 2002년부터 제3자 평가가 시작되어 2005년도이후는 의무적으로 되었다. 그러나 그 외의 재택·시설 서비스에는 보급되고 있다고 말할 수 없다.

전장에서 기술했던 카나가와의 일례(사단법인 카나가와 복지서비스진흥회)와 같은 독자적인 평가제도를 제외하고 대부분은 조사의 비용과 수고에 비해 평가를 받는 이점이 그만큼 없기 때문이다. 적극적인 태도로 의식이 높은 사업자 정도로 평가를 받았음에도 불구하고 결과적으로 마이너스의 면이 나오면 이점은 고사하고 영업적으로 역효과를 불러일으키기 쉽다.

그래서 후생노동성에서는 새로운 평가제도를 모색, 사단법인 실버서비스 진흥회의 조사연구위원회에서 검토를 거듭하여 2004년 3월 「이용자에 의한 개호서비스(사업자)의 적절한 선택에 이바지하는 정보게시의 표준화에 관해」라고 하는 중간 보고서를 발표했다.

그 근본적인 의도는 그림에도 나와 있듯이 「이용자의 개호서비스 사업의 선택에 이바지하는」것이 가능한 표준화된 객관적 사실을 전면적으로 개시하는 것이다.

종래의 제3자 평가는 개선지도도, 인증도, 등급을 매기는 것도 최종적으로는 행정의 강제력에 의해 일정 수준의 서비스의 질을 유지시키는 것으로 반드시 모든 정보의 게시를 목적으로 하는 것은 아니었다.

【이용자의 사업자 선택에 있어서 질의 평가방법】
<이제까지의 평가>

```
┌─────────────────────────────────────────────────────────────┐
│                         제3자 평가                            │
│        이용자와 사업자 이외의 제3자가 평가기준에 근거한 질적 달성도 평가      │
│       개선지도 등            인정 등              등급매기기       │
│(목적)                  (목적)                  (목적)          │
│◎ 사업소의 자주적인 질 등  ◎ 사업소의 질 등에 대한  ◎ 사업소의 질 등을 정량적│
│  의 향상을 위한 지원       일정한 보증              으로 게시한다.    │
│(특징)                  (특징)                  (특징)          │
│◎ 전문성이 높은 평가원이  ◎ 평가주체가 정한 평가기 ◎ 평가주체가 정한 평가기│
│  평가 후 개선 지도         준에 의해 평가 후 인정    준에 의해 평가 후 등급│
│·질 등의 향상에 직접 기여    등을 함                 을 매김          │
│·결과가 게시되는 경우 사  ·사업소는 질 등을 인정.   ·사업소는 질 등을 인정.│
│  업소 선정에 참고        ·이용자는 신뢰를 갖고 이용. ·이용자는 알기 쉬운 표현│
│                                                  으로 평가정보를 게시.│
│                    (이용자 선택정보로서의 한계)                      │
│0. 사업소의 임의성이 기본적 전제가   0. 인증, 등급매기기의 평가척도가 이  │
│   되어 비교검토정보로서의 일정한      용자가 요구하는 평가내용과 꼭 일  │
│   한계                              치한다고 보긴 어렵다.            │
│                         지정감사                                 │
│(목적)                  (특징)          (이용자 선택정보로서의 한계)  │
│◎ 도도부현 지사가 지정기  ◎ 사업소의 의무로서 행정 ◎ 게시를 목적으로 하지 않│
│  준의 준수상황을 확인     에 의한 강제력을 가지고   고 이용자가 지도감사정보│
│                          서 행한다.              를 확인하는 것은 어렵다.│
│                        ◎ 사찰적 관점에서 문제점                     │
│                          을 찾는다.                               │
└─────────────────────────────────────────────────────────────┘
```

<새로운 방법>

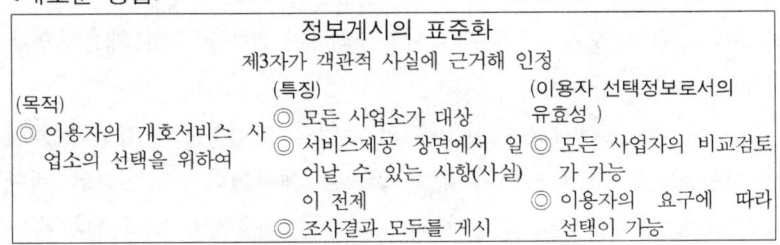

189

게다가 전 사업자에게 의무 지워져 있지 않아서 이용자는 비교할 수 없었다. 이번의 정보개시에서는 이 비교검토의 편리성을 내세워 표준화된 질문항목의 조사, 공개를 전사업자 전사업소에 의무화하고 있다.

<2개의 게시정보>

기본정보사항
법인명, 사업소, 시설명, 소재지, 영업시간, 직원수, 거실면적 등의 기본 정보 *사업소 스스로가 기재

사업소 정보 표시사항
서비스내용에 관한 수량이나 빈도, 기록에 의한 객관적 판정 재료 *제3자인 조사원이 기재

게시된 정보는 사업소 자신이 기입한 「기본정보항목」과 제3자인 전문 조사원이 사업소를 조사한 「조사정보항목」으로 나뉘어 있다. 이 두 가지를 합쳐 「사업소 정보개시 항목」이라고 한다. 「조사정보항목」의 조사원은 개호서비스의 실무경험이 있는 유자격자나 민생위원, 개호상담원, NPO의 옴부즈맨 활동자 등을 상정하고 있고 년1회 2일간 정도의 조사를 의무화 하고 있다.

2004년도에는 방문 개호, 방문 입욕개호, 복지 용구 대여, 통소개호, 유료 노인홈, 개호 노인 복지 시설, 개호노인 보건 시설 등 7개의 서비스에서 모델 사업을 실시, 검증하여 2006년도의 개호보험개정에 포함시킬 방침이다.

다만 중간보고서에서는 이 제도의 부담을 사업자에게 청구하는 것이 적당하다고 하여 사업자 측의 반발도 예상된다. 또 이러한 객관적 자료의 조사만으로 개호 서비스를 받는 이용자의 만족도나 속마음을 끌어내는 것은 어렵고 단순히 사업자 측의 서비스 실적을 기록하여 조명하는 것에 그칠 가능성도 있다.

<정보개시의 표준화의 개념도>

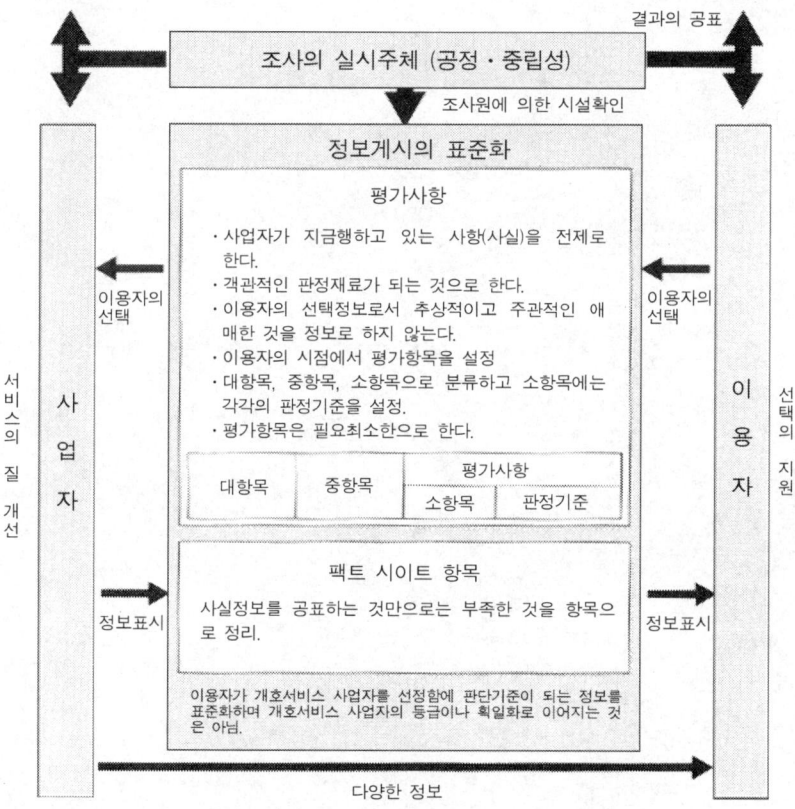

치매상태가 진행된 고령자나 시설내의 이용자로부터 서비스에 대한 속마음을 듣는 것은 쉽지 않아 더욱 깊이 있는 서비스 평가도 병용해야 할 것이다

제 8 장 개호·복지의 현장부터

1. 고령자의 의식과 고령자 개호
2. 개호서비스 이용자의 목소리
3. 쇼트 스테이, 데이 서비스에 대한 이용자의 만족도
4. 현장을 지탱하는 케어스탭들 ①
5. 현장을 지탱하는 케어스탭들 ②
6. 개호보험 서비스의 과제
7. 개호예방의 실천 예

/ 일본의 개호복지 /

1. 고령자의 의식과 고령자 개호

> **Point**
> 개호 서비스 사업자가 이용자에게 선택되기 위해서는 고령자나 요개호자의 기분을 이해하고 신체 기능에 관한 지식을 가질 필요가 있다.

「2004년판 고령 사회 백서」에 의하면 2001년에 있어서 65세 이상 고령자의 「유소자율」(인구 천 명 당 질병이나 상처로 자각증상이 있는 사람의 수 = 195페이지 참조)은 약 503명으로 반 이상에 달하고 있다.

이에 대해 일상생활의 동작·외출·업무·가사·학업·운동·스포츠에 영향이 있다고 대답한 65세 이상의 고령자는 235명으로 4분의 1정도이다. 일상생활에 영향이 있다고 하는 자의 비율은 남녀 모두 75세부터 늘기 시작하여 85세를 넘으면 여성의 경우는 반수에 가까운 수치인 440명에 달한다. 고령자 개호에 있어서 75세가 하나의 분기점이라 말할 수 있을 것이다.

다음으로 「영향이 있다」고 답한 일상생활의 내용을 보면 그래프와 같이 외출과 일상생활 동작(기상, 착·탈의, 식사, 입욕 등)이 가장 많았다. 노화에 의해 신체기능은 전반적으로 쇠퇴해 가고 근력이나 신경기능도 저하한다. 때문에 쉽게 피곤하게 되고 지구력도 저하되어 쉽게 넘어진다. 골조송증 상태라면 뼈가 약해져서 골절되기 쉽다. 척추는 체중에 의해 변형되어 이른바 「새우등」의 증상이 나타난다. 다만 이러한 증상에는 개인차가 있어 산보나 운동, 근력 트레이닝 등에 의해 노화를 늦추는 것도 가능하다. 때문에 개호예방에서는 근력 트레이닝이 중시되고 있다.

그러나 이러한 신체의 쇠퇴와 고령자의 의식과는 또 별개이다. 내

/ 제 8 장 개호·복지의 현장부터 /

각부의 「고령자의 건강에 관한 의식조사」(2002년·다음 표)에 의하면 65세 이상 남녀의 약 47%가 건강상태가 양호(좋다 + 그럭저럭 좋다)하다고 답해 「보통」을 더하면 73%에 달한다. 건강상태가 나쁘다(그다지 좋지 않다 + 좋지 않다)라고 한 답변은 27%정도였다.

【고령자(65세이상)의 유소자율】

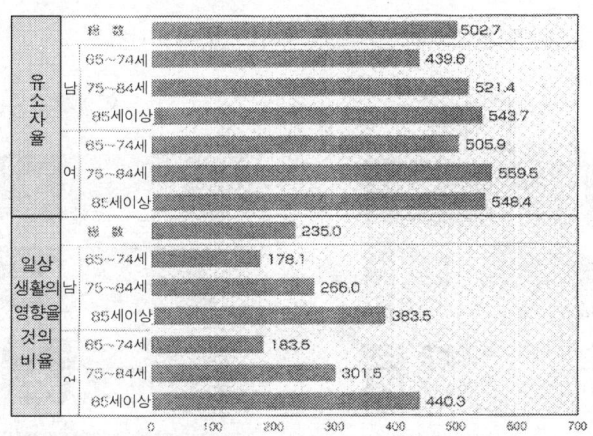

【내용별로 본 일상생활에 영향을 끼치는 것의 비율】

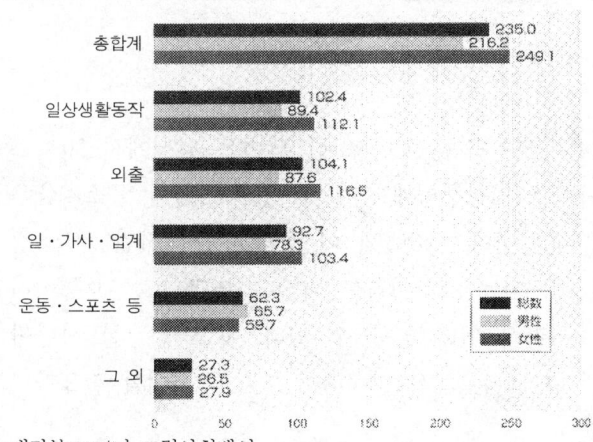

출처 : 내각부-2004년 고령사회백서

195

「고령사회 백서」의 「건강에 관한 의식」(표 왼쪽 상)에 있어서도 75~84세의 남성에서 건강이 나쁘다(안좋다 + 그다지 좋지 않다)고 답한 사람은 25%정도이고 유소자율이 521(1000명 중 521명)으로 반수이상에 달하고 있다는 것도 의문의 여지가 있다. 다만 일상생활에 영향이 있는 사람의 비율로는 266명으로 거의 비슷한 수치가 된다.

【내용별로 본 일상생활에 영향을 끼치는 것의 비율】

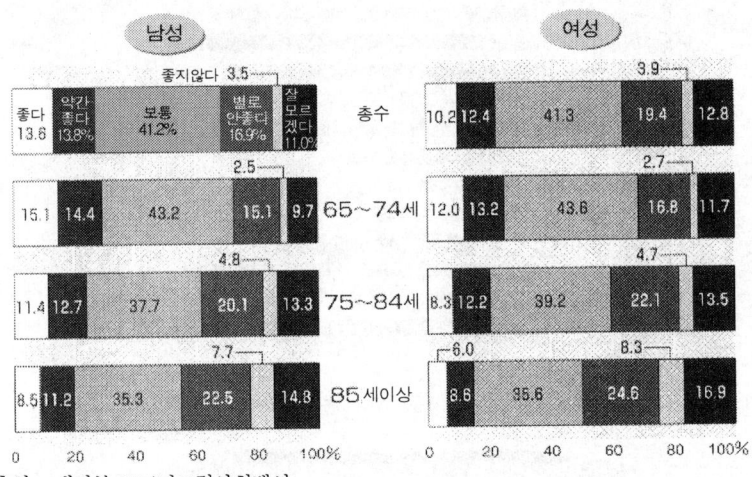

출처 : 내각부-2004년고령사회백서

85세 이상을 보면 좋지 않다고 한 답변은 남성에서 30%, 여성에서 33%가 되지만 일상생활에 영향이 있는 사람의 유소자율은 남성 364명, 여성 440명이다. 즉 85세 이상의 고령이 되면 어느 정도 일상생활에 지장이 있는 사람이라도 자신은 건강 또는 보통이라고 생각하고 있는 사람이 있다고 할 수 있다. 젊고 건강한 사람이 가진 건강의식과는 다르다는 것을 인식하여 고령자를 대할 필요가 있다.

【현재의 건강상태에 대한 의식】

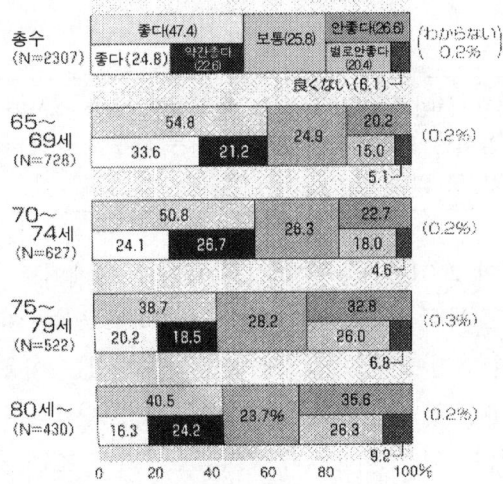

출처 : 내각부-고령자 건강에 관한 의식조사

　고령자의 심리는 늙음의 자각과 수용을 둘러싸고 격한 심리적 갈등에 빠져있다. 생각처럼 신체가 움직이지 않게 되는데 대한 초조함, 사고나 질병 또는 죽음에 대한 불안, 고독감이나 사회적 소외감 등을 개호서비스 제공자가 이해하고 요개호자의 신체뿐만 아니라 마음도 돌봐줄 필요가 있다. 또 고령이 되면 면역력이 저하되어 감염증이나 질병에 걸리기 쉽게 되어 합병증도 유발하기 쉽기 때문에 병상이나 대처법등을 이해할 필요가 있다. 「자신은 건강하다」고하는 고령자의 기분을 유지하여 결코 의식불명에 빠지지 않도록 하는 개호가 필요할 것이다.

2. 개호서비스 이용자의 목소리

> **Point**
> 개호 서비스를 받고 있는 사람들에 대한 조사에 의하면 전체적으로 긍정적인 평가가 많지만 개중에는 제도를 이해하지 못한 듯한 과도한 요망도 있다.

후생노동성이 2002년 1월에 실시한 이용자 앙케이트 조사에 의하면 현재의 개호서비스 전반의 「양」에 만족하고 있는 이용자는 88%(만족 또는 어느 정도 만족), 「질」에 만족하고 있는 이용자도 88%란 수치로 나타났다. 불만은 거의 4~5%였다. 또 보험료의 부담감은 「타당 또는 저렴」이 64%, 이용료의 부담감도 「타당 또는 저렴」이 73%를 차지했다.

한편 동경도 사회복지협회회가 2001년 2~3월에 실시한 도내 이용자 및 동거 가족에 대한 앙케이트 조사(「검증·개호보험의 이용과 선택」)에서는 방문개호에 대해 「만족하고 있다」가 52%, 「불만이 있다」가 10%, 「조금 신경 쓰이는 것이 있다」가 35%로 나타났다. 조금 신경 쓰이는 것이란 불만이 있다고 까지는 잘라 말할 수 없지만 현재 서비스에 만족하고 있는 것도 아닌, 뭔가 안 좋은 상황이나 의견·요망을 갖고 있는 상태이다.

덧붙여 말하면 신경 쓰이는 것이란 보통 이하의 내용으로 분류된다. 「헬퍼를 급히(빈번히) 바꾸지 않길 바란다」, 「본인의 상황에 맞는 헬퍼를 파견하길 바란다」, 「성격이 맞는 헬퍼를 부탁하고 싶다」, 「약속대로 시간을 지키지 않는다」, 「헬퍼의 자질이 충분치 못하다」, 「더욱 정중한 대응을 받고 싶다」, 「약속한 것 이외의 일을 해주지 않는다」 등이다. 이용자와 헬퍼의 궁합 등은 난감하고 이용자가 개

/ 제 8 장 개호·복지의 현장부터 /

호보험제도를 이해하지 못한 것에 의한 과도한 요망 등도 있는 듯 하지만 후생노동성 조사에 나타났듯이 9할 정도가 만족하고 있는 상황은 아닌 듯하다.

【현재이용 할 수 있는 개호서비스의 만족도 조사】

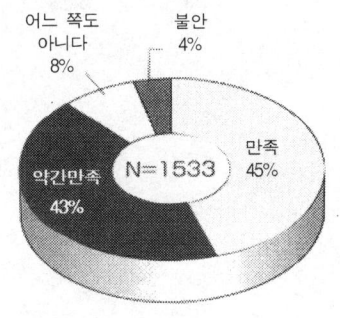
출처 : 전국 고령자 보건복지부·
개호관계 주관과장회의 자료

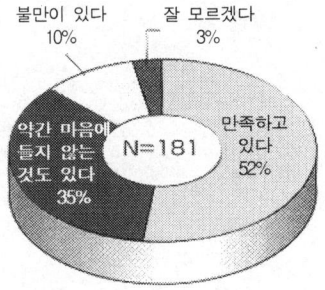
출처 : 검증·개호보험 이용과 선택

【개호보험제도가 개선되길 바라는 것】

보험료의 부담이 크다.	26.5%
요개호 인정의 수속이 복잡하다.	24.3%
이용자부담이 커서 이용하길 꺼린다.	14.9%
어느 사업자가 좋은지 모르겠다.	12.7%
불만이나 주문을 알릴곳을 모르겠다.	6.1%

기타
자기에게 맞는 서비스를 모르겠다. / 개호보험전의 이용하던 서비스를 사용할 수 없다. / 사용하고 싶은 서비스의 빈곳이 없다.

개호보험제도의 개선을 바란다고 생각하는 일이란 조사(동경도사협)에서 가장 많은 것은 「보험료의 부담이 크다」, 다음으로 「요개호 인정의 수속이 복잡하다」가 뒤를 이었다.

또 요미우리 신문사가 2003년 9월에 실시한 전국 3204 시정촌에 대한 지자체 앙케이트에 의하면 개호보험의 운영에서 걱정되는 것으로 보험료의 가격이 오르는 것을 걱정하는 목소리가 66%로 가장 많았다. 한편 「가족의 부담이 줄었다」가 76%로 전체적으로는 긍정적으로 평가되고 있는 상황임을 할 수 있다.

   서비스의 질이란 면에서는 아직 문제가 있지만 전체의 제도로서는 호평하면서 앞으로의 보험료·이용료에 관해서는 불안하다는 말인 듯하다.

3. 쇼트 스테이, 데이 서비스에 대한 이용자의 만족도

Point
> 쇼트 스테이에 대한 만족도는 방문개호, 통소 개호 등에 비해 낮다. 이러한 가장 큰 배경에 이용자와 가족과의 문제에서 의식이나 요망에 대한 갭이 있다.

전항에서 언급했던 동경도 사회복지협의회 「검증・개호보험의 이용과 선택」에 의하면 데이서비스에 대한 만족도는 57%, 조금 신경쓰이는 것이 있다는 27%이고 불만이 있다는 7%였지만 한편 쇼트스테이에 대한 평가는 엄격하다. 「만족」은 37%, 「조금 신경쓰이는 것이 있다」가 33%이고, 불만이 있다는 23%에 달했다. 동경도 특유의 현상인지, 전국적인 경향인지는 알 수 없지만 「쇼트 스테이에서 신경쓰이는 것」, 「곤란한 것」은 다음과 같은 내용이다.

· 쇼트스테이를 하면 상태가 나빠진다.
· 쇼트스테이 시설의 직원체제나, 케어의 내용이 불안하다고 느낀다.
· 필요할 때에 필요한 일수를 이용할 수 없다
· 쇼트스테이 시설에서 지내는 방법에 불안을 느낀다. (가족이 이용 중인 상태를 알 수 없다 등)

같은 동경도사협이 2002년 12월에 실시한 「쇼트스테이의 이용에 관한 수요와 서비스 조정의 실태조사」에서는 제 3장에서도 기술했듯이, 쇼트스테이를 이용하는데 있어 곤란한 일로 「직원이 바빠서, 말을 걸기 힘들었다」, 「할일이 아무것도 없어, 지루했다」, 「몸 상태가 안 좋아 졌다」, 「상처를 입었다」란 고충의 목소리가 높았다. 이러한 불평의 내용을 통해 추측하면 쇼트스테이의 직원의 수가 충분치 못해 필요한 개호 서비스를 제공하지 못하는 듯하다.

이용일수의 평균은 약 8일간으로, 7일이용이 가장 많다. 그러나 실제 이용희망일수는 평균 10일로, 희망한 일수보다 2일정도 짧은 경향이 있는 듯하다.

쇼트스테이에서 특징적인 것은 이용자에 대한 가족 측과 이용자본인의 의식, 요망의 갭이다. 그래프에서도 알 수 있듯이 쇼트스테이를 이용하는 목적으로 가족의 9할은 「가족휴양」을 추구했고, 약 8할은 「가족 부재시 위탁」을 들고 있지만 이용자 본인은 「가족의 휴양」, 「본인의 기분전환」, 「가족부재시의 위탁」, 「리허빌리」가 4~5할로 평균화되고 있다. 이용자라면 가족이 쉬고싶어하는 것을 잘 알지만 그것만이 목적은 아닌 것은 아닐까?

【단기체류시 요구사항(본인과 가족의 비교)】

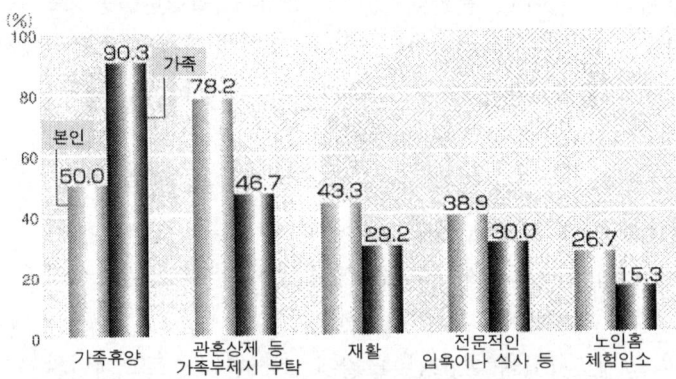

출처 : 도쿄도 사회복지협회 단기체류에 관한 요구와 서비스 조정의 실태조사

그러나 이용해서 좋았다는 것으로서 약 7할 가까이가 「가족의 기분에 여유가 생겨, 개호를 즐길 수 있게 되었다」, 다음으로 「생활에 강약이 생겼다」, 「본인과 가족과의 대화가 늘었다」란 목소리도 있어 쇼트스테이의 효용은 밝혀졌다. 가족과 본인의 수요가 합치할 접점을 찾아야 할 것이다.

4. 현장을 지탱하는 케어스탭들 ①
- 홈헬퍼의 노동환경과 생각을 알아본다.

> **Point**
>
> 헬퍼는 개호보험제도를 유지하는 가장 중요한 담당자로, 대다수는 비상근 헬퍼로 구성되어 있다. 그러나 임금 등의 노동조건은 불충분한 상태이다.

개호 서비스의 관계자가 「개호보험제도가 붕괴한다면 홈헬퍼의 문제가 계기가 될 것이다.」라고 말했듯이 개호보험제도를 지탱하는 가장 중요한 담당자이면서 그만큼 노동환경 등이 고려되지 않은 개호전문직(케어 스탭)은 없다.

일본 노동연구기구(현재의 노동정책연구·연수기구)가 1998년에 조사를 실시한 「홈헬퍼 취업실태 조사」에서는 임금·고용형태·보상 시스템(업무 중의 부상이나 실업, 도움을 주고 있는 사람의 사고 등)에 대한 불만도가 높았고, 취업상의 괴로움이나 불안으로서 「사회적 평가가 낮다」고 답한 사람이 압도적으로 70%를 차지했다. 이것은 개호보험제도가 시작되기 전에 실시된 오래된 데이터이지만 지금도 실정은 거의 변하지 않은 것은 아닐까?

홈 헬퍼의 대부분은 비정규사원·비상근으로 등록된 헬퍼로, 후생노동성의 「개호노동실태조사 중간 결과 보고」(2000년 12월 조사)에 의하면 등록 헬퍼의 월간 평균 가동 시간은 59시간, 평균시급은 1353엔, 평균월수입은 6만 6934엔으로 나타났다. 이에 비해 정규사원은 평균 월간 가동시간으로 164시간, 평균 월수입으로 22만 6677엔, 비정규 사원은 각각 107시간 11만 8466엔으로 노동시간·임금만에서도 대우의 차는 역력하다.

/ 일본의 개호복지 /

【홈헬퍼(방문개호원)구성비율】

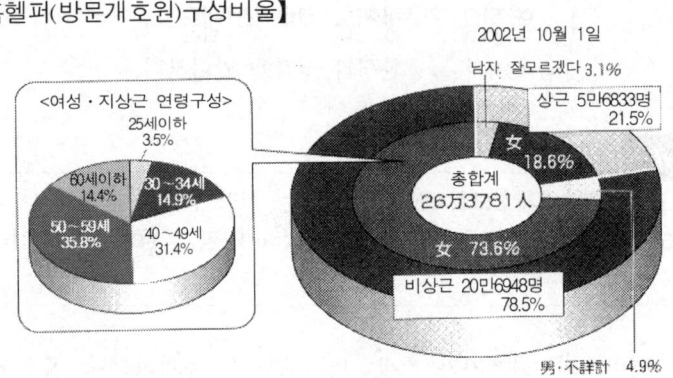

출처 : 후생노동성-2002년 개호서비스 시설·사업소 조사상황

【개호노동의 실태】
*5人이상 상용노동자를 고용하는 개호분야사업소 1347개소에서 회답결과

<고용형태의 비율>

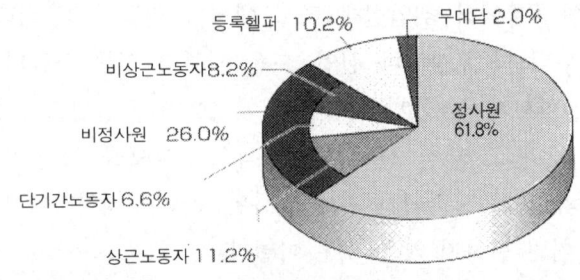

【고용형태별의 노동시간, 임금】

		월간평균 취로일수	일일평균 취로일수	월간이동 시간추계	월평균 소정임금(엔)	임금형태비율		
						월급제	일급제	시급제
정규직사원		21.1일	7.8시간	164시간	22만6677엔	98.5%	0.5%	1.0%
비정규사원		17.2일	6.3시간	107시간	11만8466엔	17.1%	16.6%	66.3%
	상근노동자	20.2일	7.5시간	150시간	15만1853엔	30.0%	23.4%	46.6%
	단시간노동자	16.5일	5.7시간	97시간	8만9920엔	3.8%	9.7%	87.4%
	비상근노동자	13.1일	5.2시간	68시간	8만6298엔	7.6%	12.3%	80.1%
등록헬퍼		14.6일	3.9시간	59시간	6만6934엔	0.4%	3.0%	96.6%
전체		19.5일	7.1시간	-	19만668엔	70.9%	4.8%	24.3%

출처 : 후생노동성-2001년 개호노동실태조사중간결과보고

사회보험의 가입상황은 비정규사원인 상근노동자에서는 고용보험·노재보험·건강 보험·후생연금 모두 9할 이상이 가입되어 있지만 비정규사원인 비상근 노동자에서는 고용보험 25%, 노재보험 57%, 건강보험 13%, 후생연금 12%로 낮았다. 또 무슨 이유에서인지 후생노동성의 조사에서는 발표되지 않았지만 일본 노동연구 기구가 2000년 12월부터 다음해 1월에 걸쳐 실시했던 「방문 개호서비스 사업상황조사」에 의하면 등록 헬퍼의 고용보험가입률은 약 7%, 노재보험 30%, 건강보험 3%로 낮은 비율로 나타났다.

일본 개호크래프트유니온 (NCCU)가 2003년 10월에 실시한 「조합원 의식조사」에 의하면, 비상근·파트 1543명(대부분이 헬퍼) 중 현재 신경 쓰이는 일로 가장 많은 것이 「교통비나 이동 시간임금이 나오지 않는다.」였다. 등록 헬퍼의 대부분이 자택에서 이용자의 집에 직접 출근하여 그대로 돌아오는 근무형태로, 사업자로서는 근거리이니까 교통비도, 이동시간 중의 임금도 필요치 않다고 하는 것이 방침이다. 그러나 실제로는 이동시간이 꽤 걸리는 경우도 있다.

후생노동성의 「개호노동실태조사 중간결과보고」에서는 교통비의 실비 또는 일부를 지급하고 있는 사업자가 54%로 나타나 있지만 NCCU의 조사에서는 자택과 취업현장의 왕복으로 전액지급 또는 일부 지급하는 업자가 13%, 지급하지 않는다가 87%였다. 같은 조사에 의하면 비상근·파트의 32%가 1년 미만에 퇴직하고 있고, 그이유로는 「일의 내용에 비해 임금이 낮다」, 「일에 관련된 경비가 나오지 않는다」가 상위였다.

한편 비상근·파트인 헬퍼가 「알고 싶은 일, 몸에 익히고 싶은 일」로서 「보다 고도의 개호 기술」, 「리허빌리 대응이나 심리 케어」, 「개호·간호의 구급대응」등을 드는 사람이 많고, 높은 의욕을 가지고 있는 헬퍼도 적지 않다. 그러나 사업자는 인건비를 억제하고 융통성이 있는 등록 헬퍼를 늘리려는 경향이 강해 정규사원이나 상근 헬퍼는 그다지 채용하고 싶어 하지 않는 것이 속마음이다. 앞으로 헬퍼의 동기를 부여하여 업무의 질을 높이기 위해서도 정규사원·상근 채용으로의 길을 확보하는 환경조성이 필요할 것이다.

【비상근 파트 노동자의 업무 이동에 따른 비용지급상황】

1543명 중의 무응답자를 제외

	전액지급	일부지급	지급
자택과 사무소의 왕복	17.2%	17.2%	65.6%
사무소와 취업장소의 왕복	4.3%	4.7%	91.0%
자택과 취업장소간 왕복	6.6%	6.7%	86.7%
취업장소간 이동	3.7%	4.1%	92.1%
자가용차 경비부담	1.3%	3.3%	95.4%
자전차 사용, 대여	1.4%	1.1%	97.5%

【비상근 파트 노동장의 일에 관한 의식】

1543명(복수응답)의 응답건수

<신경쓰이는 일>

1. 교통비나 이동시간의 임금이 안 나옴.	781건
2. 자기 자신의 건강관리.	595건
3. 어려운 개호의 대응·방법.	507건
4. 일의 능력 증진.	372건
5. 일의 내용에 비해 임금이 저렴.	350건
6. 자신의 희망보다 일의 양이 적다.	304건
7. 수입이 적음.	274건
8. 자신의 부상이나 질병 시 소득보장.	217건
9. 가사와의 양립.	182건
10. 회사의 방침을 모르겠다.	150건

<알고 싶다. 배우고 싶다.>

1. 고급 개호기술	628건
2. 재활대응과 마음의 케어	507건
3. 개호간호의 구급대응	399건
4. 개호자와의 접근방법	399건
5. 의료, 보험지식, 기능	386건
6. 개호보험제도나 복지서비스 동향	369건
7. 조리기술	194건
8. 현재의 지식과 기술	53건
9. 그 외	18건

출처 : 아래, 위 모두 일본 개호크래프트유니온 - 2003년도 조합원의식조사

5. 현장을 지탱하는 케어스탭들 ②
- 케어 매니저의 실태와 과제

> **Point**
> 케어매니지먼트와 케어 플랜작성이란 중요한 역할을 담당하는 케어매니저의 양과 질을 묻는 목소리가 높다. 그러나 케어매니저 자신도 현상에 강한 불만을 가진다.

「개호를 알지 못하는 케어매니저가 많다」,「이용자의 목소리를 케어매니저가 들어주지를 않는다」고 하는 케어매니저(개호지원 전문인)에 대한 불만이 이용자나 관계자로부터 들리고 있다. 한편 케어매니저 자신도「바빠서 이용자에게 친절히 대응할 수 없다」,「개호보수가 싸서 노동에 걸맞지 않는다」란 강한 불만을 성토하고 있다. 누구나 케어매니저의 질과 양의 향상이 필요하다고 생각하고 후생노동성도 한차례 손을 썼지만 상황이 호전되고 있다고는 할 수 없다.

전국 개호지원 전문인 연락협의회가 2003년 11~12월에 실시한「개호 지원전문인의 업무실태와 의식에 관한 조사연구보고서」에서는 전국 케어매니저 1,871명으로부터 회답을 얻었다.

이 조사에 의하면 갖고 있는 자격으로서는 간호사가 가장 많은 약 42%를 차지했고 다음으로 개호 복지사, 사회복지주사, 홈헬퍼 등으로 나타났다. 이 자격에 의해 케어매니저의 경향이 결정된다고 할 수 있어 간호사에서는 일반적으로 의료·간호계에 강하지만 개호·복지계의 서비스에는 약한 듯하다. 케어 매니저가 되기 전 근무지로는 재택개호지원 센터(16.2%), 병원(15.4%), 특별양호노인 홈(11.7%), 방문개호사업소(9.6%)의 순으로 나타났다.

【케어 매니저의 실태조사】

2003년 11-12월조사/ n=1871명

<연령>

20대	2.4%
30대	26.7%
40대	40.9%
50대	26.1%
60대	2.9%
70대 이상	0.4%
무응답	0.6%

<자격>

간호사	41.7%
개호복지사	35.1%
사회복지주사	19.4%
홈헬퍼	14.2%
사회복지사	9.3%
보건사	4.9%

<1인당담당자수>

10인 이하	7.8%
11인-20인	7.9%
21인-30인	11.1%
31인-40인	12.7%
41인-50인	21.1%
51인-60인	19.8%
61인-70인	9.6%
71인-80인	4.6%
81인-90인	1.5%
91인-100인	1.0%
100인 이상	0.7%
무응답	2.4%

<타당한 담당 건수>

10인 이하	3.1%
11인-20인	9.5%
21인-30인	44.6%
31인-40인	29.9%
41인-50인	8.2%
51인-60인	1.3%
61인-70인	0.3%
71인-80인	0.1%
81인-90인	0.2%
무응답	2.9%

<보수(월급)>

15만 엔 이하	3.1%
15-20만 엔	20.2%
21-25만 엔	27.4%
26-30만 엔	17.2%
31-35만 엔	11.6%
36-40만 엔	4.4%
41-45만 엔	3.2%
46-50만 엔	0.8%
51-55만 엔	0.4%
56-60만 엔	0.3%
61만 엔 이상	0.4%
무응답	2.4%

<보수의 만족도>

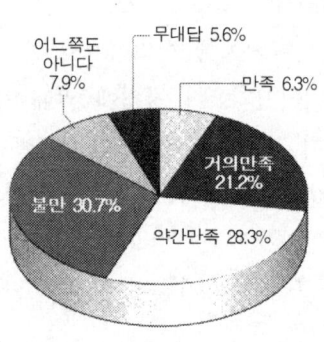

출처 : 전국개호지원전문원연락협의회-개호지원전문원의 업무실태의식보사연구보고서

/ 제 8 장 개호·복지의 현장부터 /

케어매니저 한 사람 당 담당하고 있는 이용자수는 후생노동성의 기준으로는 50명이지만, 51인 이상을 담당하고 있는 케어매니저가 37%나 되었다. 이에 반해 케어매니저 자신이 타당하다고 생각하는 담당건수는 21~30명이 45%, 31~40명이 30%를 차지했고 51이상은 겨우 2%밖에 없었다.

월 보수로는 21~15만 엔이 가장 많은 27%를 차지했고, 30만 엔 이하가 68%에 달했다. 이러한 보수에 대해 59%가 불만을 갖고 있고 만족은 28%였다.

실제로 케어매니저의 보수가 너무 적다는 지적을 받아 후생노동성은 2003년도의 재검토에서 이용자의 요개호도별 보수의 구별을 폐지하고 월 850단위로 통일했다. 그 결과 요개호도 1급과 2급에서는 월 720단위에서 130단위가 대폭 상승했지만 케어매니저에게 있어서는 심한 덤이 따라 왔다

월 1회 이용자의 집 방문에 대한 모니터링이나 3개월에 1번 모니터링 방문기록, 서비스 제공자를 정리한 「서비스 담당자회의(케어회의)」의 개최나 담당자로부터의 의견청취 등을 의무적으로 하여 이에 반하면 개호보수를 3할 감액한다고 결정되었다. 이러한 의무화에 의해 많은 케어매니저가 이전보다 바쁘게 됨과 동시에 보수도 거꾸로 낮아지게 되었다. 의무를 지켜 높은 질의 서비스를 제공하기 위해서는 담당인수를 줄이지 않으면 안 되지만 줄이면 보수가 낮아져 사업이 성립되지 않는다는 딜레마에 빠지고 있다.

특정비영리활동법인 카나가와현 개호지원 전문인 협회가 2003년에 실시한 「2003년도 개호지원 전문인 실태 조사」(현 내 1336명의 개호지원전문인으로부터 회답)에 의한 케어매니지먼트 업무의 실태상황 (왼쪽 표)를 보면 이용자의 집으로의 방문은 82%가 완전히 실시하고 있지만 서비스 담당자회의의 개최는 거의 12%밖에 실시되지 않고 있

209

다. 서비스 담당자로부터의 의견 청취도 33%였다. 대다수의 케어매니저들은 이러한 의무에 불복하여 감액 처분을 받고 있다고 나타났다.

카나가와현 개호지원 전문협회에서는 이러한 실태조사를 받고 다음과 같은 제언을 발표했다. 담당하는 기준건수를 40명으로 하고 거택개호지원보수를 1500단위로 대폭 인상하는 등 케어매니저의 노동환경을 향상 시키자는 시책이다. 국립시사회복지 협의회에서 케어매니저도 겸업하는 오카와 주사는 이렇게 말한다.

「이용자에게 있어서 월 1회방문하는 것만으로는 불충분하다. 한주에 복수의 방문횟수가 필요할 경우도 있다. 케어매니저의 업무의 과다함은 자각하고 있지만 케어플랜을 작성할 뿐 아니라 매월 이용자를 돌아 월초와 월말에는 서비스의 확인 작업을 하여 개호보수의 급여관리도 하지 않으면 안 된다. 매일의 스케쥴 장부는 빽빽하다. 모두 혼자이니까 자기 자신의 매니지먼트도 하지 않으면 안 되고 만약 주위와의 네트워크가 형성되어있지 않으면 곧 엉망이 되어 버릴 것이다.」

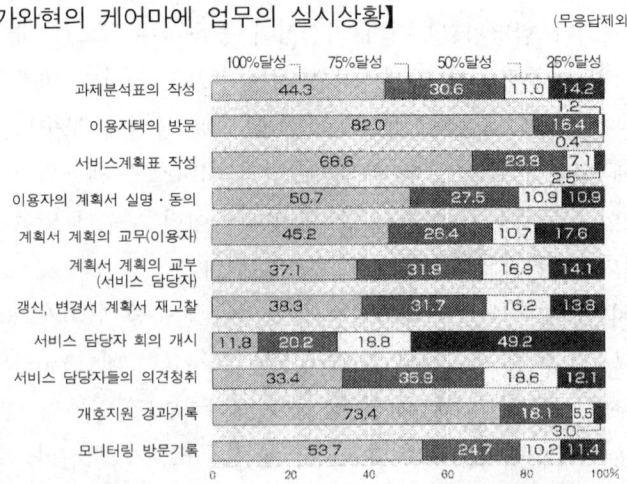

출처 : 가나가현 개호자원 전문인협회-2003년도 개호지원 전문인 실태조사

케어매니저들의 대다수는 업무의 보람은 인정하고 있지만 그 노동 환경은 피하고 싶다는 것이 속마음이다. 시급히 개선 대책을 강구해야 할 것이다.

6. 개호보험 서비스의 과제

Point

① 재원악화에 동반한 급여억제와 보험료증대.
② 최대로 월 4,000엔 이상이나 되는 보험료의 지역 간 격차.
③ 질·양 모두의 케어 스탭 확대가 과제.

 개호보험제도는 대략적인 틀로 이용자나 가족에 받아들여져 고령자를 사회에서 개호하는 방향으로 나아가고 있다. 그러나 과제는 아직 많아 2005년도부터 제도재검토를 위해 여러 가지 의논이 이뤄지고 있다. 재검토의 주요 내용에 대해 여기서 다시 요점을 정리해보자.
 우선 첫째로, 개호보험의 재정악화에 맞춰 보험급여를 억제하고 보험료의 증대를 목표로 하는 것이다. 이를 위해 후생노동성은 요지원이나 요개호 1급등의 낮은 수준의 이용자에 대한 서비스를 제한하고 보험료의 징수대상을 현재의 40세 이상에서 20세 이상으로 확대하는 방안을 검토하고 있다. 이에 대하여 서비스사업자나 보험료의 반을 부담하는 기업이 반발하고 있지만 한편으로 이대로 방치하면 앞으로 보험료는 한 달에 1만 엔을 돌파할 것이라 예상되고 있어 개인의 부담증가도 피할 수 없다.
 둘째로 지역 간 격차이다. 개호보험료는 보험료 수입과 보험 급여액의 균형에 맞춰 각 시정촌이 독자적으로 설정한다. 이 때문에 개호 서비스나 시설과 이용자의 이용률이 높은 지역은 한사람 당 보험료도 높게 된다.
 후생노동성이 발표한 「전국 지역별 개호보험료액과 급여수준」에 의하면 2003년-2005년도의 보험료 기준액(월액)으로 가장 높은 곳이 홋카이도 쯔루이부로 5,942엔, 오키나와현도 전반적으로 높은 5,000

엔대의 버금가는 수치이다. 가장 낮은 곳이 야마나시현 아키야마부의 1,783엔이다. 그 차이는 4천 엔 이상 난다. 보험료가 높은 것은 한사람 당 보험급여액도 높기 때문으로 그 원인은 특별양호노인홈 등 시설에의 입소자가 많기 때문이라 할 수 있다. 앞으로 시정촌 합병 등이 진행되면 시설이나 재택서비스의 확보와 보험료 억제의 균형이 커다란 과제이다.

【주요도시의 개호보험료기준액(월정액), 2003년-2007년】

札幌市	3790엔	橫浜市	3265엔	大阪市	3580엔
仙台市	3422엔	川崎市	3213엔	神戶市	3445엔
福島市	2500엔	靜岡市	2900엔	廣島市	3888엔
宇都宮市	2900엔	新潟市	3800엔	高知市	4393엔
さいたま市	3092엔	金澤市	3930엔	北九州市	3750엔
千葉市	3100엔	長野市	3090엔	福岡市	3586엔
東京都中央區	3740엔	名古屋市	3153엔	熊本市	4000엔
東京都杉並區	3000엔	京都市	3866엔	那智市	5226엔

동경도23구 쥬오구는 최고, 스기나미구는 최저.
현청소재지에서 후꾸시마시는 최저, 코치시는 나치시를 제외하고 최고

　세 번째로 케어스탭의 질 및 양적 확대이다. 케어스탭의 인재부족으로 외국인에게도 채용기회를 넓히자는 목소리도 있지만 말과 습관이 다른 외국인이 일본의 개호서비스에 적합할지는 이용자의 입장에서 생각해야 할 것이다. 지역에 따라 실버 인재센터 등이 방문개호서비스를 제공하고 헬퍼 자격증을 가진 고령자가 고령자를 개호하는 「노노개호」를 행하고 있는 경우도 있다.
　체력을 쓰는 신체개호는 어렵지만 신변의 가사나 말상대, 지켜주기 등은 오히려 동년대의 고령자 쪽이 적합한 경우도 있다. 헬퍼로서 일함으로써 건강한 고령자에게도 좋은 자극이 되고 한편 가사에서 젊은 남성헬퍼가 신체개호전문으로 활약 가능할 여지도 넓어진다. 유연한 인재의 활용을 생각해야 할 것이다.

/ 일본의 개호복지 /

7. 개호예방의 실천 예 - 카나가와복지서비스 진흥회의 대처

> **Point**
>
> 개호예방에서는 육체적인 트레이닝뿐만 아니라 정신적인 지원도 필요하다. 神奈川현의 진흥회에서는 지역의 힘을 이용하여 개호예방에 대처하고 있다.

진정한 개호예방은 요지원자나 요개호 1급의 고령자에 대한 서비스를 제한하여 요개호도의 진행을 억제하는 것이 아니다. 건강한 고령자가 요지원이나 요개호 상태로 되지 않도록 일상생활을 지원하는 것이다.

카나가와 복지서비스 진흥회에서는 카나가와현으로서 개호예방에 대처하기 위해 2003년 말부터 현 내 2개소에서「개호예방·건강 만들기 프로젝트」의 실증실험을 하고 있다. 베이비붐 세대이후를 대상으로 참가비용은 3500엔 정도로 우선 3개월간 주1회(120분)의 프로그램을 통해 운동과 영양(식사)지도를 행한다.

처음 1개월에서는 건강만들기 강좌와 준비운동, 신체활동 게임, 튜브 등을 이용한 레지스턴스 운동을 행하고 다음의 1개월에서는 본격적으로 레지스턴스 운동에 돌입, 에어로빅 댄스 등도 병용한다. 처음의 1개월에서는 가정 내에서도 혼자서 실천 가능한 트레이닝의 습관을 몸에 익히도록 지도한다. 모두 게임을 통해 즐길 수 있도록 궁리하고 있다.

이 프로그램의 특징은 카나가와복지 서비스 진흥회 등 지자체나 대학·연구기관·의료기관 등이 지원하고 지역 NPO나 자원봉사자가 운영의 주체가 되는 것이다. 참가자의 모집부터 회장의 확보, 참가자의 지원 프로그램의 실시 등, 모두 지역의 NPO가 담당한다.

진흥회의 나다코 전무이사는 이렇게 말한다.

「이러한 개호예방 트레이닝은 매일 생활 속에서 행해지지 않으면 안 된다. 그 때문에 각 지역의 NPO나 자원봉사자 모두가 주체가 되어 지역의 동지로서 고령자 여러분을 지탱하는 구조를 만들어 나가고 싶다. 현재 대학 등과 연대하여 지도자의 양성도 하고 있다.」

【고령자의 개호예방・건강메니지먼트 프로그램의 운영체제】

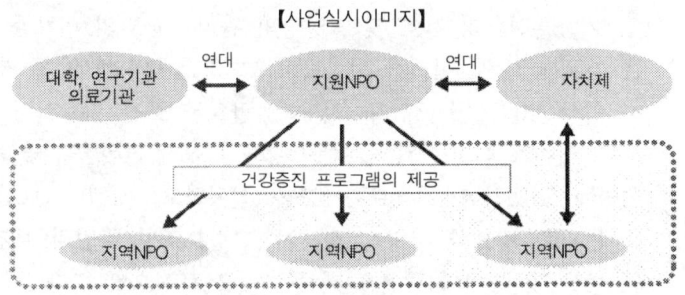

실증실험의 일환으로 현 내 시정촌에 의식조사를 행한 결과를 보면, 개호예방・건강증진에 대해서는 100%의 시정촌이 관심이 있다고 답했지만 NPO와 연대한 프로그램의 실시에 대한 흥미로는「매우 흥미가 있다」고 답한 시정촌은 없었고「내용을 알고 싶다」,「앞으로 검토하고 싶다」가 대부분으로 소극적이고 경계적인 의식이 부각되었다.

그러나 일상적인 개호예방이나 이러한 프로젝트에의 권유 지원 등의 업무는 행정이나 민간 기업에는 어렵다. 저렴한 참가비에 의한 유상 지원자로서 NPO 등의 힘을 빌리지 않는 한 실효적인 개호예방은 어렵지 않을까 생각된다.

참고: 개호보험법이란? (발췌)

개호보험법은 1996년에 국회에 제출되어 다음해 12월에 성립되었다. 총칙 제1장에는 개호보험의 목적 등 기본적인 이념이나 구조, 용어의 정의 등이 있다.

제 1 장 총칙

(목 적)

제1조 이 법률은 노령화 되어감에 따라 발생하는 심신의 변화에 의한 질병 등으로 개호가 필요하게 되어, 입욕, 배설, 식사 등의 개호, 기능훈련류의 간호 및 요양상의 관리, 그 밖의 의료를 요하는 자등에 대해, 이러한 사람들이 그 지닌 능력에 맞게 자립하여 일상생활을 영유할 수 있도록, 필요한 보건 의료서비스 및 복지 서비스에 관련된 급여를 행하기 위해, 국민의 공동연대 이념에 기초하여 개호보험제도를 설치하고, 시행할 보험급여 등에 관해 필요한 사항을 정하여, 그럼으로써 국민의 보건 의료 향상 및 복지의 증진을 꾀하는 것을 목적으로 한다.

(개호보험)

제2조 1. 개호 보험은 피보험자의 요개호 상태 또는 요개호상태가 될 우려가 있는 상태에 관해 필요한 보험급여를 행하는 것이다.

2 전항의 보험급여는 요개호 상태의 정도의 경감 또는 악화의 방지 또는 요개호상태 예방에 이바지하도록 행해짐과 함께 의료와의 연대를 충분히 배려하여 행해지지 않으면 안 된다.

3. 제1항의 보험급여는 피보험자의 심신 상태, 그 처해진 환경 등에 맞게 피보험자의 선택에 근거하여, 적절한 보건의료서비스 및 복지서비스가, 다양한 사업자 또는 시설로부터 종합적이고 효율적으로 제공되도록 배려하여 행해지지 않으면 안 된다.

4. 제1항의 보험급여의 내용 및 수준은 피보험자가 요개호 상태에 처해 있을 경우에 있어서도 가능한 한, 그 자택에서 지닌

능력에 맞게 자립하여 일상생활을 영유할 수 있도록 배려되지 않으면 안 된다.
(국민의 노력 및 의무)
제 4조 국민은 스스로 요개호상태가 되는 것을 예방하기 위해 노령화되어감에 따라 발생하는 심신의 변화를 자각하여 항상 건강의 유지 증진에 노력하고 요개호상태가 되었을 경우에도 적극적으로 리허빌리테이션 및 그 밖의 적절한 보건의료서비스 및 복지서비스를 이용함으로서, 자신이 가진 능력의 유지 향상에 노력해야 한다.
2. 국민은 공동연대의 이념에 기초하여 개호보험사업에 필요한 비용을 공평이 부담해야 한다.

제 9 장 **알고 싶은 개호 관련 제도와 데이터**

1. 지원비 제도
2. 성년 후견 제도
3. 2015년의 고령자 개호

1. 지원비 제도

2003년도부터 시작된 새로운 장애자 복지제도인 「지원비 제도」는 개호보험제도의 창설당시부터 개호보험과 통합하느냐, 개별적으로 운영하느냐 란 의논이 계속되고 있다. 제 1장에서도 기술했듯이 지원비제도의 취지는 개호보험과 마찬가지로 종래형의 행정에 의한 조치제도를 계약에 의한 이용자의 선택식 서비스로 전환하는 것이다. 이에 따라 종래 참여할 수 없었던 민간 사업자가 장해자 복지서비스를 제공할 수 있게 되었다.

이 경쟁 원리의 도입이 결과적으로 장해자 복지를 후퇴시킨다고 비판하는 장해자나 관계단체도 있다. 개호 서비스를 이용할 때에 현재 상태로는 장해자 및 부양의무자는 그 부담능력에 맞춰 비용을 일부 지불하고 있지만 개호보험에 지원비제도를 편성해버리면 일률적으로 1할의 부담을 하지 않으면 안 되는 것은 아닐까 라는 걱정이 있고 저소득자의 많은 장해자에게는 너무 부담이 크다는 목소리도 높다. 때문에 개호보험창설당시에는 장해자의 지원비제도는 당장은 별개로 운영함으로서 대부분이 세금으로 조달되게 되었다. 2004년도 예산에서는 총액 3473억 엔이 지원비제도의 재원으로 계상되고 있다.

서비스 사업자는 신체장해자 복지, 지적 장해자 복지, 아동 (장해아) 복지 등 세 분야에 있어서 각 도도부현지사의 지정을 받을 필요가 있지만, 지정거택 개호의 사업을 행할 경우는 개호보험 상의 지정을 받고 있는 일을 가지고 지정기준을 만족시키도록 하고 있다. 지원비 제도에 있어서도 거택 서비스는 홈 헬프 서비스, 데이서비스, 쇼트스테이, 그룹홈이 있어 개호보험에서 같은 서비스 지정을 받고 있는 사업자라면 장해자 복지사업에도 참여할 수 있도록 되어있다.

/ 제 9 장 알고 싶은 개호 관련 제도와 데이터 /

2003년 7월을 시점으로 홈 헬프 서비스를 제공하는 사업자수는 신체 장해자 복지 8470개소, 지적 장해자 복지 6537개소, 장해아 복지 5882개소로 되어있다. 데이서비스, 쇼트스테이는 밑의 표에 나타난 대로다. 후생노동성은 이러한 거택 서비스의 확충을 꾀하기 위해 2002년 말에 「중점시책실시 5개년 계획(신장해자 플랜)」을 발표(다음 페이지 표)했다. 홈 헬퍼나 통소개호시설 등의 확충을 꾀하려 하고 있다.

【거택서비스 사업자수의 비교】

	지원비제도		
	신체장해자	지적장해자	장해아
홈헬퍼서비스	8470	6537	5882
데이서비스	1047	592	600
쇼트스테이	1065	2514	1809

그러나 재택 서비스를 희망하는 장해자가 많아 지원비제도는 시작한지 얼마 안 되어 급속히 재정적으로 막다른 곳에 빠져 있다. 때문에 2006년도의 제도개정을 위한 의논 안에는 지원비제도와 개호보험을 통합하는 안이 유력시 되고 있다. 동시에 개호서비스의 대상이 젊은 층의 장해자로 확대하기 위해 개호보험의 보험료 징수를 40세에서 20세로 끌어내리면 재원도 안정되어 1석 2조란 것이 후생노동성이 노리는 바이다.

/ 일본의 개호복지 /

중점시책실시5개년계획(신장해자플랜)의 추진

중점시책실시5개년계획(신장해자플랜)

2004년도 예산(안) 1,426억 엔

   O 신장해자 기본계획(2003년도-2012년도의 10년간)에 의해 전기 5년의 중점적으로 실시하는 시책 및 달성목표를 정하고 그것에 근거하여 장해자복지서비스기반 정비를 꾀한다.

1. 재택서비스의 추진

구분	2003년도 예산	2004년도 예산(안)	2005년도 예산(안)
방문개호원(홈헬퍼)	약 51,560인	(+3,671인) 약 55,230인	약 60,000인
단기입소생활개호 (쇼트스테이)	약 4,920인분	(+143인분) 약 5,060인분	약 5,600인분
개호시설 (데이서비스센터)	약 1,230개소	(+69개소) 약 1,300개소	약 1,600개소
장해아 통원 (데이서비스)사업	약 9,710인분	(+290인분) 약 10,000인분	약 11,000인분
중증심신장해아(자) 통원사업	약 230개소	(+11개소) 약 240개소	약 280개소
정신장해자 지역생 활 지원센터	약 410개소	(+14개소) 약 430개소	약 470개소

2. 집이나 직장 또는 활동의 장의 확보

구분	2003년도 예산	2004년도 예산(안)	2005년도 예산(안)
지역생활원조사업 (그룹홈)	약 19,920인분	(+3,685인분) 약 23,600인분	약 30,400인분
복지홈	약 3,910인분	(+324인분) 약 4,240인분	약 5,200인분
통소수산시설	약 68,240인분	(+1,356인분) 약 69,590인분	약 73,700인분
정신장해자생활훈련시설	약 5,700인분	(+260인분) 약 5,960인분	약 6,700인분

2. 성년 후견 제도

개호 보험제도와 동시에 2000년 4월부터 시작된 「성년 후견제도」는 고령사회의 복지 인프라를 지탱하는 또 하나의 중요한 제도이다.

성년 후견제도란 치매, 지적 장애, 정신장해 등 판단 능력이 불충분한 사람의 권리를 지키고 자립 생활이 가능하도록 재산관리나 신상 보호 감독(개호, 시설에의 입퇴소 등의 생활에 대해 배려하는 일)을 행하는 제도다. 고령자를 악덕상법이나 사기 등의 피해에서 보호할 뿐 아니라 본인의 의사를 헤아려 본인을 대신하여 개호나 의료 보험 등의 적정한 서비스를 선택하는 역할도 있다.

종래의 「금치산 및 준금치산제도」는 대상자가 어느 정도 심각한 정신 장애에 한정되어 선고를 받으면 호적에 기재되는 등 경직적인 제도였다. 이에 비해 성년 후견 제도는 「자기 결정의 존중」을 중시하여 가벼운 수준의 정신장해에도 대응하고 있다.

성년 후견 제도는 가정 재판소가 후견인을 선택하는 「법정 성년 후견 제도」와 본인이 미리 계약에 의해 후견인을 결정하는 「임의 성년 후견 제도」로 나뉜다. 후자의 제도는 신설된 것이다.

법정 성년 후견 제도는 대상자의 판단능력의 정도에 의해 「후견」, 「보좌」, 「보조」 등 세 가지로 나뉜다. 이중 「후견」은 가장 심각한 증상이고 「보조」는 성년 후견제도에서 신설되었다.

이 제도를 이용하기 위해서는 본인 및 배우자, 4촌 이내의 친족, 시정촌장, 검찰관 등이 가정재판소에 신청을 행하여 조사관이 조사를 한 후, 의사에 의한 감정이 실시되어 심판이 결정된다. 선임된 성년 후견인은 본인을 대신해 법률행위를 하는 「대리권」이나 본인의 법률행위를 취소하는 「취소권」 등 중요한 권한을 대여받기 때문에 권리의 행사는 신중하게 하지 않으면 안 된다.

　최고 재판소에 의하면 2001년 4월부터 2002년 3월까지의 1년간 전국의 가정재판소의 성년 후견 관계사건 (후견개시, 보자개시, 보조개시 및 임의후견감독인 선임사건)의 신청건수는 1만 1088건이었다. 전년 대비 약 23프로 상승하였지만 치매증 고령자의 수나 유럽제국에서의 같은 제도의 이용 상황을 비교하면 보급에는 아직 갈 길이 먼 것 같다. 일본에서도 100만 명 이상의 이용이 있으면 좋을 것이라고 주장하는 전문가도 있다.

　최고재판소의 발표에 의하면 신청인은 본인의 자손이 전체의 39%로 가장 많은 비율을 차지한다. 신청의 동기는 63%가 재산 관리 처분이고, 개호보험계약은 2%였다. 두 번째 선임되는 성년 후견인은 자손이 33%, 형제자매가 18%. 배우자가 14% 등 혈연관계자가 86%를 차지했고, 제3자에서는 변호사가 8%정도이다.

　그러나 육친이라고 해도 본인을 위해 적정한 개호서비스를 요청하고 있다고는 단정할 수 없어 충분한 개호를 받지 못해 곤란에 처한 고령자도 적지 않다. 최근에는 개호에 대한 지식을 가진 사회복지사를 성년후견인으로 하는 움직임도 있는 듯하지만 결국 요개호자의 의사와 요구를 반영할 수 있는 체크 시스템이 필요할 것이다.

【보조, 보좌, 후견제도의 개요】

		보조 (종래의 금치산에 해당)	보좌 (종래의 준금치산에 해당)	후견 (신설)
요건	대상자 (판단능력)	정신상의 장해(치매, 지적장애, 정신장해 등)에 의한 사리를 분별할 능력이 불충분한 자	정신상의 장해에 의한 사리를 분별할 능력이 현저하게 불충분한 자	정신상의 장해에 의한 사리를 분별할 능력이 없는 상황에 있는 자
개시의 절차	신청권자	본인, 배우자, 사촌이내의 친족, 검찰관 등 임의 후견수임자, 임의 후견인, 임의 후견감독인 주)복지관계행정기관에 대해서는 정비법으로 규정		
	본인의 동의	필요	불요	불요
기관의 명칭	본인	피보조인	피보좌인	성년피후견인
	보호자	보조인	보좌인	성년후견인
	감독인	보조감독인	보좌감독인	성년후견감독인
동의권 취소권	부여대상	신청자의 범위 내에서 가정재판소가 인정하는 "특정법률행위"	민법 12조 1항 각 호 소정의 행위	일상생활에 관한 행위이외의 행위
	부여절차	보조개시의 심판+대리권 부여심판+본인의 동의	보좌개시의 심판	후견개시의 심판
	취소권자	본인, 보조인	본인, 보좌인	본인, 성년후견인
대리권	부여대상	신청자의 범위 내에서 가정재판소가 인정하는 "특정법률행위"	좌동	재산에 관한 모든 법률행위
	부여절차	보조개시의 심판+대리권 부여심판+본인의 동의	보좌개시의 심판+대리권 부여심판+본인의 동의	후견개시의 심판
	취소권자	필요	필요	불요
책무	신상배려의무	본인의 심신상태 및 생활 상황을 배려할 의무	좌동	좌동

3. 2015년의 고령자 개호

2004년에 계획기간이 종료된「골드 플랜 21」에 대신하여 10년 후의 개호가 갖추어야 할 지침으로서 후생노동성이 발표한 것이「2015년의 고령자 개호」이다.

2015년이란 쇼와 22~224년 태생의 이른바 "베이비 붐 세대"가 65세의 고령자가 되는 해로, 고령자 인구 (65세 이상의 인구)는 3,277만 명, 고령자 율은 26%, 75세 이상 인구가 1,574만 명이 될 전망이다. 고령화가 가장 급속하게 진전되는 이 기간에 있어서 개호보험을 포함한 복지 시스템을 정비하지 않으면 일본의 장래는 없을 것이다. 재원도 케어스탭의 질, 양 모두가 부족한 현 상태로 2015년까지 생각했던 대로 극복할 수 있을까?

「2015년의 고령자 개호」는 이러한 의미를 가진 보고서이다. 여기서는 우선 개호보험시행후의 고령자개호의 현황에 대한 몇 개의 과제를 들고 있다. 예를 들어 요개호 인정자 (특히 낮은 수준의 사람)의 증가, 거주형 서비스에 대한 관심의 증가, 치매성 고령자 케어의 미정비 등이다. 그래서 이러한 과제에 입각하여 앞으로의 고령자개호에서 목표로 해야 하는 사고방식으로서「고령자의 존엄을 유지하는 케어의 확립」을 강조하고 있다.

이를 위한 구체적인 방책으로 다음의 4가지를 들고 있다.
① 개호예방・리허빌리테이션의 확충
② 생활의 계속성을 유지하기 위한 새로운 개호서비스 체계
③ 새로운 케어모델의 확립 : 치매성 고령자 케어
④ 서비스 질의 확보와 향상

/ 제 9 장 알고 싶은 개호 관련 제도와 데이터 /

동보고서는 이러한 사항들의 제시책을 신속히 착수, 2015년까지 착실하게 실시하려는 플랜이다. 개호사업에 종사하는 사람에게 있어 앞으로 피해 갈수 없는 과제나 문제가 응축되어 있다고 말해도 좋을 것이다.

【2015년의 고령자 개호의 개요 ①】
<과 제>

요개호인정자의 증가, 경도자의 증가
경도의 요개호자가 도도부현에 흩어져 있다. 요지원자에의 예방지급이 요개호상태의 개선을 이어지지 않는다.

재택 서비스의 취약성
특별요양노인홈의 입소신청자가 급증. 재택생활을 지원하는 고령자 (특히 중도)는 재택 생활을 계속할 수없는 상태.

주택형 서비스의 연장
특정 시설의 이용이 증가. 거주형서비스에의 관심이 증가된다.

시설 서비스에의 개별케어를 위한 지침
유니트케어를 위한 방안이 진전. 개인의 생활, 삶을 존중하는 개호가 확산되고 있다.

커어매니지먼트의 현상
결과 등 당연 해야 할 업무가 꼭이나 이행되고 있다고 보기 어렵다.

필요한 치매성 고령자 케어
요개호고령자의 대부분은 치매성이 있으나 이에 불구하고 그 케어의 표준화, 방법론의 확립은 발전 과정에 있다.

개호서비스의 현상
사업자를 선택하기 위한 필요한 정보가 충분히 제공되지 않는다.
서비스의 질에 관한 불평이 많다. 종사자의 질의 향상. 인재양성이 과제.
열악한 사업자를 시장에서 배제하는 효과적 수단이 불충분.

【「2015년 고령자개호」의 개요 ②】

[목표]
고령자의 존엄을 지탱하는 케어의 확립
실시기간 신속히 착수하여 2015년까지 착실히 실시

케어모델의 전환

새로운 케어모델의 확립
치매성고령자 케어 — 요개호고령자의 약5할, 시설입소자의 8할에게 치매영향 있음

생활의 지속성을 유지하기 위한 새로운 개호서비스 체계 — 치매성 고령자에게도 대응하는 체계

새로운 서비스 체계의 확립

생활의 지속성을 유지하고, 가능한 한 재택에서 지내는 것을 목표로 함

- 재택에서 365일 24시간 안심을 제공함
  · 끊임없는 재택서비스의 제공(소규모다기능 서비스 거점의 정비)
- 새로운 삶
  · 재택 시설이외의 다양한 「삶의 방식」의 실현
- 고령자의 재택생활을 뒷받침하는 시설의 새로운 역할
  · 시설 기능의 지역전개, 유닛케어의 보급, 시설 기능의 재정리

지역포괄케어시스템의 확립

그 실현을 위해 — 서비스의 질 확보와 향상

활력있는 고령사회만들기 — 개호예방, 리허빌리테이션의 확보

부록

부록1

개호보수단위 (2004년 7월 1일 현재)
◎개호 서비스의 지역구분

구 분	도도부현	지역
특별구	東京都	특별구(23구)
特甲지구	東京都	八王子市、立川市、武藏野市、三鷹市、府中市、昭島市、調布市、町田市、小金井市、小平市、日野市、東村山市、國分寺市、國立市、狛江市、多摩市、稻城市、西東京市
	神奈川縣	橫浜市、川崎市、橫須賀市、鎌倉市
	愛知縣	名古屋市
	京都府	京都市
	大阪府	大阪市、堺市、豊中市、池田市、吹田市、高槻市、守口市、枚方市、茨木市、八尾市、寢屋川市、松原市、大東市、箕面市、門眞市、攝津市、東大阪市、四條畷市、交野市
	兵庫縣	神戶市、尼崎市、西宮市、芦屋市、伊丹市、寶塚市、川西市
갑지구	埼玉縣	사이타마시
	千葉縣	千葉市
	神奈川縣	逗子市、三浦郡葉山町
	大阪府	岸和田市、泉大津市、貝塚市、泉佐野市、富田林市、和泉市、柏原市、羽曳野市、高石市、藤井寺市、大阪狹山市、三島郡島本町、泉北郡忠岡町、泉南郡熊岡町、南河內郡美原町
	福岡縣	福岡市
을지구	北海道	札幌市
	宮城縣	仙台市
	埼玉縣	川越市、川口市、所澤市、岩槻市、狹山市、草加市、越谷市、蕨市、戶田市、鳩ヶ谷市、朝霞市、志木市、和光市、新座市、富士見市、上福岡市、入間郡大井町、入間郡三芳町
	千葉縣	千葉市、市川市、船橋市、松戶市、習志野市、柏市、浦安市、西街道市
	東京都	靑梅市、福生市、東大和市、淸瀨市、東久留米市、武藏村山市、羽村市, 아키루노시
	神奈川縣	平塚市、藤澤市、小田原市、茅ヶ崎市、相模原市、三浦市、厚木市、大和市、伊勢原市、海老名市、座間市、綾瀨市、高座郡寒川町
	靜岡縣	靜岡市
	滋賀縣	大津市
	京都府	宇治市, 向日市, 長岡京市

을지구	大阪府	河內長野市, 泉南市, 阪南市, 泉南郡田尻町
	兵庫縣	姬路市、明石市, 三田市
	奈良縣	奈良市、大和郡山市, 生駒市
	和歌山縣	和歌山市
	岡山縣	岡山市
	廣島縣	廣島市、安芸郡府中町
	福岡縣	北九州市
	長崎縣	長崎市
기타	모든 도도부현	그 밖의 지역

◎ 개호서비스의 지역별 설정 (1단위의 단가)

	특별구	특갑지구	갑지구	을지구	기타
방문개호 방문입욕개호 통소개호 치매대응형공동생활개호 특정시설입소자생활개호	10.72엔	10.60엔	10.36엔	10.18엔	10.00엔
방문간호 방문리허빌리테이션 통소리허빌리테이션 단기입소생활개호 단기입소요양개호 개호노인복지시설 개호노인보건시설 개호요양형의료시설	10.48엔	10.40엔	10.24엔	10.12엔	10.00엔
거택요양관리지도 복지용구대여	10.00엔	10.00엔	10.00엔	10.00엔	10.00엔

/ 부 록 /

◎ 거택서비스의 개호서비스별 단위
· 개호보수는 「단위」로 정해져 있다. (2000년 후생성령 19, 20, 21, 22호)
· 1단위의 단가(금액)은 서비스 제공사업소는 소재지에 따라 다르다. (앞페이지 상단표).
· 「단위」에 「단가(금액)」을 곱해 얻어지는 액수의 1할이 이용자의 자기부담액이 된다.

방문개호	신체개호	30분미만		231단위/회
		30분이상 ~ 1시간 미만		402단위/회
		1시간이상		584단위/회
		이후30분마다		83단위/회
	생활원조	30분이상 ~ 1시간 미만		208단위/회
		1시간이상		291단위/회
		이후30분마다		83단위/회
	통원등 승강차 개조			100단위/편도
	가산 등	3급헬퍼(신채개호)	소정의	90%
		2인 방문이 될 경우	소정의	200%
		야간(18~22시) 조기(6~8시)	소정의	25%증
		심야(22시~6시)	소정의	50%증
		특별지역방문개호	소정의	15%증
방문입욕	방문입욕개호	간호직원1+개호직원2		1250단위/회
	가산 등	개호직원3인 경우	소정의	95%
		청식(淸拭)·부분욕	소정의	70%
		특별지역	소정의	15%
방문간호	방문간호 스테이션	30분미만		425단위/회
		30분이상 ~ 1시간 미만		830단위/회
		1시간이상 ~ 1시간 반 이하		1198단위/회
	병원 또는 진료소	30분미만		343단위/회
		30분이상 ~ 1시간 미만		550단위/회
		1시간이상 ~ 1시간 반 이하		845단위/회
	가산 등	준간호부·사인 경우	소정의	90%
		방문간호스테이션의 PT, OT		830단위/회
		야간 조기	소정의	25%증
		심야	소정의	50%증
		특별지역	소정의	15%증
		긴급시 방문간호가산(방문간호스테이션)		540단위/월
		긴급시방문간호가산(병원·진료소)		290단위/월
		특별관리가산		250단위/월
		터미널케어 가산	사망한 달에	1200단위
방문 리허빌리테이션				550단위/일
	가산	일상생활활동훈련가산		50단위/일

통소개호	단독형	3단위 이상 ~ 4단위 미만	요지원	286단위/회
			요개호1,2	354단위/회
			요개호3~5	503단위/회
		4단위 이상 ~ 6단위 미만	요지원	408단위/회
			요개호1,2	506단위/회
			요개호3~5	718단위/회
		6단위 이상 ~ 8단위 미만	요지원	572단위/회
			요개호1,2	709단위/회
			요개호3~5	1006단위/회
	병설형	3단위 이상 ~ 4단위 미만	요지원	241단위/회
			요개호1,2	307단위/회
			요개호3~5	452단위/회
		4단위 이상 ~ 6단위 미만	요지원	344단위/회
			요개호1,2	438단위/회
			요개호3~5	645단위/회
		6단위 이상 ~ 8단위 미만	요지원	482단위/회
			요개호1,2	614단위/회
			요개호3~5	903단위/회
	치매전용·단독형	3단위 이상 ~ 4단위 미만	요지원	443단위/회
			요개호1,2	511단위/회
			요개호3~5	687단위/회
		4단위 이상 ~ 6단위 미만	요지원	633단위/회
			요개호1,2	730단위/회
			요개호3~5	981단위/회
		6단위 이상 ~ 8단위 미만	요지원	886단위/회
			요개호1,2	1022단위/회
			요개호3~5	1373단위/회
	치매전용·병설형	3단위 이상 ~ 4단위 미만	요지원	373단위/회
			요개호1,2	441단위/회
			요개호3~5	616단위/회
		4단위 이상 ~ 6단위 미만	요지원	633단위/회
			요개호1,2	630단위/회
			요개호3~5	880단위/회
		6단위 이상 ~ 8단위 미만	요지원	746단위/회
			요개호1,2	882단위/회
			요개호3~5	1232단위/회
	가산 등	2시간 이상 3시간미만	3~4시간	70%
		6시간이상~8시간미만 연달아 8시간이상 9시간 미만		50단위/회
		6시간이상~8시간미만 연달아 9시간이상 10시간 미만		100단위/회

	가산 등	전속 기능훈련원 배치가산		27단위/회
		식사제공 가산		39단위/회
		송영(送迎)가산(편도)		47단위/회
		입욕개조가산		44단위/회
		특별입욕개조가산		65단위/회
통소리허빌리테이션		3시간이상~4시간미만	요지원	283단위/회
			요개호1,2	351단위/회
			요개호3~5	488단위/회
		4시간이상~6시간미만	요지원	404단위/회
			요개호1,2	500단위/회
			요개호3~5	694단위/회
		6시간이상~8시간미만	요지원	563단위/회
			요개호1,2	699단위/회
			요개호3~5	972단위/회
	가산등	2시간이상~3시간미만	3~4시간	70%
		6시간이상~8시간미만 연달아 8시간이상 9시간 미만		50단위/회
		6시간이상~8시간미만 연달아 8시간이상 10시간 미만		100단위/회
		식사제공가산		39단위/회
		송영가산(편도)		47단위/회
		입욕개조가산		44단위/회
		특별입욕개조가산		65단위/회
		운동기능검사등(노건)		550단위/회
		특별리허빌리테이션가산 (퇴원소일부터 1년이내)		130단위/회
		개별리허빌리테이션(퇴원소일부터1년)		100단위/회
거택요양 관리지도	의사, 치과의사		월2회	500단위/회
		특별히 식물인간노인 재택종합 진료과를 산정하고 있는경우	월2회	290단위/회
	약제사	병원·진료소	월2회	550단위/회
		약국(월 1회째)	월4회	500단위/회
		약구(월 2회째이후)		300단위/회
		특별약제가산		100단위/회
	관리영양사		월2회	530단위/회
	치과위생사 등	월 1회째 월 2회째이후	월4회	550단위/회 300단위/회

치매대응형 공동생활 개호		요개호1	796단위/일
		요개호2	812단위/일
		요개호3	828단위/일
		요개호4	844단위/일
		요개호5	861단위/일
	가산등	야간케어가산	71단위/일
		초기가산(30일이내)	30단위/일
특정시설 입소자 생활개호		요지원	238단위/일
		요개호1	549단위/일
		요개호2	616단위/일
		요개호3	683단위/일
		요개호4	750단위/일
		요개호5	818단위/일
		전속 기능훈련원 배치가산	12단위/일
복지용구 대여			실제 필요한 비용
	가산등	이도 등 가산(대여개시때에 한정)	렌탈료와 동액
단기입소 생활개호	단독형(개호·간호직원3:1)	요지원	831단위/일
		요개호1	875단위/일
		요개호2	946단위/일
		요개호3	1016단위/일
		요개호4	1087단위/일
		요개호5	1157단위/일
	단독형(개호·간호직원3.5:1)	요지원	765단위/일
		요개호1	799단위/일
		요개호2	854단위/일
		요개호3	909단위/일
		요개호4	964단위/일
		요개호5	1019단위/일
	단독형(개호·간호직원4.1:1)	요지원	723단위/일
		요개호1	752단위/일
		요개호2	797단위/일
		요개호3	843단위/일
		요개호4	889단위/일
		요개호5	934단위/일
	병설형(개호·간호직원3:1)	요지원	797단위/일
		요개호1	841단위/일

단기입소 생활개호	병설형(개호·간호직원3:1)		요개호2	912단위/일
			요개호3	982단위/일
			요개호4	1053단위/일
			요개호5	1123단위/일
	병설형(개호·간호직원3,5:1)		요지원	731단위/일
			요개호1	765단위/일
			요개호2	820단위/일
			요개호3	875단위/일
			요개호4	930단위/일
			요개호5	985단위/일
	병설형(개호·간호직원4.1:1)		요지원	689단위/일
			요개호1	718단위/일
			요개호2	763단위/일
			요개호3	809단위/일
			요개호4	855단위/일
			요개호5	900단위/일
	단독형소규모생활단위형		요지원	952단위/일
			요개호1	982단위/일
			요개호2	1029단위/일
			요개호3	1077단위/일
			요개호4	1125단위/일
			요개호5	1172단위/일
	병설형소규모생활단위형		요지원	918단위/일
			요개호1	948단위/일
			요개호2	995단위/일
			요개호3	1043단위/일
			요개호4	1091단위/일
			요개호5	1138단위/일
	야근체제 기준을 다하지 못할 경우 감산			97%
	가산 등	전속 기능훈련원 배치 가산		12단위/일
		송영가산(편도)		184단위/편도
단기입소 치료개호 (발췌)	노인 보건시설	(개호·간호직원3:1)	요지원	949단위/일
			요개호1	983단위/일
			요개호2	1032단위/일
			요개호3	1085단위/일
			요개호4	1139단위/일

단기입소 치료개호 (발췌)	노인 보건시설	(개호・간호직원3:1)	요개호5	1192단위/일
		(개호・간호직원3.6:1)	요지원	863단위/일
			요개호1	889단위/일
			요개호2	931단위/일
		(개호・간호직원3.6:1)	요개호3	973단위/일
			요개호4	1015단위/일
			요개호5	1057단위/일
		야근체제의 기준을 채우지 못한경우 감산		97%
		리허빌리테이션 기능강화가산		30단위/일
		문제행동이 현저한 치매성노인대응 가산		76단위/일
		송영가산(편도)		184단위/편도
		긴급시시설요영비(월1회,3일이내)		500단위/일
				진료보수점수표
	치료형 병상군 (병원)	(간호직원6:1. 개호직원4:1)	요지원	950단위/일
			요개호1	984단위/일
			요개호2	1094단위/일
			요개호3	1332단위/일
			요개호4	1433단위/일
			요개호5	1524단위/일
		(간호직원6:1. 개호직원5:1)	요지원	905단위/일
			요개호1	924단위/일
			요개호2	1033단위/일
			요개호3	1193단위/일
			요개호4	1349단위/일
			요개호5	1391단위/일
		(간호직원6:1. 개호직원6:1)	요지원	874단위/일
			요개호1	894단위/일
			요개호2	1005단위/일
			요개호3	1156단위/일
			요개호4	1313단위/일
			요개호5	1354단위/일
	(진료소)	(간호직원6:1. 개호직원6:1)	요지원	929단위/일
			요개호1	965단위/일
			요개호2	1017단위/일
			요개호3	1069단위/일
			요개호4	1120단위/일

		(간호직원6:1. 개호직원6:1)	요개호5	1172단위/일
(진료소)		(개호·간호직원3:1)	요지원	842단위/일
			요개호1	875단위/일
			요개호2	921단위/일
			요개호3	967단위/일
			요개호4	1013단위/일
			요개호5	1059단위/일
		진료소 요양형 병상군 요양환경감산(1)		50단위/일
		진료소 요양형 병상군 요양환경감산(2)		90단위/일
		송영가산(편도)		184단위/인
		특정진료비		진료보수점수표

부록2

【요개호인정 방문조사표】

| 조사는 조사대상자가 통상의 상태(조사 가능한 상태)일때에 실시해주십시오, 본인이 감기에 걸려 열이 나는 등, 통상의 상태가 아닌 경우는 재조사를 행해 주십시오. | 보험자 번호_____ | 피보험자 번호_____ |

인정 조사표 (개황조사)

I. 조사실시자 (기입자)

실시일시	평성 년 월 일	실시장소	거택내·입소(원) 시설내·기타 ( )
기입자성명		소속 기관	

II. 조사대상자

과거의인정	초회·두번째 이상 (전회인정 년 월 일)	전회인정결과		비해당 · 요지원 · 요개호( )		
대상자성명		성별	남·녀	생년월일	년 월 일	
현주소				전 화	−	−
가족등 연락처				전 화	−	−

240

/ 부 록 /

III. 현재 받고 있는 서비스 상황에 관해 체크 및 빈도를 기입해 주세요

재택이용 (과거 3개월간의 평균 횟수를 기입 복지용구 대여는 조사일, 복지용구 구입은 과거 6개월의 품목수를 기재)					
□ 방문개호 (홈헬프 서비스)	월	회	□ 복지 용구 대여		품목
□ 방문입욕개호	월	회	□ 단기 입소 생활개호 (특양)	월	회
□ 방문간호	월	회	□ 단기 입소 요양개호 (노건·진료소)		
□ 방문리허빌리테이션	월	회	□ 치매대응형 공동생활개호	월	회
□ 거택치료관리지도	월	회	□ 특정시설입소자생활개호	월	회
□ 통소개호 (데이서비스)	월	회	□ 복지용구구입		품목
□ 통소리허빌리테이션(데이케어)	월	회	□ 주택개수	있음·없음	
□ 시정촌 특별급부 (　　　　　　　　　　　)					
□ 개호보험자급부외의 재택서비스 (　　　　　　　　　　　)					

시설이용	
□ 개호노인복지시설 □ 개호노인보험시설 □ 개호요양형의료시설 □ 개호보험시설이외의 시설	시설연락처 시설명(　　　　)

IV. 조사대상자의 주소, 가족상황, 주택환경, 학대 유무 등에 대해 특기해야할 사항을 기입해 주십시오.

조사일　　년　　월　　일　　보험자번호_____　피보험자번호_____

241

【인정조사표 (기본조사)】

1-1. 마비 등의 유무에 대해 적합한 번호를 모두 ○표를 그려 주십시오.
1. 없다   2. 좌상지   3. 우상지   4. 좌하지   5. 우하지   6. 기타

1-2. 관절이 움직이는 범위의 제한 유무에 대해 적합한 번호에 모두 ○를 그려 주십시오.(복수회답가)
1. 없다.   2. 어깨관절   3. 팔꿈치관절   4. 넓적다리 관절   6. 발관절
7. 기타

2-1. 자다가 몸을 뒤척임에 대해, 적합한 번호중 하나만 ○표해 주십시오.
1. 잡지 않고도 가능하다   2. 뭔가를 잡으면 가능하다   3. 불가능하다

2-2. 자고 일어나는 행위에 대해, 적합한 번호중 하나만 ○표해 주십시오.
1. 잡지 않고도 가능하다   2. 뭔가를 잡으면 가능하다   3. 불가능하다

2-3. 양발을 붙여 앉는 상태를 유지하는 것에 대해, 적합한 번호 중 하나만 ○표해 주십시오.
1. 가능하다
2. 자신의 손으로 지탱하면 가능하다.
3. 도움을 받으면 가능하다
4. 불가능하다

2-4. 양발이 붙지 않고 앉는 상태를 유지하는 것에 대해 적합한 번호 중 하나만 ○표해 주십시오.
1. 가능하다
2. 자신의 손으로 지탱하면 가능하다.
3. 도움을 받으면 가능하다
4. 불가능하다

2-5. 양발로 서 있는 것에 대해, 적합한 번호중 하나만 ○표해 주십시오.
1. 도구 없이도 가능하다
2. 어떤 도구가 있으면 가능하다
3. 불가능하다.

2-6. 보행에 대해, 적합한 번호중 하나만 ○표해 주십시오.
1. 잡지 않아도 가능하다
2. 뭔가를 잡으면 가능하다
3. 불가능하다

2-7. 이승(移乘)에 대해, 적합한 번호중 하나만 ○표해 주십시오.
1.스스로 2. 지켜봄(개호 측의 지시를 포함) 3. 일부 도와줌 4. 전부 도와줌

3-1. 일어서는 행위에 대해, 적합한 번호중 하나만 ○표해 주십시오.
1. 잡지 않아도 가능하다
2. 뭔가를 잡으면 가능하다
3. 불가능하다

3-2. 한쪽다리로 서있는 상태를 유지하는 행위에 대해 적합한 번호중 하나만 ○표해 주십시오.
1. 도구 없이도 가능하다
2. 어떤 도구가 있으면 가능하다
3. 불가능하다.

3-3. 일반 가정용 욕조의 출입에 관해 적합한 번호중 하나만 ○표해 주십시오.
1.스스로   2.일부 도와줌   3. 전부 도와줌   4. 가지 않음

3-4. 몸을 씻는 행위에 관해, 적합한 번호중 하나만 ○표해 주십시오.
1.스스로   2.일부 도와줌   3. 전부 도와줌   4. 가지 않음

4-1. 욕창 등의 유무에 대해 적합한 번호중 하나만 ○표해 주십시오.
ア. 욕창이 있습니까?　　　　　　　　　　　　1. 없다　2. 있다
イ. 욕창이외에 처치나 관리가 필요한 피부병이 있습니까? 1. 없다　2. 있다

4-2. 한쪽의 손을 팔끝(腕元)까지 가져오는 행위에 대해, 적합한 번호중 하나만 ○표해 주십시오.
1. 가능하다
2. 도움이 있으면 가능하다
3. 불가능 하다

4-3. 삼킴에 대해 적합한 번호중 하나만 ○표해 주십시오.
1. 가능하다
2. 지켜봄(개호 측의 지시를 포함)
3. 불가능하다

4-4. 소변 또는 대변이 마려운 느낌을 의식하는 행위에 대해 적합한 번호중 하나만 ○표해 주십시오.
ア。소변　　1. 있다　　2. 때때로 있다　　3. 없다
イ。대변　　1. 있다　　2. 때때로 있다　　3. 없다

4-5. 배뇨후의 뒤처리에 대해 적합한 번호중 하나만 ○표해 주십시오.
1. 스스로　　2. 간접적 도움만으로　　3. 직접적 도움　　4. 모두 도움

4-6. 배변후의 뒤처리에 대해 적합한 번호중 하나만 ○표해 주십시오.
1. 스스로　　2. 간접적 도움만으로　　3. 직접적 도움　　4. 모두 도움

4-7. 식사섭취에 대해 적합한 번호중 하나만 ○표해 주십시오.
1.스스로　　2.지켜봄(개호측의 지시 포함)　3.일부 도움　　4.전부도움

5-1. 청결에 대해 적합한 번호중 하나만 ○표해 주십시오.

	1.스스로	2. 일부 도움	3. 전부 도움
ア。구강청결(양치등)	1	2	3
イ。세안	1	2	3
ウ。정발	1	2	3
エ。손톱깎기	1	2	3

5-2. 의복착탈에 대해 적합한 번호중 하나만 ○표해 주십시오.

	1.스스로	2. 지켜봄 (개호측의 지시를 포함)	3. 일부 도움	4. 전부 도움
ア。단추를 잠그고 품	1	2	3	4
イ。상의의 착탈	1	2	3	4
ウ。바지, 팬츠의 착탈	1	2	3	4
エ。양말의 착탈	1	2	3	4

5-3. 방 청소에 대해 적합한 번호중 하나만 ○표해 주십시오.

1. 스스로　　　　2. 일부 도움　　　　3. 전부 도움

5-4. 약의 복용에 대해 적합한 번호중 하나만 ○표해 주십시오.

1. 스스로　　　　2. 일부 도움　　　　3. 전부 도움

5-5. 금전 관리에 대해 적합한 번호중 하나만 ○표해 주십시오.

1. 스스로　　　　2. 일부 도움　　　　3. 전부 도움

5-6. 물품 분실에 대해 적합한 번호중 하나만 ○표해 주십시오.

1. 없다　　　　2. 때때로 있다　　　　3. 있다

5-7. 주위에의 무관심에 대해 적합한 번호중 하나만 ○표해 주십시오.

1. 없다　　　　2. 때때로 있다　　　　3. 있다

6-1. 시력에 대해 적합한 번호중 하나만 ○표해 주십시오.

1. 보통(일상생활에 지장이 없다)
2. 약 1미터 떨어진 시력확인표의 그림이 보인다
3. 눈앞에 놓인 시력 확인표의 그림이 보인다.
4. 거의 보이지 않는다.
5. 보이고 있는지 판단 불능

6-2. 청력에 대해 적합한 번호중 하나만 ○표해 주십시오.

1. 보통
2. 보통의 소리는 거의 들리지만, 상태가 안 좋아 가끔 잘못 듣는 경우가 있다.
3. 매우 큰 소리라면 무엇이든 들을 수 있다.
4. 거의 들리지 않는다
5. 들리고 있는지 판단 불능

6-3. 의사 전달에 대해 적합한 번호중 하나만 ○표해 주십시오.

1. 조사대상자가 의사를 타자에게 전달할 수 있다.
2. 때때로 전달 가능하다
3. 거의 전달 불가능하다
4. 불가능 하다

6-4. 개호측의 지시에 대한 반응에 대해 적합한 번호중 하나만 ○표해 주십시오.

1. 개호측의 지시가 통한다
2. 개호측의 지시가 때때로 통한다
3. 개호측의 지시가 통하지 않는다

6-5. 이해에 대해 적합한 번호중 하나만 ○표해 주십시오.

가. 매일 일과를 이해할 수 있는가	1. 가능하다	2.불가능하다
나. 생년월일이나 연령을 대답할 수 있는가	1. 가능하다	2.불가능하다
다. 면접조사 직전에 무엇을 했는지 생각나는가	1. 가능하다	2.불가능하다
라. 자신의 이름을 대답할 수 있는가	1. 가능하다	2.불가능하다
마. 현 계절을 파악할 수 있는가	1. 가능하다	2.불가능하다
바. 자신이 있는 장소를 대답할 수 있는가	1. 가능하다	2.불가능하다

7. 행동에 대해 적합한 번호중 하나만 ○표해 주십시오.

1. 물건을 도난당하는 등으로 피해본적 있는가	1. 있다	2. 때때로 있다	3. 있다
2. 말을 지어내어 주위에 소문낸 적 있는가	1. 있다	2. 때때로 있다	3. 있다
3. 실제 없는 것이 보이든지 들리던지 하는가	1. 있다	2. 때때로 있다	3. 있다
4. 울던가 웃던가 하며 감정이 불안정한적 있는가	1. 있다	2. 때때로 있다	3. 있다
5. 야간불면 또는 낮밤이 바뀌었는가	1. 있다	2. 때때로 있다	3. 있다
6. 폭언이나 폭행을 하는가	1. 있다	2. 때때로 있다	3. 있다
7. 지겹도록 같은 말을 반복하던지 불쾌한 소리를 내는가	1. 있다	2. 때때로 있다	3. 있다
8. 큰 소리를 내는가	1. 있다	2. 때때로 있다	3. 있다
9. 조언이나 도움에 저항하는가	1. 있다	2. 때때로 있다	3. 있다
10. 목적도 없이 돈 적 있는가	1. 있다	2. 때때로 있다	3. 있다
11. 「집에 돌아간다」등의 불안정한 말을 하는가	1. 있다	2. 때때로 있다	3. 있다
12. 외출하면 병원, 시설 집 등에 혼자 돌아오지 못하는가?	1. 있다	2. 때때로 있다	3. 있다
13. 혼자서 밖에 나가고 싶어 해 눈을 뗄 수 없는가	1. 있다	2. 때때로 있다	3. 있다
14. 여러 가지 물건을 모은다던지 무단으로 가져오는가?	1. 있다	2. 때때로 있다	3. 있다
15. 불 처리나 불씨의 관리가 불가능한가	1. 있다	2. 때때로 있다	3. 있다
16. 물건이나 의류를 손상하던지 부순다던지 하는가	1. 있다	2. 때때로 있다	3. 있다
17. 불쾌한 행위를 하는가	1. 있다	2. 때때로 있다	3. 있다
18. 먹지 못하는 물건을 입에 넣는가	1. 있다	2. 때때로 있다	3. 있다
19. 주위에 폐를 끼치는 성적 행동을 하는가	1. 있다	2. 때때로 있다	3. 있다

8. 과거 14일간에 받은 의료에 대해 적합한 번호를 모두 ○표하시오(복수회답가능)

처치 내용 1. 점적주사의 관리 2. 중심 정맥 영양
     3. (투석)透析   4. 스토머(인공항문)의 처치
     5. 산소요법   6. 레스피레이터(인공호흡기)
     7. 기관절개의 처치 8. 동통의 간호
     9. 경관영양 특별한 대응
     10. 모니터 측정(혈압, 심박, 산소 포화도 등)

11. 뇨창의 처치실금에의 대응
12. 카테-텔 (콘돔카테텔, 유치카테텔 등)

9. 일상생활 자립도에 대해 각각 해당하는 것에 하나만 ○표해 주십시오
장해노인의 일상생활 자립도(식물인간측도)
      정상 J1 J2 A1 A2 B1 B2 C1 C2
치매성노인의 일상생활자립도
      정상 I IIa IIb IIIa IIIb IV M

/ 부록 /

조사일   년 월 일.   보험자 번호 _____ . 피보험자 번호 _____

【인정조사표(특기사항)】

1. 마비・구축(拘縮)에 관란된 항목에 대한 표기사항
1-1 마비등의 유무   1-2 관절의 움직이는 범위 제한의 유무

2. 이동등에 관련된 항목에 대한 표기사항
2-1 뒤척임 2-2 일어남 2-3 양발을 붙여 앉는 상태를 유지 2-4 양발이 붙지 않고 앉는 상태를 유지 2-5 양발로 서 있는 것 2-6 보행 2-7 이승

3. 복잡한 동작 등에 관련된 항목에 관한 특기사항
3-1 일어서는 행위   3-2 한쪽다리로 서있는 상태를 유지
3-3 일반 가정용 욕조의 출입   3-4 몸을 씻는 행위

4. 특별한 개호 등에 관련된 항목에 대한 특기사항
4-1 목창 4-2 한쪽의 손을 팔끝(腕元)까지 가져오는 행위 4-3 삼킴 4-4 소변 대변이 마려운 느낌 4-5 배뇨후의 처리 4-6 배변후의 처리 4-7 식사섭취

5. 몸 주위의 도움 등에 관련된 항목에 관한 특기사항
5-1 청결 5-2 의복착탈 5-3 개호측의 지시에의 반응 5-4 약의 복용 5-5 방의 청소 5-6 금전 관리 5-7 물건 분실 5-8 주위에의 무관심

6. 커뮤니케이션에 관련된 항목에 대한 특기사항
6-1 시력 6-2 청력 6-3 의사의 전달 6-4 지시에의 반응 6-5 이해

7. 문제행동에 관련된 항목에 대한 특기사항
7. 행동

8. 특별한 의료에 대한 특기사항
8. 특별한 의료

부록3

일본의 개호보험법

제 1 장 총 칙

제1조(목적) 이 법률은 나이를 먹음으로써 발생하는 심신의 변화에 기인하는 질병 등에 의하여 개호가 필요한 상태가 되어 배설·입욕·식사 등의 개호, 기능 훈련, 간호, 요양상의 관리 및 기타의 의료를 필요로 하는 자에 대하여 이들이 갖고 있는 능력에 따라 자립된 일상생활을 할 수 있도록 필요한 보건 의료 서비스 및 복지 서비스에 관한 급부를 제공하기 위하여 국민의 공동 연대 이념에 의거하여 개호보험 제도를 만들고, 이를 시행하는 보험 급부등에 관한 필요한 사항을 정하여 국민의 보건 의료의 향상 및 복지의 증진을 도모함을 목적으로 한다.

제2조(개호보험) ①개호보험은 피보험자의 요개호상태(要介護状態) 및 요개호상태가 될 가능성이 있는 상태에 관하여 필요한 보험 급부를 제공하도록 한다.

②전항의 보험 급부는 요개호상태의 경감, 악화의 방지 또는 요개호상태가 되는 것을 예방하는데 도움이 되도록 하는 동시에 의료와의 연계를 충분히 고려하여 시행되어야 한다.

③제 1 항의 보험 급부는 피보험자의 심신의 상황, 놓여진 환경에 따라 피보험자의 선택에 기초하여 적절한 보건 의료 서비스 및 복지서비스가 다양한 사업자 또는 시설로부터 종합적이고 효율적으로 제공될 수 있도록 배려하여 시행되어야 한다.

④제 1 항의 보험 급부의 내용 및 수준은 피보험자가 요개호상태가 된 경우에도 가능한 한 거택에서 갖고 있는 능력에 맞게 자립된 일상생활을 할 수 있도록 배려되어야 한다.

제3조 (보험자) ①시정촌(市町村, 역주 : 우리 나라의 시읍면에 해당함) 및 특별구는 이 법률이 정하는 바에 따라 개호보험을 시행한다.

②시정촌 및 특별구는 개호보험에 관한 수입 및 지출에 대하여 정령이 정하는 바에 따라 특별회계를 설치하여야 한다.

제4조 (국민의 노력 및 의무) ①국민은 스스로 요개호상태가 되는 것을 예방

하기 위하여 나이를 먹음으로써 발생하는 심신의 변화를 자각하고 항상 건강을 유지 증진하도록 노력하는 동시에 요개호상태가 된 경우에도 재활훈련 및 기타 적절한 보건 의료 서비스와 복지 서비스를 이용함으로써 갖고 있는 능력의 유지 향상을 위하여 노력하여야 한다.

②국민은 공동연대라는 이념에 기초하여 개호보험 사업에 필요한 비용을 공평하게 부담한다.

제5조 ①국가는 개호보험 사업의 운영이 건전하고 원활하게 이루어질 수 있도록 보건 의료 서비스 및 복지 서비스를 제공하기 위한 체제 확보에 관한 시책 및 기타 필요한 제반 조치를 강구하여야 한다.

②도도부현(都道府県, 역주 : 우리 나라의 특별시, 광역시 및 각 도에 해당함)은 개호보험 사업이 건전하고 원활하게 시행되도록 필요한 지도 및 적절한 원조를 하여야 한다.

제6조(의료보험자의 협력) 의료보험자는 개호보험 사업이 건전하고 원활하게 시행되도록 협력하여야 한다.

제7조(정의) ①이 법률에서 "요개호상태"라 함은 신체상 또는 정신상의 장애가 있어 입욕·배설·식사등 일상생활의 기본적인 동작의 전부 또는 일부에 대하여 후생노동성령으로 정한 기간중에 계속하여 상시 개호가 필요할 것으로 예상되는 상태로서 개호의 필요 정도에 따라 후생노동성령으로 정한 구분(이하 "요개호상태 구분"이라 한다)중의 어느 하나에 해당하는 것을 말한다.

②이 법률에서 "요개호상태가 될 가능성이 있는 상태"라 함은 신체상 또는 정신상의 장애가 있어 후생노동성령으로 정한 기간중에 계속하여 일상생활을 하는데 지장이 있을 것으로 예상되는 상태(후생노동성령으로 정하는 정도의 것에 한한다)로서 요개호상태 이외의 상태를 말한다.

③이 법률에서 "요개호자(要介護者)"라 함은 다음 각호의 1에 해당하는 자를 말한다.

1. 요개호상태에 있는 65세 이상의 자
2. 요개호상태에 있는 40세 이상 65세 미만의 자로서 요개호상태의 원인인 신체상 또는 정신상의 장애가 나이를 먹음으로써 발생하는 심신의 변화에 기인하는 질병으로 정령이 정하는 것(이하 "특정질병"이라 한다)에 의하여 발생한 것인 자

④이 법률에서 "요지원자(要支援者)"라 함은 다음 각호의 1에 해당하는 자를

말한다.
1. 요개호상태가 될 가능성이 있는 65세 이상의 자
2. 요개호상태가 될 가능성이 있는 40세 이상 65세 미만의 자로서 요개호상태가 될 가능성이 있는 상태의 원인인 신체상 또는 정신상의 장애가 특정 질병에 의하여서 발생한 것인 자

⑤ 이 법률에서 "거택(居宅) 서비스"라 함은 방문개호, 방문입욕개호, 방문간호, 방문 재활훈련, 거택요양관리지도, 통원개호, 통원 재활훈련, 단기입소생활개호, 단기입소요양개호, 치매대응형공동생활개호, 특정시설입소자생활개호 및 복지용구대여를 말하며 "거택 서비스 사업"이라 함은 거택 서비스를 행하는 사업을 말한다.

⑥ 이 법률에서 "방문개호(訪問介護)"라 함은 요개호자 또는 요지원자(이하 "요개호자등"이라 한다)로서 거택{노인복지법(1963년 법률제133호) 제20조의 6에서 규정한 경비(輕費) 노인시설, 동법 제29조제 1 항에서 규정한 유료 노인시설(제16항에서는 단순히 유료 노인시설이라 한다)} 및 후생노동성령으로 정한 시설의 거실을 포함한다. 이하 같음}에서 개호를 받는 자(이하 "거택요개호자등"이라 한다)에 대하여 그 자의 거택에서 개호복지사, 기타 정령으로 정한 자에 의한 입욕, 배설, 식사등의 개호, 기타 일상생활상의 도움으로서 후생노동성령으로 정한 것을 말한다.

⑦ 이 법률에서 "방문입욕개호(訪問入浴介護)"라 함은 거택요개호자등에 대하여 그 자의 거택을 방문하여 욕조를 제공하여 시행하는 입욕 개호를 말한다.

⑧ 이 법률에서 "방문간호(訪問看護)"라 함은 거택요개호자등(주치의가 치료의 필요 정도에 대하여 후생노동성령으로 정하는 기준에 적합하다고 인정한 자에 한한다)에 대하여 그 자의 거택에서 간호사, 기타 후생노동성령으로 정한 자에 의한 치료상의 도움 또는 필요한 진료 보조를 말한다.

⑨ 이 법률에서 "방문 재활훈련"이라 함은 거택요개호자등(주치의가 치료의 필요 정도에 대하여 후생노동성령으로 정한 기준에 적합하다고 인정한 것에 한한다)에 대하여 그 사람의 거택에서 심신 기능의 유지 회복을 도모하고, 일상생활의 자립을 도와주는 이학적(理学的) 요법, 작업 요법, 기타 필요한 재활훈련을 말한다.

⑩ 이 법률에서 "거택요양관리지도(居宅療養管理指導)"라 함은 거택요개호자등에 대하여 병원, 진료소 또는 약국의 의사, 치과 의사, 약제사, 기타 후생

노동성령으로 정하는 자에 의하여 행하여지는 요양상의 관리 및 지도로서 후생노동성령으로 정한 것을 말한다.
⑪이 법률에서 "통원개호(通院介護)"라 함은 거택요개호자등에 대하여 노인복지법 제 5 조의 2 제 3 항에 규정하는 후생노동성령으로 정한 시설 또는 동법 제20조의 2의 2에 규정하는 노인 데이 서비스 센터에 다니게 하고 당해 시설에서 입욕 및 식사 제공(이에 수반되는 개호를 포함한다)과 기타 일상생활상의 도움으로서 후생노동성령으로 정한 것 및 기능훈련을 행하는 것을 말한다.
⑫이 법률에서 "통원 재활훈련"이라 함은 거택요개호자등(주치의가 치료의 필요 정도에 대하여 후생노동성령으로 정하는 기준에 적합하다고 인정한 것에 한한다)에 대하여 개호노인보건시설, 병원, 진료소, 기타 후생노동성령으로 정하는 시설에 다니게 하고 당해 시설에서 심신 기능의 유지 회복을 도모하고 일상생활의 자립을 돕기 위하여 행하는 이학 요법, 작업 요법, 기타 필요한 재활훈련을 행하는 것을 말한다.
⑬이 법률에서 "단기입소 생활개호(短期入所 生活介護)"라 함은 거택요개호자등에 대하여 노인복지법 제 5 조의 2 제 4 항에 규정한 후생노동성령으로 정하는 시설 또는 동법 제20조의 3에서 규정한 노인 단기입소시설에 단기간 입소시켜 당해 시설에서 입욕, 배변, 식사등의 개호, 기타 일상생활상의 도움 및 기능 훈련을 행하는 것을 말한다.
⑭이 법률에서 "단기입소 요양개호(短期入所療養介護)"라 함은 거택요개호자등(치료의 필요 정도에 대하여 후생노동성령으로 정하는 기준에 적합하다고 인정한 것에 한한다)에 대하여 개호노인보건시설, 개호요양형 의료시설, 기타 후생노동성령으로 정하는 시설에 단기간 입소시켜 당해 시설에서 간호, 의학적 관리하의 개호 및 기능 훈련, 기타 필요한 의료 및 일상생활상의 도움을 주는 것을 말한다.
⑮이 법률에서 "치매대응형 공동생활개호(痴呆対応型 共同生活介護)"라 함은 요개호자로서 치매 상태에 있는 자(당해 치매를 수반하며 현저한 정신 증상을 보이는 자, 당해 치매를 수반하며 현저한 행동 이상이 있는 자 및 그 자의 치매의 원인이 된 질환이 급성 상태에 있는 자를 제외한다)에 대하여 공동생활을 하기 위한 주거에서 입욕, 배변, 식사등의 개호, 기타 일상생활상의 도움과 기능 훈련을 행하는 것을 말한다.
이 법률에서 "특정시설입소자 생활개호(特定施設入所者 生活介護)"라 함은 유

료 노인시설, 기타 후생노동성령으로 정하는 시설(이하 이 항에서 "특정 시설"이라 한다)에 입소하고 있는 요개호자등에 대하여 당해 특정 시설이 제공하는 서비스의 내용, 이를 담당하는 자, 기타 후생노동성령으로 정하는 사항을 규정한 계획에 기초하여 행하여지는 입욕, 배변, 식사등의 개호, 기타 일상생활상의 도움으로서 후생노동성령으로 정하는 것, 기능훈련 및 요양상의 도움을 말한다.

이 법률에서 "복지용구대여(福祉用具貸与)"라 함은 거택요개호자등에 대하여 이루어지는 복지 용구(심신의 기능이 저하되어 일상생활을 하는데 지장이 있는 요개호자등의 일상생활상의 편의를 제공하기 위한 용구 및 요개호자 등의 기능 훈련을 위한 용구로서 요개호자등의 일상생활상의 자립을 돕기 위한 것을 말하며 제44조제 1 항에서도 같음) 중 후생노동대신이 정한 것의 대여를 말한다.

이 법률에서 "거택개호지원(居宅介護支援)"이라 함은 거택요개호자등이 제41조제 1 항에서 규정하는 지정거택지원(指定居宅支援) 서비스 또는 특례거택지원(特例居宅支援) 서비스 또는 이에 상당한 서비스, 기타 거택에서 일상생활을 하기 위하여 필요한 보건 의료 서비스 또는 복지 서비스(이하 이 항에서 "지정거택 서비스등"이라 한다)의 적절한 이용이 가능하도록 당해 거택요개호자등의 의뢰를 받아 심신의 상황, 놓여진 환경, 당해 거택요개호자등 및 그 가족의 희망등을 감안하여 이용하는 지정거택 서비스등의 종류 및 내용, 이를 담당하는 자, 기타 후생노동성령으로 정하는 사항을 규정한 계획(이하 이 항에서 "거택 서비스 계획"이라 한다)을 작성하는 동시에 당해 거택 서비스 계획에 기초한 지정 거택 서비스 사업자, 기타 관계자와의 연락 조정, 기타 편의를 제공하고, 당해 거택요개호자등이 개호보험 시설에의 입소를 필요로 하는 경우에는 개호보험 시설에의 입소를 소개하거나 기타 편의를 제공하는 것을 말하고, "거택개호지원사업"이라 함은 거택개호를 지원하는 사업을 말한다.

이 법률에서 "개호보험시설(介護保險施設)"이라 함은 제48조제 1 항제 1 호에 규정하는 지정개호노인복지시설, 개호노인보건시설 및 동항 제 3 호에 규정하는 지정개호요양형 의료시설을 말한다.

이 법률에서 "시설 서비스"라 함은 개호복지시설서비스, 개호보건시설서비스 및 개호요양시설서비스를 말하고, "시설서비스계획"이라 함은 개호노인복지시설, 개호노인보건시설 또는 개호요양형 의료시설에 입소하고 있는 요

/ 부록 /

개호자에 대하여 이들 시설이 제공하는 서비스의 내용, 이를 담당하는 자, 기타 후생노동성령으로 정하는 사항을 규정한 계획을 말한다.
이 법률에서 "개호노인복지시설(介護老人福祉施設)"이라 함은 노인복지법 제20조의 5에 규정하는 특별양호노인시설로서 당해 특별양호노인시설에 입소한 요개호자에 대하여 시설서비스계획에 의거하여 입욕, 배설, 식사등의 개호, 기타 일상생활상의 도움, 기능훈련, 건강관리 및 요양상의 도움을 주는 것을 목적으로 하는 시설을 말하고, "개호복지시설(介護福祉施設) 서비스"라 함은 개호노인복지 시설에 입소한 요개호자에 대하여 시설서비스 계획에 의거하여 행하는 입욕, 배설, 식사등의 개호, 기타 일상생활상의 도움, 기능훈련, 건강관리 및 요양상의 도움을 말한다.
이 법률에서 "개호노인보건시설(介護老人保健施設)"이라 함은 요개호자(치료의 필요 정도에 대하여 후생노동성령으로 정한 것에 한한다. 이하 이 항에서 같음)에 대하여 시설서비스계획에 의거하여 간호, 의학적 관리하의 개호와 기능훈련, 기타 필요한 의료 및 일상생활상의 도움을 주는 것을 목적으로 하는 시설로서 제49조제 1 항의 도도부현 지사의 허가를 받은 것을 말하고, "개호보건시설 서비스"라 함은 개호노인보건시설에 입소한 요개호자에 대하여 시설 서비스 계획에 의거하여 이루어지는 간호, 의학적 관리하의 개호와 기능훈련, 기타 필요한 의료 및 일상생활상의 도움을 말한다.
이 법률에서 "개호요양형 의료시설(介護療養型医療施設)"이라 함은 요양 병상등(의료법(1945년 법률제205호) 제 7 조제 2 항제 4 호에 규정하는 요양 병상 중 요개호자의 심신의 특성에 맞는 적절한 간호가 이루어지는 것으로서 정령이 정하는 것 또는 요양 병상 이외의 병원의 병상 중 치매 상태에 있는 요개호자의 심신의 특성에 맞는 적절한 간호가 이루어지는 것으로서 정령이 정하는 것에 한하며, 이하 같음)에 대하여 시설서비스계획에 의거하여 요양상의 관리, 간호, 의학적 관리하의 개호, 기타의 도움 및 기능훈련, 기타 필요한 의료 제공을 목적으로 하는 시설을 말하고, "개호요양시설 서비스"라 함은 개호요양형 의료시설의 요양 병상등에 입원한 요개호자에 대하여 시설서비스계획에 의거하여 행하여지는 요양상의 관리, 간호, 의학적 관리하의 개호, 기타의 도움 및 기능훈련, 기타 필요한 의료를 말한다.
이 법률에서 "의료보험 각법(医療保険 各法)"이라 함은 다음의 법률을 말한다.
1. 건강보험법(1922년 법률제70호)

255

2. 선원보험법(1939년 법률제73호)
3. 국민건강보험법(1958년 법률제192호)
4. 국가공무원공제조합법(1958년 법률제128호)
5. 지방공무원등공제조합법(1962년 법률제152호)
6. 사립학교교직원공제법(1953년 법률제245호)

이 법률에서 "의료보험자(医療保険者)"라 함은 의료보험 각법의 규정에 의하여 의료에 관한 급부를 제공하는 정부, 건강보험조합, 시정촌(市町村; 특별구를 포함함), 국민건강보험조합, 공제조합 또는 일본사립학교진흥·공제사업단을 말한다.

이 법률에서 "의료보험가입자(医療保険加入者)"라 함은 다음의 자를 말한다.

1. 건강보험법의 규정에 의한 피보험자. 다만, 동법 제69조의 7의 규정에 의한 일용직 특례피보험자를 제외한다.
2. 선원보험법의 규정에 의한 피보험자
3. 국민건강보험법의 규정에 의한 피보험자
4. 국가공무원공제조합법 또는 지방공무원등공제조합법에 의한 공제조합의 조합원
5. 사립학교교직원공제법의 규정에 의한 사립학교 교직원 공제제도의 가입자
6. 건강보험법, 선원보호법, 국가공무원공제조합법(기타 법률에서 준용하는 경우를 포함한다) 또는 지방공무원등공제조합법의 규정에 의한 피부양자. 다만, 건강보험법 제69조의 7의 규정에 의한 일용직 특례피보험자의 동법 규정에 의한 피부양자를 제외한다.
7. 건강보험법 제69조의 9의 규정에 의하여 일용직 특례피보험자수첩의 교부를 받아, 그 수첩에 건강보험 인지를 부착할 여백이 없어질 때까지 이른 자 및 동법의 규정에 의한 그 피부양자. 다만, 동법 제69조의 8의 규정에 의한 승인을 얻고 동법 제69조의 7의 규정에 의한 일용직 특례피보험자가 되지 않은 기간내에 있는 자 및 동법 제69조의 9 제 3 항의 규정에 의하여 일용직 특례피보험자 수첩을 반납한 자 및 동법의 규정에 의한 그 피부양자를 제외한다.

제8조 삭제

제 2 장 피보험자

제9조(피보험자) 다음 각호에 해당하는 자를 시정촌(市町村) 또는 특별구(이하 "시정촌"이라 한다)가 시행하는 개호보험의 피보험자로 한다.
1. 시정촌의 구역내에 주소를 갖는 65세 이상의 자(이하 "제1호피보험자"라 한다)
2. 시정촌의 구역내에 주소를 갖는 40세 이상 65세미만의 의료보험 가입자 (이하 "제2호피보험자"라 한다)

제10조(자격 취득의 시기) 전조의 규정에 의한 당해 시정촌이 시행하는 개호보험의 피보험자는 다음 각호의 1에 해당하는 날부터 그 자격을 취득한다.
1. 당해 시정촌의 구역내에 주소를 갖는 의료보험 가입자가 40세에 달하는 때
2. 40세 이상 65세 미만의 의료보험 가입자 또는 65세 이상의 자가 당해 시정촌의 구역내에 주소를 갖게 되는 때
3. 당해 시정촌의 구역내에 주소를 갖는 40세 이상 65세 미만의 자가 의료보험 가입자가 되는 때
4. 당해 시정촌의 구역내에 주소를 갖는 자(의료보험 가입자를 제외한다)가 65세에 달하는 때

제11조(자격 상실의 시기) ①제 9 조의 규정에 의한 당해 시정촌이 시행하는 개호보험의 피보험자는 당해 시정촌의 구역내에 주소를 갖지 아니하게 된 익일부터 그 자격을 상실한다. 다만, 당해 시정촌의 구역내에 주소를 갖지 아니하게 된 날 다른 시정촌의 구역내에 주소를 갖게 되는 때에는 그날부터 그 자격을 상실한다.
②제2호피보험자는 의료보험 가입자가 아닌 날부터 그 자격을 상실한다.

제12조(신고등) ①제1호피보험자는 후생노동성령이 정하는 바에 따라 피보험자의 자격 취득 및 상실에 관한 사항, 기타 필요한 사항을 시정촌에 신고하여야 한다. 다만, 제10조제 4 호에 해당하게 되어 피보험자의 자격을 취득하는 경우(후생노동성령으로 정하는 경우를 제외한다)에는 그러하지 아니하다.
②제1호피보험자가 속한 세대의 세대주는 그 세대에 속한 제1호피보험자 대신에 당해 제1호피보험자에 관한 전항의 규정에 의한 신고를 할 수가 있다.
③피보험자는 시정촌에 대하여 당해 피보험자에 관한 피보험자증의 교부를

청구할 수가 있다.
④피보험자는 그 자격을 상실했을 때 후생노동성령으로 정한 바에 따라 신속하게 피보험자증을 반납하여야 한다.
⑤주민기본대장법(1967년 법률제81호) 제22조 내지 제25조의 규정에 의한 신고가 있을 때(당해 신고와 관련한 서면에 동법 제28조의 2의 규정에 의한 부기(附記)가 된 경우에 한한다)에는 그 신고와 동일한 사유에 따른 제 1 항 본문의 규정에 의한 신고가 있은 것으로 간주한다.
⑥전 각항에 규정한 것 이외에 피보험자에 관한 신고 및 피보험자증에 관하여 필요한 사항은 후생노동성령으로 정한다.

제13조 ①개호보험시설에 입소함으로써 당해 개호보험시설이 소재하는 장소에 주소를 변경한 것으로 인정된 피보험자로서 당해 개호보험시설에 입소했을 때 다른 시정촌(당해 개호보험시설이 소재하는 시정촌 이외의 시정촌을 말한다)의 구역내에 주소를 갖고 있는 것으로 인정된 자는 제 9 조의 규정에 관계없이 당해 다른 시정촌이 시행하는 개호보험의 피보험자가 된다. 다만, 2이상의 개호보험시설에 계속하여 입소하고 있는 피보험자로서 현재 입소하고 있는 개호보험시설(이하 이 항에서는 "현재입소시설"이라 한다) 및 현재입소시설에 각각 입소함으로써 직전입소시설 및 현재입소시설이 소재하는 장소로 순차적으로 주소를 변경한 것으로 인정된 자(다음 항에서는 "특정계속입소피보험자"라 한다)에 대하여는 그러하지 아니하다.
②특정계속입소피보험자 중 다음 각호에 언급하는 자는 제 9 조의 규정에 관계없이 당해 각호에 정하는 시정촌이 시행하는 개호보험의 피보험자로 한다.
1. 계속하여 입소하고 있는 2이상의 개호보험시설에 각각 입소함으로써 각 개호보험시설이 소재하는 장소에 순차적으로 주소를 변경한 것으로 인정된 피보험자로서 당해 2이상의 개호보험시설 중 최초의 개호보험시설에 입소했을 때 다른 시정촌(현재 입소시설이 소재하는 시정촌 이외의 시정촌을 말한다)의 구역내에 주소를 갖고 있었다고 인정되는 자
2. 계속하여 입소하고 있는 2이상의 개호보험시설 중 한 개호보험시설로부터 다른 개호보험시설에 계속하여 입소(이하 이 호에서는 "계속입소"라 한다)함으로써 당해 하나의 개호보험시설이 소재하는 장소 이외의 장소로부터 당해 다른 개호보험시설이 소재하는 장소로의 주소 변경(이하 이 호에서는 "특정주소변경"이라 한다)을 했던 것으로 인정된 피보험자로서 마지막으로

한 특정주소변경과 관련한 계속입소시 다른 시정촌(현재 입소시설이 소재
하는 시정촌 이외의 시정촌을 말한다)의 구역내에 주소를 갖고 있었던 것
으로 인정된 자
③전 2항의 규정을 적용받는 피보험자가 입소하고 있는 개호보험시설은 당
해 개호보험시설이 소재하는 시정촌 및 당해 피보험자에 대하여 개호보험
을 시행하는 시정촌에 필요한 협력을 하여야 한다.

제 3 장 개호인정심사회

제14조(개호인정심사회) 제38조제 2 항에 규정하는 심사 판정 업무를 위하여
시정촌에 개호인정심사회(이하 "인정심사회"라 한다)를 둔다.

제15조(위원) ①인정심사회 위원의 정수는 정령이 정하는 기준에 따라 조례로
정하는 수로 한다.
　②위원은 요개호자등의 보건, 의료 또는 복지에 관한 학식 경험을 갖는 자
중에서 시정촌장(특별구에서는 구장)이 임명한다.

제16조(공동설치의 지원) ①도도부현은 인정심사회에 대하여 지방자치법(1947
년 법률제67호) 제252조의 7 제 1 항의 규정에 의한 공동설치를 하고자
하는 시정촌의 요구를 받아들여 시정촌 상호간의 필요한 조정을 할 수 있
다.
　②도도부현은 인정심사회를 공동으로 설치한 시정촌에 대하여 그 원활한 운
영이 확보될 수 있도록 필요한 기술적인 조언, 기타 원조를 할 수 있다.

제17조 이 법률로 정하는 것 이외에 인정심사회에 관한 필요한 사항은 정령으
로 정한다.

제 4 장 보험급부

제1절 통 칙

제18조(보험급부의 종류) 이 법률에 의한 보험급부는 다음에 열거하는 보험급
부로 한다.
 1. 피보험자의 요개호상태에 관한 보험급부(이하 "개호급부"라 한다)
 2. 피보험자가 요개호상태가 될 가능성이 있는 상태에 관한 급부(이하 "예방
급부"라 한다)
 3. 전 2호에 언급한 것 외에 요개호상태의 경감이나 악화 방지 또는 요개호

상태가 되는 것을 예방하는데 도움이 되는 보험급부로 조례에 정하는 것 (제 5 절에서 "시정촌 특별급부"라 한다)

제19조(시정촌의 인정) ①개호급부를 받고자 하는 피보험자는 요개호자에 해당한다는 것 및 그 해당하는 요개호상태구분에 대하여 시정촌의 인정(이하 "요개호인정"이라 한다)을 받아야 한다.

②예방급부를 받고자 하는 피보험자는 요지원자에 해당한다는 것에 대하여 시정촌의 인정(이하 "요지원인정"이라 한다)을 받아야 한다.

제20조(타법령에 의한 급부와의 조정) 개호급부 또는 예방급부(이하 "개호급부등"이라 한다)는 당해 요개호상태 또는 요개호상태가 될 가능성이 있는 상태(이하 "요개호상태등"이라 한다)에 대하여 노동자재해보상보험법(1947년 법률제50호)의 규정에 의한 요양보상급부, 요양급부 또는 기타 법령에 의한 급부로서 정령이 정하는 것 중에서 개호급부등에 상당하는 것을 받을 수 있을 때에는 정령이 정하는 한도내에서 또는 당해 정령으로 정한 급부 이외의 급부로서 국가 또는 지방공공단체의 부담으로 개호급부등에 상당하는 것이 지급되는 때에는 그 한도내에서 지급하지 아니한다.

제21조 (손해배상청구권) ①시정촌은 급부 사유가 제3자의 행위에 의하여 발생한 경우에 보험급부를 지급한 때에는 지급한 보험급부 가액(價額)의 한도내에서 피보험자가 제3자에 대하여 갖는 손해배상청구권을 취득한다.

②전항에 규정하는 경우에 보험급부를 받아야 할 자가 제3자로부터 동일한 사유로 손해배상을 받은 때에는 시정촌은 그 가액의 한도내에서 보험급부를 지급할 책임을 면한다.

③시정촌은 제 1 항의 규정에 의하여 취득한 청구권에 관한 손해배상금의 징수 또는 수납의 사무를 국민건강보험법 제45조제 5 항의 규정에 의한 국민건강보험단체연합회(이하 "연합회"라 한다)로 후생노동성령이 정하는 곳에 위탁할 수 있다.

제22조(부정이득의 징수등) ①허위, 기타 부정행위로 보험 급부를 받은 자가 있을 경우 시정촌은 그 자로부터 급부 가액(價額)의 전부 또는 일부를 징수할 수 있다.

②전항에 규정하는 경우에 방문간호, 방문 재활훈련, 통원 재활훈련, 단기입소 요양개호에 대하여 치료가 필요한 정도에 대하여 진단하는 의사, 기타 거택 서비스 또는 이에 상당하는 서비스나 시설 서비스에 종사하는 의사 또는 치과의사가 시정촌에 제출하여야 하는 진단서에 허위로 기재했기 때

/ 부 록 /

문에 보험 급부가 지급된 때에는 시정촌은 당해 의사 또는 치과의사에 대하여 보험급부를 받은 자와 연대하여 동항의 징수금을 납부할 것을 명할 수 있다.
③시정촌은 제41조제 1 항에 규정하는 지정거택서비스사업자, 제46조제 1 항에 규정하는 지정거택개호지원사업자 또는 개호보험시설(이하 이 항에서 "지정거택서비스사업자등"이라 한다)이 허위, 기타 부정행위로 제41조제 6 항(제53조제 4 항에서 준용하는 경우를 포함한다), 제46조제 4 항(제58조제 4 항에서 준용하는 경우를 포함한다) 또는 제48조제 5 항의 규정에 의한 지불을 받았을 때에는 당해 지정거택서비스사업자등에 대하여 지불한 금액을 반환시키거나 반환되는 금액에 100분의 40을 곱한 금액을 지불하게 할 수 있다.

제23조(문서의 제출등) 시정촌은 보험 급부에 필요하다고 인정되는 경우 당해 보험 급부를 받은 자 또는 당해 보험 급부에 관한 거택서비스(이에 상당하는 서비스를 포함한다), 거택개호지원(이에 상당한 서비스를 포함한다) 또는 는 시설서비스를 담당하는 자, 보험 급부에 관한 제44조제 1 항에 규정하는 특정복지용구를 판매하는 자 또는 보험 급부에 관한 제45조제 1 항에 규정하는 주택개수를 하는 자에 대하여 문서 또는 다른 물건의 제출 또는 제시를 요구하거나 의뢰 또는 당해 직원에게 질문이나 조회를 하게 할 수 있다.

제24조(장부서류의 제시등) ①후생노동장관 또는 도도부현 지사는 개호급부등(거택개호복지용구구입비의 지급 및 거택개호주택개수비의 지급 및 거택지원복지용구구입비의 지급 및 거택지원주택개수비의 지급을 제외한다. 다음 항 및 제208조에서도 같음)에 관하여 필요하다고 인정될 경우 거택서비스(이에 상당하는 서비스를 포함한다), 거택개호지원(이에 상당한 서비스를 포함한다) 또는 시설서비스(이하 "거택서비스등"이라 한다)를 제공한 자, 또는 이를 사용한 자에 대하여 이루어진 거택서비스등에 관한 보고 또는 당해 거택서비스등을 제공한 기록, 장부 서류, 기타 물건의 제시를 명하거나 당해 직원으로 하여금 질문하게 할 수 있다.
②후생노동장관 또는 도도부현 지사는 필요하다고 인정한 때에는 개호급부등을 받은 피보험자 또는 피보험자였던 자에 대하여 당해 개호급부등에 관한 거택서비스등(이하 "개호급부등 대상 서비스"라 한다)의 내용에 관한 보고를 명하거나 당해 직원으로 하여금 질문하게 할 수 있다.

③전 2항의 규정에 의하여 질문을 하는 경우 당해 직원은 신분을 확인할 수 있는 증명서를 휴대하고, 관계자의 청구가 있을 때에는 이를 제시하여야 한다.

④제 1 항 및 제 2 항의 규정에 의한 권한은 범죄수사를 위하여 인정된 것으로 해석해서는 아니 된다.

제25조(수급권의 보호) 보험급부를 받는 권리는 양도, 담보로 제공하거나 압류할 수 없다.

제26조(조세 및 기타 공과의 금지) 조세 및 기타 공과는 보험급부로서 지급받은 금품을 표준으로 부과할 수 없다.

제2절 인 정

제27조(요개호인정) ①요개호인정을 받고자 하는 피보험자는 후생노동성령이 정하는 바에 따라 신청서에 피보험자증을 첨부하여 시정촌(市町村)에 신청하여야 한다. 이 경우에 당해 피보험자는 후생노동성령이 정하는 바에 따라 제46조제 1 항에 규정하는 지정거택개호지원사업자 또는 개호보험시설(이하 본조 및 제32조제 1 항에서 "지정거택개호지원사업자등"이라 한다)에 당해 신청에 관한 절차를 대행하게 할 수 있다.

②시정촌은 전항의 신청이 있는 경우 당해 직원으로 하여금 당해 신청과 관련한 피보험자를 면접시켜 심신의 상황, 처해있는 환경, 기타 후생노동성령으로 정하는 사항에 대하여 조사하게 하도록 한다. 이 경우에 시정촌은 당해 조사를 지정거택개호지원사업자등에게 위탁할 수 있다.

③전항 후단의 규정에 따라 위탁을 받은 지정거택개호지원사업자등은 제79조제 2 항제 2 호에 규정하는 개호지원전문원(介護支援專門員), 기타 후생노동성령이 정하는 자에게 당해 위탁에 관한 조사를 하게 하도록 한다.

④제 2 항 후단의 규정에 의하여 위탁을 받은 지정거택개호지원사업자등의 임원 및 전항의 개호지원전문원, 기타 후생노동성령이 정하는 자 또는 이러한 직에 있었던 자는 정당한 이유 없이 당해 위탁 업무에 관하여 알게 된 개인의 비밀을 누설하여서는 아니 된다.

⑤제 2 항 후단의 규정에 의하여 위탁을 받은 지정거택개호지원사업자등의 임원 또는 제 3 항의 개호지원전문원, 기타 후생노동성령이 정하는 자로 당해 위탁업무에 종사하는 자는 형법(1907년 법률제40호), 기타 벌칙의 적용에 있어서는 법령에 따라 공무에 종사하는 직원으로 간주한다.

⑥시정촌은 제 1 항의 신청이 있을 때에는 당해 신청과 관련한 피보험자의

주치의에게 당해 피보험자의 신체상 또는 정신상의 장애의 원인인 질병 또는 부상의 정도등에 대하여 의견을 구하도록 한다. 다만, 당해 피보험자의 주치의가 없는 경우, 기타 의견을 구하기가 곤란한 때에는 시정촌은 당해 피보험자에게 지정하는 의사 또는 당해 직원으로서 의사인 자의 진단을 받도록 명할 수 있다.
⑦시정촌은 제 2 항의 조사 결과, 전항의 주치의의 의견 또는 지정하는 의사나 당해 직원으로서 의사인 자의 진단 결과, 기타 후생노동성령이 정하는 사항을 인정심사회에 통지하고, 제 1 항의 신청과 관련한 피보험자에 대하여 다음 각호에 언급하는 피보험자의 구분에 따라 당해 각호에 정하는 사항에 관한 심사 및 판정을 구하도록 한다.
1. 제1호피보험자 요개호상태에 해당한다는 것과 그 해당하는 요개호상태 구분
2. 제2호피보험자 요개호상태에 해당한다는 것과 그 해당하는 요개호상태 구분 및 요개호상태의 원인인 신체상 또는 정신상의 장애가 특정질병에 의하여 발병된 것이라는 것
⑧인정심사회는 전항의 규정에 의하여 심사 및 판정을 요구받을 때에는 후생노동장관이 정하는 기준에 따라 당해 심사 및 판정에 관련한 피보험자에 대하여 동항 각호에서 규정한 사항의 심사 및 판정을 하고, 그 결과를 시정촌에 통지하도록 한다. 이 경우에 인정심사회는 필요하다고 인정하는 경우 다음에 언급하는 사항에 대하여 시정촌에 의견을 제시할 수 있다.
1. 당해 피보험자의 요개호상태의 경감 또는 악화 방지에 필요한 요양 사항
2. 제41조제 1 항에 규정하는 지정거택서비스 또는 제48조제 1 항에 규정하는 지정시설서비스등의 적절하고 유효한 이용등에 관하여 당해 피보험자가 유의하여야 할 사항
⑨인정심사회는 전항 전단의 심사 및 판정을 함에 있어서 필요한 때에는 당해 심사회 및 판정에 관련된 피보험자와 그 가족, 제 6 항의 주치의, 기타 관련자의 의견을 들을 수 있다.
⑩시정촌은 제 8 항 전단의 규정에 의하여 통지된 인정심사회의 심사 및 판정 결과에 의거하여 요개호인정을 한 때에는 그 결과를 당해 요개호인정에 관련된 피보험자에게 통지하여야 한다. 이 경우에 시정촌은 다음에 언급하는 사항을 당해 피보험자의 피보험자증에 기재하고 되돌려주도록 한다.
1. 해당하는 요개호상태 구분

2. 제 8 항제 2 호에 언급하는 사항과 관련한 인정심사회의 의견
⑪요개호인정은 신청이 있는 날부터 소급하여 효력이 발생한다.
⑫시정촌은 제 8 항 전단의 규정에 의하여 통지된 인정심사회의 심사 및 판정의 결과에 의거하여 요개호자에 해당하지 아니한다고 인정한 때에는 그 이유를 첨부하여 그 취지를 제 1 항의 신청과 관련한 피보험자에게 통지하는 동시에 당해 피보험자의 피보험자증을 되돌려주도록 한다.
⑬시정촌은 제 1 항의 신청과 관련한 피보험자가 정당한 이유 없이 제 2 항의 규정에 의한 조사에 응하지 아니할 때 또는 제 6 항 단서 규정에 의한 진단 명령에 따르지 아니할 때에는 제 1 항의 신청을 각하할 수 있다.
⑭제 1 항의 신청에 대한 처분은 당해 신청이 있는 날부터 30일 이내에 하여야 한다. 다만, 당해 신청과 관련한 피보험자의 심신의 상황 조사에 시간이 필요하다는 등의 특별한 이유가 있을 경우에는 당해 신청이 있는 날부터 30일 이내에 당해 피보험자에 대하여 당해 신청에 대한 처분을 하는데 더 필요한 시간(다음 항에서 "처리예정기간"이라 한다) 및 그 이유를 통지하며 이를 연기할 수 있다.
⑮제 1 항의 신청을 한 날부터 30일 이내에 당해 신청에 대한 처분이 이루어지지 아니하거나 전항 단서의 통지가 없을 때 또는 처리예정기간이 경과한 날까지 당해 신청에 대한 처분이 이루어지지 아니할 때에는 당해 신청과 관련한 피보험자는 시정촌이 당해 신청을 각하한 것으로 간주할 수 있다.

제28조(요개호인정의 갱신) ①요개호인정은 요개호상태 구분에 따라 후생노동성령으로 정하는 기간(이하 이 조에서 "유효기간"이라 한다)내에서만 효력을 갖는다.
②요개호인정을 받은 피보험자는 유효기간 만료후에도 요개호상태에 해당된다고 예상될 때에는 후생노동성령이 정하는 바에 따라 시정촌에 대하여 당해 요개호인정의 갱신(이하 "요개호갱신인정(要介護更新認定)"이라 한다)을 신청할 수 있다.
③전항의 신청을 할 수 있는 피보험자가 재해, 기타 부득이한 이유로 당해 신청에 관련한 요개호인정의 유효기간 만료전에 당해 신청을 할 수 없었을 때에는 당해 피보험자는 그 이유가 없어진 날부터 1개월 이내에 한해 요개호갱신인정을 신청할 수 있다.
④전조(제11항을 제외한다)의 규정은 전 2항의 신청 및 당해 신청에 관련한

요개호갱신인정에 준용한다. 이 경우에 동조의 규정에 관해 필요한 기술적 대체 적용은 정령으로 정한다.

⑤제 3 항의 신청에 관련된 요개호갱신인정은 당해 신청과 관련한 요개호인정의 유효기간 만료일 다음날로 소급하여 그 효력이 발생한다.

⑥제 1 항의 규정은 요개호갱신인정에 준용한다. 이 경우에 동항 중 "후생노동성령으로 정하는 기간"은 "유효기간 만료일 다음날부터 후생노동성령으로 정하는 기간"으로 대체하도록 한다.

제29조(요개호상태 구분 변경의 인정) ①요개호인정을 받은 피보험자는 개호의 필요 정도가 현재 받고 있는 요개호인정과 관련한 요개호상태 구분 이외의 요개호상태 구분에 해당하는 것으로 인정한 때에는 후생노동성령이 정하는 바에 따라 시정촌에 요개호상태 구분의 변경을 신청할 수 있다.

②제27조의 규정은 전항의 신청 및 당해 신청과 관련한 요개호상태 구분의 변경 인정에 대하여 준용한다.

제30조 ①시정촌은 요개호인정을 받은 피보험자에 대하여 개호의 필요 정도가 저하함으로써 당해 요개호인정과 관련한 요개호상태 구분 이외의 요개호상태 구분에 해당한다고 인정한 때에는 요개호상태 구분의 변경을 인정할 수 있다. 이 경우에 시정촌은 후생노동성령이 정하는 바에 따라 당해 변경의 인정과 관련한 피보험자에게 피보험자증의 제출을 요구하고 여기에 해당 변경 인정과 관련한 요개호상태 구분 및 다음 항에서 준용하는 제27조 제 8 항 후단의 규정에 의한 인정심사회의 의견(동항 제 2 호에 언급하는 사항과 관련한 것에 한함)을 기재하고 이를 되돌려주도록 한다.

②제27조제 2 항 내지 제 9 항 및 제10항 전단의 규정은 전항의 요개호상태 구분의 변경 인정에 대하여 준용한다. 이 경우에 이러한 규정에 관하여 필요한 기술적 대체 적용은 정령으로 정한다.

제31조(요개호인정의 취소) ①시정촌은 요개호인정을 받은 피보험자가 다음 각호의 1에 해당할 때에는 당해 요개호인정을 취소할 수 있다. 이 경우에 시정촌은 후생노동성령이 정하는 바에 따라 당해 취소와 관련한 피보험자에게 피보험자증의 제출을 요구하고, 제27조제10항 각호에 언급하는 사항의 기재를 삭제하고 이를 되돌려주도록 한다.

1. 요개호자에 해당하지 아니한다고 인정할 때
2. 정당한 이유 없이 전조 제 2 항 또는 다음 항에서 준용하는 제27조제 2 항의 규정에 의한 조사에 응하지 아니할 때, 또는 전조 제 2 항 또는 다

음 항에서 준용하는 제27조제 6 항의 단서 규정에 의한 진단명령에 따르지 아니할 때
②제27조제 2 항 내지 제 7 항, 제 8 항 전단, 제 9 항 및 제10항 전단의 규정은 전항 제 1 호의 규정에 의한 요개호인정의 취소에 대하여 준용한다. 이 경우에 이러한 규정에 관하여 필요한 기술적 대체 적용은 정령으로 정한다.

제32조(要支援인정) ①요지원인정을 받고자 하는 피보험자는 후생노동성령이 정하는 바에 따라 신청서에 피보험자증을 첨부하여 시정촌에 신청하여야 한다. 이 경우에 당해 피보험자는 후생노동성령이 정하는 바에 따라 지정거택개호지원사업자등에게 당해 신청에 관한 절차를 대행시킬 수 있다.
②제27조제 2 항 내지 제 6 항의 규정은 전항의 신청과 관련한 조사, 전항의 신청과 관련한 피보험자의 주치의의 의견 및 당해 피보험자에 대한 진단명령에 대하여 준용한다.
③시정촌은 전항에서 준용하는 제27조제 2 항의 조사 결과, 전항에서 준용하는 동조 제 6 항의 주치의의 의견, 지정하는 의사 또는 당해 직원으로서 의사인 자의 진단 결과, 기타 후생노동성령이 정하는 사항을 인정심사회에 통지하고 제 1 항의 신청과 관련한 피보험자에게 다음 각호에 언급하는 피보험자의 구분에 따라 당해 각호에 정하는 사항에 관하여 심사 및 판정을 요구하도록 한다.
1. 제1호피보험자 요개호상태가 될 가능성이 있는 상태에 해당할 것
2. 제2호피보험자 요개호상태가 될 가능성이 있는 상태에 해당할 것 및 그 요개호상태가 될 가능성이 있는 상태의 원인인 신체상 및 정신상의 장애가 특정질병에 의하여 발생한 것일 것
④인정심사회는 전항의 규정에 의하여 심사 및 판정을 요구받을 때에는 후생노동장관이 정하는 기준에 따라 당해 심사 및 판정과 관련한 피보험자에 대하여 동항 각호에 규정하는 사항에 관하여 심사 및 판정을 하고, 그 결과를 시정촌에 통지하도록 한다. 이 경우에 인정심사회는 필요하다고 인정한 때에는 다음에 언급하는 사항에 대하여 시정촌에 의견을 제시할 수 있다.
1. 당해 피보험자가 요개호상태가 되는 것을 예방하는데 필요한 요양 및 가사 원조에 관한 사항
2. 제41조제 1 항에 규정하는 지정거택서비스의 적절하고 유효한 이용등에

관하여 당해 피보험자가 유의하여야 할 사항
⑤제27조제 9 항의 규정은 전항 전단의 심사 및 판정에 대하여 준용한다.
⑥시정촌은 제 4 항 전단의 규정에 의하여 통지된 인정심사회의 심사 및 판정의 결과에 의거하여 요지원인정을 하는 때에는 그 결과를 당해 요지원인정과 관련한 피보험자에게 통지하여야 한다. 이 경우에 시정촌은 다음에 언급하는 사항을 당해 피보험자의 피보험자증에 기재하고 이를 되돌려주도록 한다.
1. 요지원자에 해당한다는 취지
2. 제 4 항제 2 호에 언급하는 사항과 관련한 인정심사회의 의견
⑦요지원인정은 그 신청이 있는 날로 소급하여 그 효력이 발생한다.
⑧시정촌은 제 4 항 전단의 규정에 의하여 통지된 인정심사회의 심사 및 판정의 결과에 의거하여 요지원자에 해당하지 아니한다고 인정한 때에는 이유를 첨부하고 그 취지를 제 1 항의 신청과 관련한 피보험자에게 통지하는 동시에 당해 피보험자의 피보험자증을 되돌려주도록 한다.
⑨제27조제13항 내지 제15항의 규정은 제 1 항의 신청 및 당해 신청에 대한 처분에 대하여 준용한다.

제33조(요지원인정의 갱신) ①요지원인정은 후생노동성령으로 정하는 기간(이하 본조에서 "유효기간"이라 한다)내에 한해 그 효력을 갖는다.
②요지원인정을 받은 피보험자는 유효기간 만료후에도 요개호상태가 될 가능성이 있는 상태에 해당되는 것으로 예상될 때에는 후생노동성령이 정하는 바에 따라 시정촌에 당해 요지원인정의 갱신(이하 "요지원갱신인정(要支援更新認定)"이라 한다)을 신청할 수 있다.
③전항의 신청을 할 수 있는 피보험자가 재해, 기타 부득이한 이유로 당해 신청에 관련한 요지원인정의 유효기간 만료전에 당해 신청을 하지 못할 때에는 당해 피보험자는 그 이유가 없어진 날로부터 1개월 이내에 한하여 요지원갱신인정을 신청할 수 있다.
④전조(제 7 항을 제외한다)의 규정은 전 2항의 신청 및 당해 신청과 관련한 요지원갱신인정에 대하여 준용한다. 이 경우에 동조의 규정에 관하여 필요한 기술적 대체 적용은 정령으로 정한다.
⑤제 3 항의 신청과 관련한 요지원갱신인정은 당해 신청과 관련한 요지원인정의 유효기간 만료일 다음날로 소급하여 그 효력이 발생한다.
⑥제 1 항의 규정은 요지원갱신인정에 대하여 준용한다. 이 경우에 동항 중

"'후생노동성령으로 정하는 기간"은 "유효기간 만료일 다음날부터 후생노동성령으로 정하는 기간"으로 대체하도록 한다.

제34조(요지원 인정의 취소) ①시정촌은 요지원인정을 받은 피보험자가 다음 각호의 1에 해당할 때에는 당해 요지원인정을 취소할 수 있다. 이 경우에 시정촌은 후생노동성령이 정하는 바에 따라 당해 취소와 관련한 피보험자에게 피보험자증의 제출을 요구하고 제32조제 6 항 각호에 언급하는 사항의 기재를 삭제하고 이를 되돌려주도록 한다.

1. 요지원자에 해당하지 아니한다고 인정하는 때
2. 정당한 이유없이 다음 항에서 준용하는 제32조제 2 항의 규정에 의하여 준용되는 제27조제 2 항의 규정에 의한 조사에 응하지 아니할 때 또는 다음 항에서 준용하는 제32조제 2 항의 규정에 의하여 준용되는 제27조제 6 항 단서 규정에 의한 진단명령에 따르지 아니할 때

②제32조제 2 항, 제 3 항, 제 4 항 전단, 제 5 항 및 제 6 항 전단의 규정은 전항 제 1 호의 규정에 의한 요지원인정의 취소에 대하여 준용한다. 이 경우에 이러한 규정에 관하여 필요한 기술적 대체 적용은 정령으로 정한다.

제35조(요개호인정등의 절차의 특례) ①인정심사회는 제27조제 7 항(제28조제 4 항에서 준용하는 경우를 제외한다)의 규정에 따라 심사 및 판정을 요구받았던 피보험자에 대하여 요개호자에 해당하지 아니하는데도 요지원자에 해당한다고 인정하는 경우에는 제27조제 8 항(제28조제 4 항에서 준용하는 경우를 포함한다)의 규정에 관계없이 그 취지를 시정촌에 통지할 수 있다.

②시정촌은 전항의 규정에 의한 통지가 있을 때에는 당해 통지와 관련한 피보험자에 대하여 제32조제 1 항의 신청이 있어 동조 제 3 항의 규정에 따라 인정심사회에 심사 및 판정을 구하고, 동조 제 4 항의 규정에 따라 인정심사회의 통지를 받은 것으로 간주하고 요지원인정을 할 수 있다. 이 경우에 시정촌은 당해 피보험자에게 요지원인정을 한 취지를 통지하는 동시에 동조 제 6 항 각호에 언급하는 사항을 당해 피보험자의 피보험자증에 기재하고 이를 되돌려주도록 한다.

③인정심사회는 제32조제 3 항(제33조제 4 항에서 준용하는 경우를 제외한다)의 규정에 의하여 심사 및 판정을 요구받은 피보험자에 대하여 요개호자에 해당한다고 인정하는 때에는 제32조제 4 항(제33조제 4 항에서 준용

하는 경우를 포함한다)의 규정에 관계없이 그 취지를 시정촌에 통지할 수 있다.
④시정촌은 전항의 규정에 의한 통지가 있을 때에는 당해 통지와 관련한 피보험자에 대하여 제27조제 1 항의 신청이 있어 동조 제 7 항의 규정에 따라 인정심사회에 심사 및 판정을 구하고, 동조 제8항의 규정에 따라 인정심사회의 통지를 받은 것으로 간주하고 요지원인정을 할 수 있다. 이 경우에 시정촌은 당해 피보험자에게 요개호인정을 한 취지를 통지하는 동시에 동조 제10항 각호에 언급하는 사항을 당해 피보험자의 피보험자증에 기재하고 이를 되돌려주도록 한다.
⑤인정심사회는 제31조제 2 항에서 준용하는 제27조제 7 항의 규정에 의하여 심사 및 판정을 요구받은 피보험자에 대하여서 요개호자에 해당하지 아니하는데도 요지원자에 해당한다고 인정한 때에는 제31조제 2 항에서 준용하는 제27조제 8 항의 규정에 관계없이 그 취지를 시정촌에 통지할 수 있다.
⑥시정촌은 전항의 규정에 의한 통지가 있을 때에는 당해 통지와 관련한 피보험자에 대하여 제32조제 1 항의 신청이 있어 동조 제 3 항의 규정에 따라 인정심사회에 심사 및 판정을 구하고, 동조 제 4 항의 규정에 따라 인정심사회의 통지를 받은 것으로 간주하고 요지원인정을 할 수 있다. 이 경우에 시정촌은 후생노동성령이 정하는 바에 따라 당해 통지와 관련한 피보험자에게 피보험자증의 제출을 요구하고, 여기에 동조 제 6 항 각호에 언급하는 사항을 기재하고 이를 되돌려주도록 한다.

제36조(주소이전후의 요개호인정 및 요지원인정) 시정촌은 다른 시정촌에 의한 요개호인정 또는 요지원인정을 받고 있던 자가 당해 시정촌이 시행하는 개호보험의 피보험자가 된 경우에 당해 피보험자가 그 자격을 취득한 날부터 14일 이내에 당해 다른 시정촌에서 교부받은 당해 요개호인정 및 요지원인정과 관련한 사항을 증명하는 서면을 첨부하여 요개호인정 또는 요지원인정을 신청할 때에는 제27조제 7 항 및 제10항 전단 또는 제32조제 3 항 및 제 6 항 전단의 규정에 관계없이 인정심사회의 심사 및 판정을 거치지 아니하고 당해 서면에 기재되어 있는 사항에 입각하여 요개호인정 또는 요지원인정을 할 수 있다.

제37조(개호급부등 대상 서비스 종류의 지정) ①시정촌은 요개호인정, 요개호갱신인정, 제29조제 2 항에서 준용하는 제27조제10항 또는 제30조제 1 항

의 규정에 의한 요개호상태 구분의 변경 인정, 요지원인정 또는 요지원변경인정(이하 이 항에서는 단순히 "인정"이라 한다)을 함에 있어서 제28조제 8 항제 1 호(제28조제 4 항, 제29조제 2 항 및 제30조제 2 항에서 준용하는 경우를 제외한다)에 언급하는 사항과 관련한 인정심사회의 의견에 의거하여 당해 인정과 관련한 피보험자가 받을 수 있는 거택개호서비스 또는 특례거택개호서비스비와 관련한 거택 서비스 또는 시설개호서비스, 특례시설개호서비스 또는 특례거택지원서비스비와 관련한 거택 서비스의 종류를 지정할 수 있다. 이 경우에 시정촌은 당해 피보험자의 피보험자증에 제27조제10항 후단(제28조제 4 항 및 제29조제 2 항에서 준용하는 경우를 제외한다), 제30조제 1 항 후단, 제35조제 4 항 후단, 제32조제 6 항 후단(제33조제 4 항에서 준용하는 경우를 제외한다), 제35조제 2 항 후단 또는 제 6 항 후단의 규정에 의한 기재와 병행하여 당해 지정과 관련한 거택서비스 또는 시설서비스의 종류를 기재하도록 한다.

②전항 전단의 규정에 의한 지정을 받은 피보험자는 당해 지정과 관련한 거택 서비스 또는 시설서비스의 변경을 신청할 수 있다.

③전항의 신청은 후생노동성령이 정하는 바에 따라 피보험자증을 첨부하여 하도록 한다.

④시정촌은 제 2 항의 신청이 있을 때에는 후생노동성령이 정하는 바에 따라 인정심사회의 의견을 청취하고, 필요하다고 인정할 경우에 당해 지정에 관한 거택서비스 또는 시설서비스의 종류를 변경할 수 있다.

⑤시정촌은 전항의 규정에 따라 제 2 항의 신청과 관련한 거택서비스 또는 시설서비스의 종류를 변경할 때에는 그 결과를 당해 피보험자에게 통지하는 동시에 당해 피보험자의 피보험자증에 변경후의 거택서비스 또는 시설서비스의 종류를 기재하고 이를 되돌려주도록 한다.

제38조(도도부현의 원조등) ①도도부현은 시정촌이 시행하는 제27조 내지 제35조 및 전조의 규정에 의한 업무에 관해 설치하는 복지사무소{사회복지법(1951년 법률제45호)에 정하는 복지에 관한 사무소를 말한다} 또는 보건소에 의한 기술적 사항의 협력, 기타 시정촌에 대한 필요한 원조를 할 수 있다.

②지방자치법 제252조제 1 항의 규정에 의하여 시정촌의 위탁을 받아 심사판정업무(제27조 내지 제35조 및 전조의 규정에 의하여 인정심사회가 행하는 업무를 말한다. 이하 같음)를 행하는 도도부현에 당해 심사판정업무를

행하게 하기 위하여 도도부현 개호인정심사회를 둔다.

③제15조 및 제17조의 규정은 전항의 도도부현 개호인정심사회에 대하여 준용한다. 이 경우에 제15조 중 "시정촌장(특별구에서는 구장)"이라 되어 있는 것은 "도도부현 지사"로 대체하도록 한다.

④심사판정업무를 도도부현에 위탁한 시정촌에 대하여 제27조(제28조제 4 항, 제29조제 2 항, 제30조제 2 항, 제31조제 2 항 및 제32조제 5 항에서 준용하는 경우를 포함한다) 및 제35조 내지 전조의 규정을 적용하는 경우 이러한 규정 중 "인정심사회"는 "도도부현 개호인정심사회"로 한다.

제39조(후생노동성령에의 위임) 이 절에 규정하는 것 외에 요개호인정 및 요지원인정의 신청, 기타 절차에 관하여 필요한 사항은 후생노동성령으로 정한다.

제3절 개호급부

제40조(개호급부의 종류) 개호급부는 다음에 열거하는 보험급부로 한다.
1. 거택개호서비스비의 지급
2. 특례거택개호서비스비의 지급
3. 거택개호복지용구 구입비의 지급
4. 거택개호주택개수비의 지급
5. 거택개호서비스계획비의 지급
6. 특례거택개호서비스계획비의 지급
7. 시설개호서비스비의 지급
8. 특례시설개호서비스비의 지급
9. 고액개호서비스비의 지급

제41조(거택개호서비스비의 지급) ① 시정촌은 요개호인정을 받은 피보험자(이하 "요개호피보험자"라 한다) 중에서 거택에서 개호를 받는 자(이하 "거택요개호피보험자"라 한다)가 도도부현 지사가 지정하는 자(이하 "지정거택서비스사업자"라 한다)로부터 당해 지정에 관련한 거택서비스 사업을 하는 사업소에 의하여 이루어진 거택서비스(이하 "지정거택서비스"라 한다)을 받을 때에는 당해 거택요개호피보험자에게 당해 지정거택서비스에 필요한 비용(통원개호, 통원 재활훈련, 단기입소생활개호, 단기입소요양개호, 치매대응형 공동생활개호 및 특정시설입소자생활개호에 필요한 비용에 대하여는 일상생활에 필요한 비용으로서 후생노동성령이 정하는 비용을 제외한

다. 이하 같음)으로 거택개호서비스비를 지급한다. 다만, 당해 거택개호피보험자가 제37조제 1 항의 규정에 의한 지정을 받고 있을 경우에 당해 지정과 관련한 종류 이외의 거택서비스를 받을 때에는 그러하지 아니하다.
② 거택개호서비스비는 후생노동성령이 정하는 바에 따라 시정촌이 필요하다고 인정하는 경우에 한하여 지급하도록 한다.
③ 지정거택서비스를 받고자 하는 거택요개호피보험자는 후생노동성령이 정하는 바에 따라 자기가 선정한 지정거택서비스사업자에게 피보험자증을 제시하고 당해 지정거택서비스를 받도록 한다.
④ 거택개호서비스비의 금액은 다음 각호에 열거하는 거택서비스의 구분에 따라 당해 각호에 정하는 금액으로 한다.
1. 방문개호, 방문입욕개호, 방문간호, 방문 재활훈련, 거택요양관리지도, 통원개호, 통원 재활훈련 및 복지용구대여 : 이러한 거택서비스의 종류마다 당해 거택서비스의 종류와 관련한 지정거택서비스의 내용, 당해 지정거택서비스의 사업을 하는 사업소가 소재하는 지역등을 감안하여 산정되는 당해 지정거택서비스에 필요한 평균 비용(통원개호 및 통원 재활훈련에 필요한 비용에 대하여는 일상생활에 필요한 비용으로서 후생노동성령이 정하는 비용을 제외한다)을 감안하여 후생노동장관이 정하는 기준에 따라 산정하는 비용의 금액(그 금액이 실제 당해 지정거택서비스에 소요된 비용을 초과할 때에는 당해 실제 지정거택서비스에 소요된 비용의 금액으로 한다)의 100분의 90에 상당하는 금액
2. 단기입소생활개호, 단기입소요양개호, 치매대응형공동생활개호 및 특정시설입소자생활개호 : 이러한 거택서비스의 종류마다 요개호상채 구분, 당해 거택서비스의 종류와 관련한 지정거택서비스의 사업을 하는 사업소가 소재하는 지역등을 감안하여 산정되는당해 지정거택서비스에 필요한 평균 비용(일상생활에 필요한 비용으로서 후생노동성령이 정하는 비용을 제외한다)을 감안하여 후생노동장관이 정하는 기준에 따라 산정하는 비용의 금액(그 금액이 실제 당해 지정거택서비스에 소요된 비용을 초과할 때에는 당해 실제 지정거택서비스에 소요된 비용의 금액으로 한다)의 100분의 90에 상당하는 금액
⑤ 후생노동장관은 전항 각호의 기준을 정하고자 할 때에는 사전에 사회보장심의회의 의견을 청취하여야 한다.
⑥ 거택요개호피보험자가 지정거택서비스사업자로부터 지정거택서비스를 받

앉을 때(당해 거택요개호피보험자가 제46조제 4 항의 규정에 따라 지정거택개호지원을 받는 것에 대하여 미리 시정촌에 신고한 경우로 당해 지정거택서비스가 당해 지정거택개호지원의 대상인 경우, 기타 후생노동성령으로 정한 경우에 한한다)에는 시정촌은 당해 거택요개호피보험자가 당해 지정거택서비스에 필요한 비용에 대하여 거택개호서비스비로서 당해 거택요개호피보험자에게 지불해야 할 금액의 한도내에서 거택요개호피보험자를 대신하여 당해 지정거택서비스사업자에게 지불할 수 있다.
⑦전항의 규정에 의한 지불이 있을 때에는 거택요개호피보험자에게 거택개호서비스비의 지급이 이루어진 것으로 간주한다.
⑧지정거택서비스사업자는 지정거택서비스, 기타 서비스의 제공에 필요한 비용에 대하여 지불 받을 때 당해 지불을 한 거택요개호피보험자에게 후생노동성령이 정하는 바에 따라 영수증을 교부하여야 한다.
⑨시정촌은 지정거택서비스사업자로부터 거택개호서비스비의 청구가 있을 때에는 제 4 항 각호의 후생노동장관이 정하는 기준 및 제74조제 2 항에 규정하는 지정거택서비스사업의 설비 및 운영에 관한 규정(지정거택서비스의 취급에 관한 부분에 한한다)에 비추어서 심사한 후 지불하도록 한다.
⑩시정촌은 전항의 규정에 의한 심사 및 지불에 관한 사무를 연합회에 위탁할 수 있다.
⑪전항의 규정에 의한 위탁을 받은 연합회는 당해 위탁을 한 시정촌의 동의를 얻어 후생노동성령이 정하는 바에 따라 당해 위탁을 받은 지불에 관한 사무의 일부를 영리를 목적으로 하지 않는 법인으로서 후생노동성령이 정하는 요건에 해당하는 자에게 위탁할 수 있다.
⑫전 각항에 규정하는 것 외에 거택개호서비스비의 지급 및 지정거택서비스사업자의 거택개호서비스비의 청구에 필요한 사항은 후생노동성령으로 정한다.

제42조(특례거택개호서비스비의 지급) ①시정촌은 다음에 열거하는 경우에는 거택요개호피보험자에 대하여 특례거택개호서비스비를 지급한다.
1. 거택요개호피보험자가 당해 요개호인정의 효력이 발생하기 전에 긴급, 기타 부득이한 이유로 지정거택서비스를 받을 경우에 필요하다고 인정하는 때
2. 거택요개호피보험자가 지정거택서비스 이외의 거택서비스 또는 이에 상당하는 서비스(지정거택서비스 사업과 관련한 제74조제 1 항의 후생노동성령으로 정하는 기준 및 동항의 후생노동성령으로 정하는 인원수 및 동조 제

2항에 규정하는 지정거택서비스 사업의 설비 및 운영에 관한 기준 중 후생노동성령이 정하는 것을 충족시킨다고 인정되는 사업을 하는 사업소에 의하여 이루어지는 것으로 제한한다. 다음 호 및 제54조제 1항에서 "기준해당거택(基準該当居宅) 서비스"라 한다)을 받을 경우에 필요하다고 인정하는 때
3. 지정거택서비스 및 기준해당거택서비스의 확보가 현저하게 곤란한 섬, 기타 지역으로 후생노동대신이 정하는 기준에 해당하는 곳에 주소를 갖는 거택요개호피보험자가 지정거택서비스 및 기준해당거택서비스 이외의 거택서비스 또는 이에 상당하는 서비스를 받을 경우에 필요하다고 인정하는 때
4. 기타 정령으로 정하는 때

②특례거택개호서비스비의 금액은 당해 거택서비스 또는 이에 상당하는 서비스에 대하여 전조 제 4항 각호의 후생노동장관이 정하는 기준에 따라 산정하는 비용의 금액{그 금액이 실제 당해거택서비스 또는 이에 상당하는 서비스에 소요되는 비용(통원개호, 통원 재활훈련, 단기입소생활개호, 단기입소요양개호, 치매대응형 공동생활개호 및 특정시설입소자생활개호 및 이에 상당하는 서비스에 소요되는 비용에 대하여는 일상생활에 필요한 비용으로서 후생노동성령이 정하는 비용을 제외한다)을 초과했을 때에는 당해 실제 거택서비스 또는 이에 상당하는 서비스에 소요되는 비용의 금액으로 한다}의 100분의 90에 상당하는 금액을 기준으로 하여 시정촌이 정한다.

제43조(거택개호서비스비등에 관한 지급한도액) ①거택요개호피보험자가 거택서비스 구분{거택서비스(이에 상당하는 서비스를 포함한다)에 대하여 그 종류마다 상호간 대체성의 유무등을 감안하여 후생노동장관이 정하는 2이상의 종류로 구성되는 구분을 말한다. 이하 같음}마다 월을 단위로 후생노동성령이 정하는 기간에 받은 하나의 거택서비스 구분과 관련한 거택서비스에 대하여 지급하는 거택개호서비스비의 총액 및 특례거택개호서비스비의 총액의 합계 금액은 거택개호서비스비구분 지급한도기준액을 기초로 하여 후생노동성령이 정하는 바에 따라 산정한 금액의 100분의 90에 상당하는 금액을 초과할 수 없다.

②전항의 거택개호서비스비구분 지급한도기준액은 거택서비스 구분마다 동항에 규정하는 후생노동성령으로 정하는 기간의 당해 거택서비스 구분과 관련한 거택서비스의 요개호상태 구분에 따른 표준적인 이용의 형태, 당해

/ 부록 /

　　　거택서비스와 관련한 제41조제 4 항 각호의 후생노동장관이 정하는 기준
　　　등을 감안하여 후생노동장관이 정하는 금액으로 한다.
　③시정촌은 전항의 규정에 관계없이 조례가 정하는 바에 따라 제 1 항의 거
　　　택개호서비스비구분 지급한도기준액 대신에 그 금액을 초과하는 금액을
　　　당해 시정촌의 거택개호서비스비구분 지급한도기준액으로 할 수 있다.
　④시정촌은 거택요개호피보험자가 거택서비스의 종류(거택서비스 구분에 포
　　　함된 것으로서 후생노동장관이 정하는 것에 한한다. 다음 항에서 같음)마
　　　다 월을 단위로 후생노동성령이 정하는 기간에 받은 한 종류의 거택서비
　　　스에 대하여 지급하는 거택개호서비스비 총액 및 특례거택개호서비스비
　　　총액의 합계 금액에 대하여 거택개호서비스비종류지급한도기준액을 기초
　　　로 해서 후생노동성령이 정하는 바에 따라 산정한 금액의 100분의 90에
　　　상당하는 금액을 초과하지 못하게 할 수 있다.
　⑤전항의 거택개호서비스비 종류 지급한도기준액은 거택서비스의 종류마다
　　　동항에 규정하는 후생노동성령이 정하는 기간의 당해 거택서비스 요개호
　　　상태 구분에 따른 표준적인 이용의 형태, 당해 거택서비스와 관련한 제41
　　　조제 4 항 각호의 후생노동장관이 정하는 기준등을 감안하여 당해 거택개
　　　호서비스를 포함한 거택서비스 구분과 관련한 제 1 항의 거택개호서비스
　　　비구분 지급한도기준액(제 3 항의 규정에 기초하여 조례를 정한 시정촌에
　　　서는 당해 조례에 의한 조치가 강구된 금액으로 한다)의 범위내에서 시정
　　　촌이 조례로 정하는 금액으로 한다.
　⑥거택개호서비스비 또는 특례거택개호서비스비를 지급함으로써 제 1 항에
　　　규정하는 합계 금액이 동항에서 규정하는 100분의 90에 상당하는 금액을
　　　초과하는 경우 또는 제 4 항에 규정하는 합계 금액이 동항에서 규정하는
　　　100분의 90에 상당하는 금액을 초과하는 경우에 당해 거택개호서비스비
　　　또는 특례거택개호서비스비의 금액을 제41조제 4 항 각호 또는 전조 제 6
　　　항의 규정에 관계없이 정령이 정하는 바에 따라 산정한 금액으로 한다.
제44조(거택개호복지용구 구입비의 지급) ①시정촌은 거택요개호피보험자가
　　　입욕 또는 배설에 필요한 복지용구, 기타 후생노동장관이 정한 복지용구
　　　(이하 "특정복지용구(特定福祉用具)"라 한다)를 구입할 경우에는 당해 거택
　　　요개호피보험자에게 거택개호복지용구 구입비를 지급한다.
　②거택개호복지용구 구입비는 후생노동성령이 정하는 바에 따라 시정촌이
　　　필요하다고 인정한 경우에 한하여 지급하도록 한다.

③거택개호복지용구 구입비의 금액은 실제로 당해 특정복지용구 구입에 소요된 비용의 100분의 90에 상당하는 금액으로 한다.
④거택요개호피보험자가 월을 단위로 해서 후생노동성령으로 정하는 기간에 구입한 특정복지용구에 대하여 지급하는 거택개호복지용구 구입비의 총액은 거택개호복지용구 구입비 지급한도 기준액을 기초로 후생노동성령이 정하는 바에 따라 산정한 금액의 100분의 90에 상당하는 금액을 초과할 수 없다.
⑤전항의 거택개호복지용구 구입비 지급한도 기준액은 동항에서 규정한 후생노동성령으로 정하는 기간에 특정복지용구 구입에 통상 필요한 비용을 감안하여 후생노동장관이 정하는 금액으로 한다.
⑥시정촌은 전항의 규정에 관계없이 조례가 정하는 바에 따라 제 4 항의 거택개호복지용구 구입비 지급한도기준액 대신에 그 액을 초과하는 금액을 당해 시정촌에서의 거택개호복지용구 구입비 지급한도기준액으로 할 수 있다.
⑦거택개호복지용구 구입비를 지급함으로써 제 4 항에 규정하는 총액이 동항에 규정하는 100분의 90에 상당하는 금액을 초과하는 경우 당해 거택개호복지용구 구입비의 금액은 제 3 항의 규정에 관계없이 정령이 정하는 바에 따라 산정한 금액으로 한다.

제45조(거택개호주택 개수비의 지급) ①시정촌은 거택요개호피보험자가 손잡이의 설치 및 후생노동장관이 정하는 종류의 주택 개수(이하 "주택개수(住宅改修)"라 한다)를 할 때에는 당해 거택요개호피보험자에 대하여 거택개호주택 개수비를 지급한다.
②거택개호주택 개수비는 후생노동성령이 정하는 바에 따라 시정촌이 필요하다고 인정하는 경우에 한하여 지급하도록 한다.
③거택개호주택 개수비는 실제로 당해 주택개수에 소요된 비용의 100분의 90에 상당하는 금액으로 한다.
④거택요개호피보험자가 행한 한 종류의 주택개수에 대하여 지급하는 거택개호주택개수비 총액은 거택개호주택개수비 지급한도 기준액을 기초로 후생노동성령이 정하는 바에 따라 산정한 금액의 100분의 90에 상당하는 금액을 초과할 수 없다.
⑤전항의 거택개호주택개수비 지급한도 기준액은 주택개수의 종류마다 통상 필요한 비용을 감안하여 후생노동장관이 정하는 금액으로 한다.

⑥시정촌은 전항의 규정에 관계없이 조례가 정하는 바에 따라 제 4 항의 거택개호주택개수비 지급한도 기준액을 대신하여 그 액을 초과하는 금액을 당해 시정촌에서의 거택개호주택개수비 지급한도 기준액으로 할 수 있다.

⑦거택개호주택개수비를 지급함으로써 제 4 항에 규정하는 총액이 동항에 규정하는 100분의 90에 상당하는 금액을 초과하는 경우에 당해 거택개호주택개수비의 금액은 제 3 항의 규정에 관계없이 정령이 정하는 바에 따라 산정한 금액으로 한다.

제46조(거택개호서비스 계획비의 지급) ①시정촌은 거택요개호피보험자가 도도부현 지사가 지정하는 자(이하 "지정거택개호 지원사업자"라 한다)로부터 당해 지정과 관련한 거택개호지원사업을 하는 사업소에 의하여 이루어진 거택개호지원(이하 "지정거택개호지원"이라 한다)을 받을 때에는 당해 거택요개호피보험자에 대하여 당해 지정거택개호지원에 소요된 비용에 대하여 거택개호서비스 계획비를 지급한다.

②거택개호서비스계획비의 금액은 지정거택개호지원의 사업을 하는 사업소가 소재하는 지역등을 감안하여 산정되는 지정거택개호지원에 필요한 평균적인 비용을 감안하여 후생노동장관이 정하는 기준에 따라 산정하는 비용(그 금액이 실제 당해 지정거택개호지원에 소요된 비용을 초과하는 때에는 당해 실제 지정거택개호지원에 소요된 비용으로 한다)으로 한다.

③후생노동장관은 전항의 기준을 정하고자 하는 때에는 사전에 사회보장심의회의 의견을 청취하여야 한다.

④거택요개호피보험자가 지정거택개호지원사업자로부터 지정거택개호지원을 받을 때(당해 거택요개호피보험자가 후생노동성령이 정하는 바에 따라 당해 지정거택개호지원을 받은 것에 대하여 미리 시정촌에 신고하는 경우에 한한다)에는 시정촌은 당해 거택요개호피보험자가 당대 지정거택개호 지원사업자에게 지불해야 할 당해 지정거택개호지원에 필요한 비용에 대하여 거택개호서비스 계획비로서 당해 거택요개호피보험자에게 지불해야 할 금액의 한도내에서 당해 거택요개호피보험자 대신에 당해 지정거택개호 지원사업자에게 지불할 수 있다.

⑤전항의 규정에 의한 지불이 있을 때에는 거택요개호피보험자에 대하여 거택개호서비스 계획비의 지급이 이루어진 것으로 간주한다.

⑥시정촌은 지정거택개호 지원사업자로부터 거택개호서비스 계획비의 청구가 있었을 때에는 제 2 항의 후생노동장관이 정하는 기준 및 제81조제 2

항에 규정하는 지정거택개호지원 사업의 운영에 관한 기준(지정거택개호지원의 취급에 관한 부분에 한함)애 비추어 심사한 후 지불하도록 한다.

⑦제41조제 2 항, 제 3 항, 제10항 및 제11항의 규정은 거택개호서비스계획비의 지급에 대하여, 동조 제 8 항의 규정은 지정거택개호 지원사업자에 대하여 준용한다. 이 경우에 이러한 규정에 필요한 기술적인 대체 적용은 정령으로 정한다.

⑧전 각항에 규정하는 것 외에 거택개호서비스 계획비의 지급 및 지정거택개호 지원사업자의 거택개호서비스 계획비의 청구에 필요한 사항은 후생노동성령으로 정한다.

제47조(특례거택개호서비스계획비의 지급) ①시정촌은 다음에 열거하는 경우에는 거택요개호피보험자에 대하여 특례거택개호서비스 계획비를 지급한다.

1. 거택개호피보험자가 지정거택개호지원 이외의 거택개호지원 또는 이에 상당하는 서비스{지정거택개호지원 사업과 관련한 제81조제 1 항의 후생노동성령으로 정하는 인원수 및 동조 제 2 항에 규정한 지정거택개호 지원사업의 운영에 관한 기준 중에서 후생노동성령으로 정하는 것을 충족시킨다고 인정된 사업을 하는 사업소에 의하여 행해지는 것에 한한다. 다음 호 및 제59조제 1 항에서 "기준해당거택개호지원(基準該当居宅介護支援)"이라 한다}를 받을 경우에 필요하다고 인정하는 때

2. 지정거택개호지원 및 기준해당거택개호지원의 확보가 현저하게 곤란한 섬, 기타 지역으로 후생노동대신이 정하는 기준에 해당하는 지역에 주소를 갖는 거택요개호피보험자가 지정거택개호지원 및 기준해당거택개호지원 이외의 거택개호지원 또는 이에 상당하는 서비스를 받을 경우에 필요하다고 인정하는 때

3. 기타 정령으로 정하는 때

②특례거택개호서비스 계획비의 금액은 당해 거택개호지원 또는 이에 상당하는 서비스에 대하여서 전조 제 2 항의 후생노동장관이 정하는 기준에 따라 산정한 비용(그 금액이 실제 당해 거택개호지원 또는 이에 상당하는 서비스에 소요된 비용의 금액을 초과하는 때에는 당해 실제 거택개호지원 또는 이에 상당하는 서비스에 소요된 비용의 금액으로 한다)을 기준으로 시정촌이 정한다.

제48조(시설개호서비스비의 지급) ①시정촌은 요개호피보험자가 다음에 열거하는 시설서비스(이하 "지정시설서비스등"이라 한다)를 받은 때에는 당해

요개호피보험자에 대하여 당해 지정시설서비스등에 필요한 비용(일상생활에 필요한 비용으로서 후생노동성령이 정하는 비용을 제외한다. 이하 본조에서 같음)에 대하여 시설개호서비스비를 지급한다. 다만, 당해 요개호피보험자가 제37조제 1 항의 규정에 의한 지정을 받고있는 경우에는 당해 지정과 관련한 종류 이외의 시설서비스를 받을 때에는 그러하지 아니하다.

1. 도도부현 지사가 지정하는 개호노인복지시설(이하 "지정개호노인복지시설"이라 한다)에 의하여 행해진 개호복지시설서비스(이하 "지정개호복지시설서비스"라 한다)
2. 개호보건시설서비스
3. 도도부현 지사가 지정하는 개호요양형의료시설(이하 "지정개호요양형 의료시설"이라 한다)에 의하여 행해진 개호요양시설서비스(이하 "지정개호요양시설서비스"라 한다)

②시설개호서비스비의 금액은 제 1 호에 규정하는 금액 및 제 2 호에 규정하는 금액의 합계 금액으로 한다.

1. 시설서비스의 종류마다 요개호상태 구분, 당해 시설서비스의 종류와 관련한 지정시설서비스등을 행하는 개호보험시설이 소재하는 지역등을 감안하여 산정되는 당해 지정시설서비스등(식사 제공을 제외한다)에 필요한 평균적인 비용(일상생활에 필요한 비용으로서 후생노동성령이 정하는 비용을 제외한다)을 감안하여 후생노동장관이 정하는 기준에 의하여 산정한 비용(그 금액이 실제로 당해 지정시설서비스등에 소요된 비용을 초과할 때에는 당해 실제 지정시설서비스비등에 소요된 비용으로 한다)의 100분의 90에 상당하는 금액
2. 전호의 개호보험시설에서의 식사 제공에 필요한 평균 비용을 감안하여 후생노동장관이 정하는 기준에 따라 산정한 비용(그 금액이 실제로 당해 식사 제공에 소요된 비용을 초과할 경우에는 당해 실제 식사 제공에 소요된 비용으로 한다)에서 평균적인 가계(家計)에서의 식사 상황을 감안하여 후생노동장관이 정하는 금액(소득 상황, 기타 상황을 참작하여 후생노동성령으로 정하는 자에 대하여는 후생노동장관이 별도로 정하는 금액으로 한다. 이하 "표준부담액"이라 한다)을 공제한 금액

③후생노동장관은 표준부담액을 정한 후에 식비 상황, 기타 사정이 현저하게 변동한 때에는 신속히 그 금액을 개정하여야 한다.

④후생노동장관은 제 2 항 각호의 기준을 정하고자 할 때에는 사전에 사회

보장심의회의 의견을 청취하여야 한다.
⑤요개호피보험자가 개호보험시설로부터 지정시설서비스등을 받을 때에는 시정촌은 당해 요개호피보험자가 당해 개호보험시설에 지불해야 할 당해 지정시설서비스등에 필요한 비용에 대하여 시설개호서비스비로서 당해 요개호피보험자에게 지급해야 할 금액의 한도내에서 당해 요개호피보험자를 대신하여 당해 개호보험시설에 지불할 수 있다.
⑥전항의 규정에 의한 지불이 있을 때에는 요개호피보험자에게 시설개호서비스비의 지급이 이루어진 것으로 간주한다.
⑦시정촌은 개호보험시설로부터 시설개호서비스비의 청구가 있을 때에는 제2 항 각호의 후생노동장관이 정하는 기준 및 제88조제 2 항에 규정하는 지정개호노인복지시설의 설비 및 운영에 관한 기준(지정개호복지시설서비스의 설비 및 운영에 관한 부분에 한한다), 제97조제 3 항에 규정하는 개호노인복지시설의 설비 및 운영에 관한 기준(개호보건시설서비스의 취급에 관한 부분에 한한다), 또는 제110조제 2 항에 규정하는 지정개호요양형의료시설의 설비 및 운영에 관한 기준(지정개호요양시설서비스의 취급에 관한 부분에 한한다)에 비추어 심사한 후 지불하도록 한다.
⑧제41조제 2 항, 제 3 항, 제10항 및 제11항의 규정은 시설개호서비스비의 지급에 대하여, 동조 제 8 항의 규정은 개호보험시설에 대하여 준용한다. 이 경우에 이러한 규정에 필요한 기술적 대체 적용은 정령으로 정한다.
⑨전 각항에 규정하는 것 외에 시설개호서비스비의 지급 및 개호보험시설의 시설개호서비스비의 청구에 필요한 사항은 후생노동성령으로 정한다.

제49조(특례시설개호서비스비의 지급) ①시정촌은 다음에 열거하는 경우에는 요개호피보험자에 대하여 특례시설개호서비스비를 지급한다.
1. 요개호피보험자가 당해 요개호인정의 효력이 발생한 날 이전에 긴급, 기타 부득이한 이유로 지정시설서비스등을 받을 경우에 필요하다고 인정하는 때
2. 기타 정령으로 정하는 때

②특례시설개호서비스비의 금액은 당해 시설서비스(식사 제공은 제외한다)에 대하여 전조 제 2 항제 1 호의 후생노동장관이 정하는 기준에 따라 산정한 비용(그 금액이 실제 당해 시설서비스에 소요된 비용(일상생활에 필요한 비용으로서 후생노동성령으로 정하는 비용을 제외한다)을 초과할 때에는 당해 실제 시설서비스에 소요된 비용으로 한다)의 100분의 90에 상당

하는 금액 및 당해 식사 제공에 대하여 동항 제 2 호의 후생노동장관이 정하는 기준에 따라 산정한 비용(그 금액이 실제 당해 식사 제공에 소요된 비용의 금액을 초과할 때에는 당해 실제 식사 제공에 소요된 비용으로 한다)에서 표분부담액을 공제한 금액을 기준으로 하여 시정촌이 정한다.

제50조(거택개호서비스비등의 금액 특례) 시정촌이 재해, 기타 후생노동성 령으로 정하는 특별한 사정으로 거택서비스(이에 상당하는 서비스를 포함한다), 시설서비스, 특정복지용구의 구입 또는 주택개수에 필요한 비용을 부담하기가 곤란하다고 인정한 요개호피보험자가 받는 다음 각호에 열거하는 개호급부에 대하여 당해 각호에 정하는 규정을 적용하는 경우에는 이러한 규정 중 "100분의 90"은 "100분의 90을 초과하여 100분의 100 이하의 범위내에서 시정촌이 정하는 비율"로 한다.

1. 거택개호서비스비의 지급 : 제41조제 4 항제 1 호, 제 2 호 및 제43조제 1 항, 제 4 항 및 제 7 항
2. 특례거택개호서비스비의 지급 : 제42조제 2 항 및 제43조제 1 항, 제 4 항 및 제 7 항
3. 시설개호서비스비의 지급 : 제48조제 2 항제 1 호
4. 특례시설개호서비스비의 지급 : 제49조제 2 항
5. 거택개호복지용구 구입비의 지급 : 제44조제 3 항, 제 4 항 및 제 8 항
6. 거택개호주택개수비의 지급 : 제45조제 3 항, 제 4 항 및 제 8 항

제51조(고액개호서비스비의 지급) ①시정촌은 요개호피보험자가 받는 거택서비스(이에 상당하는 서비스를 포함한다) 또는 시설서비스에 필요한 비용의 합계 금액이 정령으로 정하는 바에 따라 선정한 금액에서 당해 비용에 대하여 지급된 거택개호서비스비, 특례거택개호서비스비, 시설개호서비스비 및 특례시설개호서비스비의 합계 금액을 공제한 금액이 현저하게 고액인 때에는 당해 요개호피보험자에게 고액개호서비스비를 지급한다.

②전항에서 규정하는 것 외에 고액개호서비스비의 지급 요건, 지급액, 기타 고액개호서비스비의 지급에 필요한 사항은 거택서비스 또는 시설서비스에 필요한 비용의 부담이 가계(家計)에 미치는 영향을 고려하여 정령으로 정한다.

제4절 예방급부

제52조(예방급부의 종류) 예방급부(予防給付)는 다음에 열거하는 보험급부로 한다.

1. 거택개호지원서비스비의 지급
2. 특례거택지원서비스비의 지급
3. 거택지원복지용구 구입비의 지급
4. 거택지원주택개수비의 지급
5. 거택지원서비스계획비의 지급
6. 특례거택지원서비스계획비의 지급
7. 고액거택지원서비스비의 지급

제53조(거택지원서비스비의 지급) ①시정촌은 요지원인정을 받은 피보험자 중에서 거택에서 일상생활을 하는 자(이하 "거택요지원피보험자"라 한다)가 지정거택서비스사업자로부터 지정거택서비스(치매대응형공동생활개호를 제외한다. 이하 본절에서 같음)를 받을 때에는 당해 거택요지원피보험자에게 당해 지정거택서비스에 필요한 비용(통원개호, 통원 재활훈련, 단기입소생활개호, 단기입소요양개호 및 특정시설입소자생활개호에 필요한 비용에 대하여서는 일상생활에 필요한 비용으로서 후생노동성령이 정하는 비용을 제외한다. 다음 항에서도 같음)에 대하여 거택지원서비스비를 지급한다. 다만, 당해 거택요지원피보험자가 제37조제 1 항의 규정에 의한 지정을 받고 있을 경우에 당해 지정과 관련한 종류 이외의 거택서비스를 받을 때에는 그러하지 아니하다.

②거택지원서비스비의 금액은 다음 각호에 열거하는 거택서비스의 구분에 따라 당해 각호에 정하는 금액으로 한다.

1. 방문개호, 방문입욕개호, 방문간호, 방문 재활훈련, 거택요양관리지도, 통원개호, 통원 재활훈련 및 복지용구대여 : 이러한 거택서비스의 종류마다 당해 거택서비스의 종류와 관련한 지정거택서비스의 내용, 당해 지정거택서비스 사업을 하는 사업소가 소재하는 지역등을 감안하여 산정되는 당해 지정거택서비스에 필요한 평균 비용(통원개호 및 통원 재활훈련에 필요한 비용에 대하여는 일상생활에 필요한 비용으로서 후생노동성령이 정하는 비용을 제외한다)을 감안하여 후생노동장관이 정하는 기준에 따라 산정한 비용(그 금액이 실제 당해 지정거택서비스에 소요된 비용을 초과하는 때에는 당해 실제 지정거택서비스에 소요된 비용으로 한다)의 100분의 90에 상당하는 금액
2. 단기입소생활개호, 단기입소요양개호 및 특정시설입소자생활개호 : 이러한 거택서비스의 종류마다 당해 거택서비스의 종류와 관련한 지정거택서비스

사업을 하는 사업소가 소재하는 지역등을 감안하여 산정되는 당해 지정거택서비스에 필요한 평균 비용(일상생활에 필요한 비용으로서 후생노동성령이 정하는 비용을 제외한다)을 감안하여 후생노동장관이 정하는 기준에 따라 산정한 비용(그 금액이 실제 당해 지정거택서비스에 소요된 비용을 초과하는 때에는 당해 실제 지정거택서비스에 소요된 비용으로 한다)의 100분의 90에 상당하는 금액

③후생노동장관은 전항 각호의 기준을 정하고자 할 때에는 사전에 사회보장심의회의 의견을 청취하여야 한다.

④제41조제 2 항, 제 3 항, 제 6 항, 제 7 항 및 제 9 항 내지 제12항의 규정은 거택지원서비스비의 지급에 대하여, 동조 제 8 항의 규정은 지정거택서비스 사업자에 대하여 준용한다. 이 경우에 이러한 규정에 필요한 기술적 대체 적용은 정령으로 정한다.

제54조(특례거택지원서비스비의 지급) ①시정촌은 다음에 열거하는 경우에는 거택요지원피보험자에 대하여 특례거택지원서비스비를 지급한다.

1. 거택요지원피보험자가 당해 요지원인정의 효력이 발생하는 날 이전에 긴급, 기타 부득이한 이유로 지정거택서비스를 받을 경우에 필요하다고 인정하는 때
2. 거택요지원피보험자가 기준해당거택서비스(치매대응형 공동생활개호에 상당하는 것을 제외한다. 다음 호에서 같음)를 받을 경우에 필요하다고 인정하는 때
3. 지정거택서비스 및 기준해당거택서비스의 확보가 현저하게 곤란한 섬, 기타 지역에서 후생노동장관이 정하는 기준에 해당하는 지역에 주소를 갖는 거택요지원피보험자가 지정거택서비스 및 기준해당거택서비스 이외의 거택서비스 또는 이에 상당하는 서비스를 받을 경우에 필요하다고 인정하는 때
4. 기타 정령으로 정하는 때

②특례거택지원서비스비의 금액은 당해 거택서비스 또는 이에 상당한 서비스에 대하여 전조 제 2 항 각호의 후생노동장관이 정하는 기준에 따라 산정한 비용(그 금액이 실제 당해 거택서비스 또는 이에 상당한 서비스에 소요된 비용(통원개호, 통원 재활훈련, 단기입소생활개호, 단기입소요양개호 및 특정시설입소자생활개호 및 이에 상당하는 서비스에 필요한 비용에 대하여는 일상생활에 필요한 비용으로서 후생노동성령이 정하는 비용을 제외한다)을 초과할 때에는 당해 실제 거택서비스 또는 이에 상당한 서비

스에 소요된 비용으로 한다}의 100분의 90에 상당하는 금액을 기준으로 시정촌이 정한다.

제55조(거택지원서비스비등에 관한 지급한도액) ①거택요지원피보험자가 거택서비스 구분마다 월을 단위로 후생노동성령이 정하는 기간에 받을 하나의 거택서비스 구분과 관련한 거택서비스(이에 상당하는 서비스를 포함한다. 이하 본조에서 같음)에 대하여 지급하는 거택지원서비스비의 총액 및 특례거택지원서비스비의 총액의 합계 금액은 거택지원서비스비 구분 지급한도 기준액을 기초로 후생노동성령이 정하는 바에 따라 산정한 금액의 100분의 90에 상당하는 금액을 초과할 수 없다.

②전항의 거택지원서비스비 구분 지급한도기준액은 거택서비스 구분마다 동항에 규정하는 후생노동성령이 정하는 기간에 당해 거택서비스 구분과 관련한 거택서비스의 표준적인 이용의 형태, 당해 거택서비스와 관련한 제53조제 2 항 각호의 후생노동대신이 정하는 기준등을 감안하여 후생노동장관이 정하는 금액으로 한다.

③시정촌은 전항의 규정에 관계없이 조례가 정하는 바에 따라 제 1 항의 거택지원서비스비 구분 지급한도기준액을 대신하여 그 금액을 초과하는 금액을 당해 시정촌에서의 거택지원서비스비 구분 지급한도기준액으로 할 수 있다.

④시정촌은 거택요지원피보험자가 거택서비스의 종류(거택서비스 구분에 포함된 것으로 후생노동장관이 정하는 것에 한한다. 다음 항에서도 같음)마다 월을 단위로 후생노동성령이 정하는 기간에 받은 한 종류의 거택서비스에 대하여 지급하는 거택지원서비스비의 총액 및 특례거택지원서비스비의 총액의 합계 금액에 대하여 거택지원서비스비 종류 지급한도기준액을 기초로 하여 후생노동성령이 정하는 바에 따라 산정한 금액의 100분의 90에 상당하는 금액을 초과하지 못하게 할 수 있다.

⑤전항의 거택지원서비스비 종류 지급한도기준액은 거택서비스 종류마다 동항에 규정하는 후생노동성령이 정하는 기간중의 당해 거택서비스의 표준적인 이용의 형태, 당해 거택서비스와 관련한 제53조제 2 항 각호의 후생노동장관이 정하는 기준등을 감안하여 당해 거택서비스를 포함한 거택서비스 구분과 관련한 제 1 항의 거택지원서비스비 구분 지급한도기준액(제 3 항의 규정에 의거하여 조례를 정하고 있는 시정촌에서는 당해 조례에 의한 조치가 강구된 금액으로 한다)의 범위내에서 시정촌이 조례로 정하는

금액으로 한다.

⑥거택지원서비스비 또는 특례거택지원서비스비를 지급함으로써 제 1 항에서 규정한 합계 금액이 동항에서 규정한 100분의 90에 상당하는 금액을 초과하는 경우 또는 제 4 항에서 규정한 합계 금액이 동항에서 규정한 100분의 90에 상당하는 금액을 초과하는 경우의 당해 거택지원서비스비 또는 특례거택지원서비스비의 금액은 제53조제 2 항 각호 또는 전조 제 2 항의 규정에 관계없이 정령이 정하는 바에 따라 산정한 금액으로 한다.

제56조(거택지원복지용구 구입비의 지원) ①시정촌은 거택요지원피보험자가 특정복지용구를 구입하는 때에는 당해 거택지원피보험자에게 거택지원복지용구 구입비를 지급한다.

②거택지원복지용구 구입비는 후생노동성령이 정하는 바에 따라 시정촌이 필요하다고 인정하는 경우에 한하여 지급하도록 한다.

③거택지원복지용구 구입비는 실제 당해 특정복지용구 구입에 소요된 비용의 100분의 90에 상당하는 금액으로 한다.

④거택요지원피보험자가 월을 단위로 후생노동성령이 정하는 기간에 구입한 특정복지용구에 대하여 지급하는 거택지원복지용구 구입비의 총액은 거택지원복지용구 구입비 지급한도 기준액을 기초로 후생노동성령이 정하는 바에 따라 산정한 금액의 100분의 90에 상당하는 금액을 초과할 수 없다.

⑤전항의 거택지원복지용구 구입비 지급한도 기준액은 동항에 규정하는 후생노동성령이 정하는 기간의 특정복지용구 구입에 통상 필요한 비용을 감안하여 후생노동장관이 정하는 금액으로 한다.

⑥시정촌은 전항의 규정에 관계없이 조례가 정하는 바에 따라 제 4 항의 거택지원복지용구 구입비 지급한도기준액을 대신하여 그 금액을 초과한 금액을 당해 시정촌에서의 거택지원복지용구 구입비 지급한도 기준액으로 할 수 있다.

⑦거택지원복지용구 구입비를 지급함으로써 제 4 항에 규정하는 총액이 동항에 규정하는 100분의 90에 상당하는 금액을 초과할 경우의 당해 거택지원복지용구 구입비는 제 3 항의 규정에 관계없이 정령이 정하는 바에 따라 산정한 금액으로 한다.

제57조(거택지원주택개수비의 지급) ①시정촌은 거택요지원피보험자가 주택을 개수한 때에는 당해 거택요지원피보험자에게 거택지원주택개수비를 지급한다.

②거택지원주택개수비는 후생노동성령이 정하는 바에 따라 시정촌이 필요하다고 인정한 경우에 한하여 지급하도록 한다.
③거택지원주택개수비는 실제 당해 주택개수에 소요된 비용의 100분의 90에 상당하는 금액으로 한다.
④거택요지원피보험자가 행한 한 종류의 주택개수에 대하여 지급하는 거택지원주택개수비의 총액은 거택지원주택개수비 지급한도기준액을 기초로 후생노동성령이 정하는 바에 따라 산정한 금액의 100분의 90에 상당하는 금액을 초과할 수 없다.
⑤전항의 거택지원주택개수비 지급한도 기준액은 주택개수의 종류마다 통상 소요되는 비용을 감안하여 후생노동장관이 정하는 금액으로 한다.
⑥시정촌은 전항의 규정에 관계없이 조례가 정하는 바에 따라 제4항의 거택지원주택개수비 지급한도기준액을 대신하여 그 금액을 초과한 금액을 당해 시정촌에서의 거택지원주택개수비 지급한도 기준액으로 할 수 있다.
⑦거택지원주택개수비를 지급함으로써 제4항에 규정하는 총액이 동항에 규정하는 100분의 90에 상당하는 금액을 초과할 경우의 당해 거택지원주택개수비는 제3항의 규정에 관계없이 정령이 정하는 바에 따라 산정한 금액으로 한다.

제58조(거택지원서비스계획비의 지급) ①시정촌은 거택요지원피보험자가 지정거택개호지원사업자로부터 지정거택개호지원을 받을 때에는 당해 거택요지원피보험자에게 당해 지정거택개호지원에 소요된 비용에 대하여 거택지원서비스계획비를 지급한다.
②거택지원서비스계획비의 금액은 지정거택개호지원 사업을 하는 사업소가 소재하는 지역등을 감안하여 산정되는 당해 지정거택개호지원에 필요한 평균 비용을 감안하여 후생노동장관이 정하는 기준에 따라 산정한 비용(그 금액이 실제 당해 지정거택개호지원에 소요된 비용을 초과할 때에는 당해 실제 지정거택개호지원에 소요된 비용을 금액으로 한다)으로 한다.
③후생노동장관은 전항의 기준을 정하고자 할 때에는 사전에 사회보장심의회의 의견을 청취하여야 한다.
④제46조 제4항 내지 제8항의 규정은 거택지원서비스비계획비의 지급 및 지정거택개호지원사업자에 대하여 준용한다. 이 경우에 이러한 규정에 관하여 필요한 기술적 대체 적용은 정령으로 정한다.

제59조(특례거택지원서비스계획비의 지급) ①시정촌은 다음에 열거하는 경우

에는 거택요지원피보험자에게 특례거택지원서비스계획비를 지급한다.
1. 거택요지원피보험자가 기준해당거택개호지원을 받을 경우에 필요하다고 인정하는 때
2. 지정거택개호지원 및 기준해당거택개호지원의 확보가 현저하게 곤란한 섬, 기타 지역으로 후생노동대신이 정하는 기준에 해당하는 지역에 주소를 갖는 거택요지원피보험자가 지정거택개호지원 및 기준해당거택개호지원 이외의 거택개호지원 또는 이에 상당하는 서비스를 받을 경우에 필요하다고 인정하는 때
3. 기타 정령으로 정하는 때

②특례거택지원서비스계획비의 금액은 당해 거택개호지원 또는 이에 상당하는 서비스에 대하여 전조 제2항의 후생노동대신이 정하는 기준에 따라 산정한 비용(그 금액이 실제 당해 거택개호지원 또는 이에 상당하는 서비스에 소요된 비용을 초과할 때에는 당해 실제 거택개호지원 또는 이에 상당한 서비스에 소요된 비용으로 한다)을 기준으로 시정촌이 정한다.

제60조(거택지원서비스비등의 금액 특례) 시정촌이 재해, 기타 후생노동성령이 정하는 특별한 사정으로 거택서비스(이에 상당한 서비스를 포함한다), 특정복지용구의 구입 또는 주택개수에 필요한 비용을 부담하기가 곤란하다고 인정한 거택요지원피보험자가 받는 다음 각호에 언급하는 예방급부에 대하여 당해 각호에 정하는 규정을 적용하는 경우에는 이러한 규정 중 "100분의 90"은 "100분의 90을 초과하여 100분의 100 이하의 범위내에서 시정촌이 정하는 비율"로 한다.
1. 거택지원서비스비의 지급 : 제53조 제2항 제1호, 제2호 및 제55조 제1항, 제4항 및 제7항
2. 특례거택지원서비스비의 지급 : 제54조제2항, 제55조 제1항, 제4항 및 제7항
3. 거택지원복지용구 구입비의 지급 : 제56조 제3항, 제4항 및 제8항
4. 거택지원주택개수비의 지급 : 제57조 제3항, 제4항 및 제8항

제61조(고액거택지원서비스비의 지급) ①시정촌은 거택요지원피보험자가 받은 거택서비스(이에 상당하는 서비스를 포함한다)에 소요된 비용의 합계 금액으로서 정령이 정하는 바에 따라 산정한 금액에서 당해 비용에 지급된 거택지원서비스비 및 특례거택지원서비스비의 합계 금액을 공제한 금액이 현저하게 고액인 때에는 당해 거택요지원피보험자에게 고액거택지원서비스비를 지급한다.

②전항에 규정하는 것 외에 고액거택지원서비스비의 지급 요건, 지급액, 기타 고액거택지원서비스비의 지급에 관하여 필요한 사항은 거택서비스에 필요한 비용의 부담이 가계(家計)에 미치는 영향을 고려해서 정령으로 정한다.

제5절 시정촌 특별급부

제62조 시정촌은 요개호피보험자 또는 거택요지원피보험자(이하 "요개호피보험자등"이라 한다)에게 전 2절의 보험급부 이외에 조례로 정하는 바에 따라 시정촌 특별급부를 시행할 수 있다.

제6절 보험급부의 제한등

제63조(보험급부의 제한) 감옥, 노역장, 기타 이에 준하는 시설에 구금되어 있는 자에 대하여는 그 기간에 개호급부등을 제공하지 아니한다.

제64조 시정촌은 자기의 고의적인 범죄 또는 중대한 과실로 또는 정당한 이유 없이 개호급부등 대상 서비스의 이용, 거택개호복지용구 구입비 또는 거택지원복지용구 구입비에 관한 특정복지용구의 구입 또는 거택개호주택개수비 또는 거택지원주택개수비에 관한 주택개수의 실시에 관한 지시에 따르지 아니하여 요개호상태등의 정도를 증진시킨 피보험자의 당해 요개호상태등에 대하여는 이를 지급사유로 하는 개호급부등은 그 전부 또는 일부를 지급하지 아니할 수 있다.

제65조 시정촌은 개호급부등을 받는 자가 정당한 이유없이 제23조의 규정에 의한 요구에 응하지 아니하거나 답변을 거부한 때에는 개호급부등의 전부 또는 일부를 지급하지 아니할 수 있다.

제66조(보험료 체납자에 관한 지불방법의 변경) ①시정촌은 보험료를 체납하고 있는 제1호피보험자인 요개호피보험자등{원자폭탄피폭자에대한원호에관한법률(1994년 법률제117호)에 의한 일반질병의료비의 지급, 기타 후생노동성령으로 정하는 의료에 관한 급부를 받을 수 있는 자를 제외한다}이 당해 보험료의 납기한으로부터 후생노동성령이 정하는 기간이 경과할 때까지 당해 보험료를 납부하지 아니할 경우에는 당해 보험료의 체납에 대하여 재해, 기타 정령으로 정하는 특별한 사유가 있다고 인정되는 경우를 제외하고 후생노동성령이 정하는 바에 따라 당해 요개호피보험자등에게 피보험자증의 제출을 요구하고 당해 피보험자증에 제41조 제6항(제53조 제

4항에서 준용하는 경우를 포함한다), 제46조제 4항(제58조 제4항에서 준용하는 경우를 포함한다) 및 제48조 제5항의 규정을 적용하지 아니한다는 취지를 기재(이하 본조 및 다음 조 제 3 항에서 "지불방법변경의 기재"라 한다)하도록 한다.

②시정촌은 전항에 규정하는 후생노동성령으로 정하는 기간이 경과하지 아니할 경우에도 동항에 규정하는 정령으로 정하는 특별한 사정이 있다고 인정하는 경우를 제외하고 동항에 규정하는 요개호피보험자에게 피보험자증의 제출을 요구하고 당해 피보험자증에 지불방법의 변경을 기재할 수 있다.

③시정촌은 전 2항의 규정에 의하여 지불방법 변경을 기재받은 요개호피보험자등이 체납하고 있는 보험료를 완납할 때 또는 당해 요개호피보험자등과 관련한 체납액의 감소, 재해, 기타 정령으로 정한 특별한 사정이 있다고 인정하는 때에는 당해 지불방법 변경의 기재를 삭제하도록 한다.

④제1항 또는 제2항의 규정에 의하여 지불방법의 변경을 기재받은 요개호피보험자등이 당해 지불방법의 변경이 기재되는 동안에 받은 지정거택서비스, 지정거택개호지원 및 지정시설서비스등과 관련한 거택개호서비스비의 지급 및 거택지원서비스비의 지급, 거택개호서비스계획비의 지급, 거택지원서비스계획비의 지급 및 시설개호서비스비의 지급에 대하여는 제41조 제6항(제53조 제4항에서 준용하는 경우를 포함한다), 제46조 제4 항(제58조 제4항에서 준용하는 경우를 포함한다) 및 제48조 제5항의 규정은 적용하지 아니한다.

제67조(보험급부 지불의 일시정지) ①시정촌은 보험급부를 받을 수 있는 제1호피보험자인 요개호피보험자등이 당해 보험료의 납기한으로부터 후생노동성령이 정하는 기간이 경과할 때까지 당해 보험료를 납부하지 아니할 경우에 당해 보험료의 체납에 대하여 재해, 기타 정령으로 정하는 특별한 사유가 있다고 인정되는 경우를 제외하고 후생노동성령이 정하는 바에 따라 보험급부의 전부 또는 일부의 지불을 일시정지할 수 있다.

②시정촌은 전항에 규정하는 후생노동성령으로 정하는 기간이 경과하지 아니할 경우에도 보험급부를 받을 수 있는 제1호피보험자인 요개호피보험자등이 당해 보험료를 체납하고 있는 경우 당해 보험료의 체납에 대하여 재해, 기타 정령으로 정하는 특별한 사유가 있다고 인정하는 경우를 제외하고 후생노동성령이 정하는 바에 따라 보험급부의 전부 또는 일부의 지불

을 일시정지할 수 있다.

③전조 제 1 항 또는 제 2 항의 규정에 의하여 지불방법의 변경을 기재받은 요개호피보험자등이 전 2항의 규정에 의한 보험급부의 전부 또는 일부의 지불을 일시정지받고 있는 자가 체납하고 있는 보험료를 납부하지 아니할 경우 후생노동성령이 정하는 바에 따라 미리 당해 요개호피보험자등에게 통지하고 당해 일시정지와 관련한 보험급부의 금액에서 당해 요개호피보험자등이 체납하고 있는 보험료액을 공제할 수 있다.

제68조(의료보험 각법의 규정에 의한 보험료등에 미납이 있는 자에 대한 보험급부의 일시정지) ①시정촌은 보험급부를 받을 수 있는 제2호피보험자인 요개호피보험자등에게 의료보험각법이 정한 바에 따라 당해 요개호피보험자가등이 납부 의무 또는 불입 의무를 지는 보험료{지방세법(1950년 법률 제226호)의 규정에 의한 국민건강보험세를 포함한다} 또는 부금으로 납기한 또는 불입기한까지 납부하지 아니한 것(이하 이 항 및 다음 항에서 "미납의료보험료등"이라 한다)이 있을 경우에 미납의료보험료등이 있는 것에 대하여 재해, 기타 정령이 정하는 바에 따라 당해 요개호피보험자등에게 피보험자증의 제출을 요구하고, 당해 피보험자증에 제41조 제6항(제53조제 4 항에서 준용하는 경우를 포함한다), 제46조 제4항(제58조제4항에서 준용하는 경우를 포함한다) 및 제48조제 5 항의 규정을 적용하지 아니한다는 취지 및 보험급부의 전부 또는 일부의 지불을 일시정지한다는 취지를 기재(이하 이 조에서 "보험급부 정지의 기재"라 한다)할 수 있다.

②시정촌은 전항의 규정에 의하여 보험급부 정지를 기재받은 요개호피보험자등이 미납의료보험료등을 완납할 때 또는 당해 요개호피보험자등과 관련한 미납의료보험료등의 현저한 감소, 재해, 기타 정령으로 정하는 특별한 사정이 있다고 인정하는 때에는 당해 보험급부 정지의 기재를 삭제하도록 한다.

③제66조 제4항의 규정은 제 1 항의 규정에 의하여 보험급부의 정지를 기재받은 요개호피보험자등에 대하여 준용한다.

④시정촌은 제1항의 규정에 의하여 보험급부의 정지를 기재받은 요개호피보험자등에 대하여 보험급부의 전부 또는 일부의 지불을 일시정지할 수 있다.

⑤시정촌은 요개호피보험자등에 대한 보험급부 정지의 기재에 필요하다고 인정하는 때에는 당해 요개호피보험자등이 가입한 의료보험자에게 당해

요개호피보험자등과 관련한 의료보험 각법의 규정에 의하여 징수된 보험료{지방세법(1950년 법률 제226호)의 규정에 의한 국민건강보험세를 포함한다} 또는 부금의 납부 상황, 기타 후생노동성령으로 정하는 사항에 대하여 후생노동성령이 정하는 바에 따라 당해 요개호피보험자등이 가입한 의료보험자에게 정보 제공을 요구할 수 있다.

제69조(보험료를 징수할 권리가 소멸한 경우의 보험급부의 특례) ①시정촌은 요개호인정, 요개호갱신인정, 제29조 제2항에 준용하는 제27조 제10항 또는 제30조 제1항의 규정에 의한 요개호상태 구분의 변경 인정, 요지원인정 또는 요지원갱신인정(이하 이 항에서 단순히 "인정"이라 한다)을 한 경우 당해 인정과 관련한 제1호피보험자인 요개호피보험자등에 대하여 보험료 징수권 소멸기간(당해 기간과 관련한 보험료를 징수할 권리가 시효에 의하여 소멸한 기간에 대하여 정령이 정하는 바에 따라 산정되는 기간을 말한다. 이하 이 항에서 같음)이 있을 때에는 후생노동성령이 정하는 바에 따라 당해 요개호피보험자등의 피보험자증에 당해 인정과 관련한 제27조 제10항 후단(제28조 제4항 및 제29조제2항에서 준용하는 경우를 포함한다), 제30조제 1 항 후단 또는 제35조 제4 항 후단 또는 제32조 제6항 후단(제33조 제4항에서 준용하는 경우를 포함한다) 또는 제35조 제2항 후단 또는 제6항 후단의 규정에 의한 기재와 더불어 개호급부등(거택개호서비스계획비의 지급, 특례거택개호서비스계획비의 지급, 거택지원서비스계획비의 지급, 특례거택지원서비스계획비의 지급, 고액개호서비스비의 지급 및 고액거택지원서비스비의 지급을 제외한다) 금액의 감액을 한다는 취지, 고액개호서비스비 및 고액거택지원서비스비를 지급하지 아니한다는 취지 및 이러한 조치가 취해지는 기간(시정촌이 정령으로 정하는 바에 따라 보험료 징수권 소멸기간으로 정하는 기간을 말한다. 이하 이 조에서는 "급부액 감액기간"이라 한다)을 기재(이하 이 조에서는 "급부액 감액등의 기재"라 한다)하도록 한다. 다만, 당해 요개호피보험자등에 대하여 재해 및 기타 정령으로 정한 특별한 사정이 있다고 인정하는 때에는 그러하지 아니하다.
②시정촌은 전항의 규정에 의하여 급부액 감액등을 기재받은 요개호피보험자등에 대하여 동항 단서의 정령으로 정하는 특별한 사정이 있다고 인정하는 때 또는 급부액 감액기간이 경과한 때에는 당해 급부액 감액등의 기재를 삭제하도록 한다.
③제1항의 규정에 의하여 급부액 감액등을 기재받은 요개호피보험자등이 당

해 기재를 받은 날이 속한 달의 익월 초일부터 당해 급부액 감액 기간이 경과할 때까지 이용한 거택서비스(이에 상당한 서비스를 포함한다. 다음 항에서도 같음) 및 시설서비스, 구입한 특정복지용구 및 주택개수와 관련한 다음 각호에 열거하는 개호급부등에 대하여 당해 각호에 정하는 규정을 적용하는 경우에는 이러한 규정 중 "100분의 90"은 "100분의 70"으로 한다.

1. 거택개호서비스비의 지급 : 제41조 제4항 제1호, 제2호, 제43조 제1항, 제4항 및 제7항
2. 특례거택개호서비스비의 지급 : 제42조 제2항, 제43조 제1항, 제4항 및 제7 항
3. 시설개호서비스비의 지급 : 제48조 제2할 제1호
4. 특례시설개호서비스비의 지급 : 제49조 제2항
5. 거택지원서비스비의 지급 : 제53조 제2항 제1호, 제2호, 제5조 제1항, 제4항 및 제7항
6. 특례거택지원서비스비의 지급 : 제54조 제2항, 제55조 제1항, 제4항 및 제7 항
7. 거택개호복지용구 구입비의 지급 : 제44조 제3항, 제4항 및 제8항
8. 거택지원복지용구 구입비의 지급 : 제56조 제3항, 제4항 및 제8항
9. 거택개호주택개수비의 지급 : 제45조 제3항, 제4항 및 제8항
10. 거택지원주택개수비의 지급 : 제57조 제3항, 제4항 및 제8항

④제1항의 규정에 의하여 급부액 감액등을 기재받은 요개호피보험자등이 당해 기재를 받은 날이 속한 달의 익월 초일부터 당해 급부액 감액기간이 경과하는 날까지 받은 거택서비스 및 시설서비스에 필요한 비용에 대하여는 제51조 제 1항 및 제61조 제1항의 규정은 적용하지 아니한다.

제 5 장 사업자 및 시설
제1절 지정거택서비스사업자

제70조(지정거택서비스사업자의 지정) ①제41조 제1항 본문의 지정은 후생노동성령이 정하는 바에 따라 지정서비스사업을 하는 자의 신청에 의하여 거택서비스의 종류 및 당해 거택서비스의 종류와 관련한 거택서비스사업

을 하는 사업소(이하 이 절에서 단순히 "사업소"라 한다)마다 실시한다.

②도도부현 지사는 전항의 신청이 있을 때 다음 각호(병원, 진료소 또는 약국에 의하여 행해지는 거택요양관리지도 또는 병원 또는 진료소에 의하여 행해지는 방문개호, 방문 재활훈련, 통원 재활훈련 또는 단기입소요양개호와 관련한 지정 신청에 있어서는 제2호 또는 제3호)에 해당하는 때에는 제41조 제1항 본문의 지정을 해서는 아니 된다.

1. 신청자가 법인이 아닐 때
2. 당해 신청과 관련한 사업소의 종업원의 지식, 기능 및 인원이 제74조제 1항의 후생노동성령으로 정하는 기준 및 동항의 후생노동성령으로 정하는 정수를 충족시키고 있지 아니한 때
3. 신청자가 제74조 제2항에 규정하는 지정거택서비스 사업의 설비 및 운영을 할 수 없다고 인정되는 때

제71조(지정거택서비스사업자의 특례) ①병원, 진료소 또는 약국에 대하여 건강보험법 제43조의 3 제1항의 규정에 의한 보험의료기관 또는 보험약국의 지정이 있을 때(동조 제10항의 규정에 의하여 동조 제1항의 지정이 있은 것으로 간주되는 때를 포함한다) 또는 동법 제44조제 1 항 제1호의 규정에 의한 특정승인보험의료기관의 승인이 있을 때에는 그 지정 또는 승인 시 당해 병원, 진료소 또는 약국의 개설자에게 당해 병원, 진료소 또는 약국에 의하여 행해지는 거택서비스(병원 또는 진료소에 있어서는 거택요양관리지도, 기타 후생노동성령으로 정하는 종류의 거택서비스에 한하며, 약국에 있어서는 거택요양관리지도에 한한다)와 관련한 제41조 제1항 본문의 지정이 있은 것으로 간주한다. 다만, 당해 병원, 진료소 또는 약국의 개설자가 후생노동성령으로 정하는 바에 따라 별도의 신청을 한 때에는 그러하지 아니하다.

②전항의 규정에 의하여 지정거택서비스사업자로 간주된 자와 관련한 제41조 제1항 본문의 지정은 당해 지정과 관련한 병원, 진료소 또는 약국에 대하여 건강보험법 제43조의 12의 규정에 의한 보험의료기관 또는 보험약국 지정의 취소 또는 동법 제44조 제12항에서 준용하는 동법 제43조의 12의 규정에 의한 특정승인보험의료기관의 승인 취소가 있을 때에는 그 효력을 상실한다.

제72조 ①개호노인보건시설 또는 개호요양형의료시설에 대하여 제94조 제1항의 허가 또는 제48조 제1항 제3호의 지정이 있을 때에는 그 허가 또는 지

정시에 당해 개호노인보건시설 또는 개호요양형의료시설의 개설자에 대하여 당해 개호노인보건시설 또는 개호요양형의료시설에 의하여 행해지는 거택서비스(단기입소요양개호 및 기타 후생노동성령으로 정한 거택서비스의 종류에 한한다)와 관련한 제41조 제1항 본문이 지정이 있은 것으로 간주한다. 다만, 당해 개호노인보건시설 또는 개호요양형의료시설의 개설자가 후생노동성령으로 정하는 바에 따라 별도의 신청을 한 때에는 그러하지 아니하다.
②전항의 규정에 의하여 지정거택서비스사업자로 간주된 자와 관련한 제41조 제1항 본문의 지정은 당해 지정과 관련한 개호노인보건시설 또는 개호요양형의료시설에 대하여 제104조 제1항의 규정에 의한 허가의 취소 또는 제114조 제1항의 규정에 의한 지정의 취소가 있을 때에는 그 효력을 상실한다.

제73조(지정거택서비스의 사업 기준) ①지정거택서비스사업자는 제74조 제2항에 규정하는 지정거택서비스 사업의 설비 및 운영에 관한 기준에 따라 요개호자등의 심신의 상황등에 따라서 절적한 지정거택서비스를 제공하는 동시에 자신들이 제공하는 지정거택서비스의 질을 평가하고 기타 조치를 강구함으로써 항상 지정거택서비스를 받는 자의 입장에 서서 이를 제공하도록 노력하여야 한다.
②지정거택서비스사업자는 지정거택서비스를 받고자 하는 피보험자로부터 제시된 피보험자증에 제27조 제10항 제2호(제28조 제4항 및 제29조 제2항에서 준용하는 경우를 포함한다) 또는 제32조 제6항 제2호(제33조 제4항에서 준용하는 경우를 포함한다)에서 언급한 의견 또는 제30조 제1항 후단에 규정하는 의견(이하 "인정심사회의 의견"이라 한다)이 기재되어 있을 때에는 당해 인정심사회의 의견을 배려하여 당해 피보험자에게 당해 지정거택서비스를 제공하도록 노력하여야 한다.

제74조 ①지정거택서비스사업자는 당해 지정과 관련한 사업소마다 후생노동성령으로 정하는 기준에 따라 후생노동성령으로 정한 정수의 당해 지정거택서비스에 종사하는 종업원을 갖고 있어야 한다.
②전항에 규정하는 것 외에 지정거택서비스 사업의 설비 및 운영에 관한 기준은 후생노동장관이 정한다.
③후생노동장관은 전항에 규정하는 지정거택서비스 사업의 설비 및 운영에 관한 기준(지정거택서비스의 취급에 관한 부분에 한한다)을 정하고자 할

때에는 미리 사회보장심의회의 의견을 청취하여야 한다.

제75조(변경의 신고등) 지정거택서비스사업자는 당해 지정과 관련한 사업소의 명칭 및 소재지, 기타 후생노동성령으로 정하는 사항에 변경이 있을 때 또는 당해 지정거택서비스 사업을 폐지 또는 휴지(休止)하거나 재개할 때에는 후생노동성령이 정하는 바에 따라 10일 이내에 그 취지를 도도부현 지사에게 신고하여야 한다.

제76조(보고등) ①도도부현 지사는 거택개호서비스비의 지급 또는 거택지원서비스비의 지급에 관하여 필요하다고 인정할 때에는 지정거택서비스사업자 또는 지정거택서비스사업자였던 자 또는 당해 지정과 관련한 사업소의 종업원이었던 자(이하 이 항에서 "지정거택서비스사업자였던 자등"이라 한다)에게 보고, 장부서류의 제출 또는 제시를 명하고, 지정거택서비스사업자 또는 당해 지정과 관련한 사업소의 종업원 또는 지정거택서비스사업자였던 자등에게 출두를 요구하거나 당해 직원으로 하여금 관련자에게 질문을 하게 하거나 또는 당해 지정거택서비스사업자의 당해 지정과 관련한 사업소에 대하여 설비, 장부서류, 기타 물건을 검사하게 할 수 있다.

②제24조제 3 항의 규정은 전항의 규정에 의한 질문 또는 검사에 대하여, 동조 제 4 항의 규정은 전항의 규정에 의한 권한에 대하여 준용한다.

제77조(지정의 취소) ①도도부현 지사는 다음 각호에 해당하는 경우에는 당해 지정거택서비스사업자와 관련한 제41조 제1항 본문의 지정을 취소할 수 있다.

1. 지정거택서비스사업자가 당해 지정과 관련한 사업소 종업원의 지식, 기능 또는 인원에 대하여 제74조 제1항의 후생노동성령으로 정하는 기준 또는 동항의 후생노동성령으로 정하는 정수를 충족시키지 못하게 되는 때
2. 지정거택서비스사업자가 제74조 제2항에 규정하는 지정거택서비스 사업의 설비 및 운영에 관한 기준에 따라 적정한 지정거택서비스 사업의 운영이 불가능해지는 때
3. 거택개호서비스비 또는 거택지원서비스비의 청구와 관련하여 부정이 있을 때
4. 지정거택서비스사업자가 전조 제 1 항의 규정에 의하여 보고, 장부서류의 제출 또는 제시를 명령받고 이에 따르지 아니하거나 허위의 보고를 하는 때
5. 지정거택서비스사업자 또는 당해 지정과 관련한 사업소의 종업원이 전조 제 1 항의 규정에 의하여 출두를 요구받고도 이에 응하지 아니하고 동항의 규정에 의한 질문에 대하여서 답변하지 아니하거나 허위 답변 또는 동

항의 규정에 의한 검사를 거부, 방해 또는 기피하는 때. 다만, 당해 지정과 관련한 사업소의 종업원이 그러한 행위를 한 경우에 그 행위를 방지하기 위하여 당해 거택서비스사업자가 상당한 주의 및 감독을 다했을 때를 제외한다.
6. 지정거택서비스사업자가 부정한 수단으로 제41조 제1항 본문의 지정을 받을 때

②시정촌은 보험급부와 관련한 지정거택서비스를 제공한 지정거택서비스사업자에게 전항 제2호 또는 제3호에 해당한다고 인정할 때에는 그 취지를 당해 지정과 관련한 사업소 소재지의 도도부현 지사에게 통지할 수 있다.

제78조 (공시) 도도부현 지사는 다음에 열거하는 경우에는 그 취지를 공시하여야 한다.
1. 제41조 제1항 본문의 지정을 한 때
2. 제75조의 규정에 의한 신고(동조의 후생노동성령으로 정한 사항의 변경, 동조에 규정하는 휴지 및 재개와 관련한 것을 제외한다)가 있을 때
3. 전조 제 1 항의 규정에 의하여 제41조 제1항 본문의 지정을 취소한 때

제2절 지정거택개호지원사업자

제79조(지정거택개호지원사업자의 지정) ①제46조 제1항 본문의 지정은 후생노동성령이 정하는 바에 따라 가택개호지원사업을 하는 자의 신청에 의하여 거택개호지원사업을 하는 사업소(이하 이 절에서는 단순히 "사업소"라 한다)마다 실시한다.

②도도부현 지사는 전항의 신청이 있을 경우에 있어서 다음 각호에 해당할 때에는 제46조 제1항 본문의 지정을 해서는 아니 된다.
1. 신청자가 법인이 아닐 때
2. 당해 신청과 관련한 사업소의 개호지원전문원(요개호자등의 상담에 응하고 요개호자등이 그 심신의 상황등에 따라 적절한 거택서비스 또는 시설서비스를 이용할 수 있도록 시정촌, 거택서비스 사업을 하는 자, 개호보험시설등과의 연락조정등을 하는 자로서 요개호자등이 자립된 일상생활을 하는데 필요한 원조에 관한 전문적인 지식 및 기술을 갖고 있는 자로서 정령으로 정한 자를 말한다. 이하 같음)의 인원이 제81조 제1항의 후생노동성령으로 정하는 정수를 충족시키고 있지 아니할 때
3. 신청서가 제81조 제2항에 규정하는 지정거택개호지원 사업의 운영에 관한

／부 록／

　　기준에 따라 적정한 거택개호지원사업의 운영이 불가능하다고 인정되는 때
제80조(지정거택개호지원사업의 기준) ①지정거택개호지원사업자는 제81조 제2 항에 규정하는 지정거택개호지원 사업의 설비 및 운영에 관한 기준에 따라 요개호자등의 심신의 상황등에 따라 적절한 지정거택개호지원을 제공하는 동시에 자신들이 제공하는 지정거택개호지원의 질을 평가하고 기타 조치를 강구함으로써 항상 지정거택개호지원을 받는 자의 입장에 서서 이를 제공하도록 노력하여야 한다.
　②지정거택개호지원사업자는 지정거택개호지원을 받고자 하는 피보험자로부터 제시된 피보험자증에 인정심사회의 의견이 기재되어 있는 때에는 당해 인정심사회의 의견을 배려하여 당해 피보험자에게 당해 지정거택개호지원을 제공하도록 노력하여야 한다.
제81조 ①지정거택개호지원사업자는 당해 지정과 관련한 사업소마다 후생노동성령으로 정한 정수의 개호지원전문원을 보유하여야 한다.
　②전항에 규정하는 것 외에 지정거택개호지원 사업의 운영에 관한 기준은 후생노동장관이 정한다.
　③후생노동장관은 전항에 규정하는 지정거택개호지원 사업의 운영에 관한 기준(지정거택개호지원의 취급에 관한 부분에 한한다)을 정하고자 할 때에는 사전에 사회보장심의회의 의견을 청취하여야 한다.
제82조(변경의 신고등) 지정거택개호원사업자는 당해 지정과 관련한 사업소의 명칭 및 소재지 기타 후생노동성령으로 정하는 사항에 변경이 있을 때 또는 당해 지정거택개호지원 사업을 폐지 또는 휴지(休止)하거나 재개할 때에는 후생노동성령이 정하는 바에 따라 10일 이내에 그 취지를 도도부현지사에게 신고하여야 한다.
제83조(보고등) ①도도부현 지사는 필요하다고 인정한 때에는 지정거택개호지원사업자 또는 지정거택개호지원사업자였던 자 또는 당해 지정과 관련한 사업소의 종업원이었던 자(이하 이 항에서 "지정거택개호지원사업자였던 자등"이라 한다)에게 보고, 장부서류의 제출 또는 제시를 명하고, 지정거택개호지원사업자 또는 당해 지정과 관련한 사업소의 종업원 또는 지정거택개호지원사업자였던 자등에게 출두를 요구하거나 당해 직원으로 하여금 관련자에게 질문하게 하거나 당해 지정거택개호지원사업자의 당해 지정과 관련한 사업소에 대하여 설비, 장부서류, 기타 물건을 검사하게 할 수 있다.
　②제24조 제3항의 규정은 전항의 규정에 의한 질문 또는 검사에 대하여, 동

조 제4항의 규정은 전항의 규정에 의한 권한에 대하여 준용한다.

제84조(지정의 취소) ①도도부현 지사는 다음 각호에 해당하는 경우에는 당해 지정거택개호지원사업자와 관련한 제46조 제1항 본문의 지정을 취소할 수 있다.

1. 지정거택개호지원사업자가 당해 지정과 관련한 사업소의 개호지원전문원의 인원에 대하여 제81조 제1항의 후생노동성령으로 정한 정수를 충족시키지 못하게 되는 때
2. 지정거택개호지원사업자가 제81조 제2항에 규정하는 지정거택개호지원 사업의 운영에 관한 기준에 따라서 적정한 지정거택서비스 사업을 운영하는 것이 불가능해지는 때
3. 제27조 제2항 후단(제28조 제4항, 제29조 제2항, 제30조 제2항, 제31조 제2항(제33조 제4항 및 제34조 제2항에서 준용하는 경우를 포함한다)에서 준용한 경우를 포함한다. 다음 항, 제92조, 제104조 및 제114조에서 같음)의 규정에 의하여 조사를 위탁받은 경우에 당해 조사 결과에 대하여 허위 보고를 하는 때
4. 거택개호서비스계획비 또는 거택지원서비스계획비의 청구에 관하여 부정이 있을 때
5. 지정거택개호지원사업자가 전조 제1항의 규정에 의하여 보고, 장부서류의 제출 또는 제시를 명령받고도 이에 따르지 아니하거나 허위 보고를 하는 때
6. 지정거택개호지원사업자 또는 당해 지정과 관련한 사업소의 종업원이 전조 제1항의 규정에 의하여 출두를 요구받고 이에 응하지 아니하거나 동항의 규정에 의한 질문에 대하여 답변하지 아니하거나 허위 답변, 동항의 규정에 의한 검사를 거부, 방해 또는 기피하는 때. 다만, 당해 지정과 관련한 사업소의 종업원이 그러한 행위를 한 경우에 그 행위를 방지하기 위해 지정거택개호지원사업자가 상당한 주의 및 감독을 다하는 때를 제외한다.
7. 지정거택개호지원사업자가 부정한 수단으로 제46조 제1항 본문의 지정을 받을 때

②시정촌은 보험급부와 관련한 지정거택개호지원 또는 제27조 제2항 후단의 규정에 의하여 위탁한 조사를 한 지정거택개호지원사업자에게 전항 제2호 내지 제4호의 1에 해당한다고 인정한 때에는 그 취지를 당해 지정과 관련한 사업소 소재지의 도도부현 지사에게 통지할 수 있다.

제85조 (공시) 도도부현 지사는 다음에 열거하는 경우에는 그 취지를 공시하여야 한다.
1. 제46조제 1 항의 지정을 하는 때
2. 제82조의 규정에 의한 신고(동조의 후생노동성령으로 정하는 사항의 변경, 동조에서 규정한 휴지 및 재개와 관련한 것을 제외한다)가 있을 때
3. 전조 제 1 항의 규정에 의하여 제46조 제1항의 지정을 취소하는 때

제3절 개호보험시설

제1관 지정개호노인복지시설

제86조(지정개호노인복지시설의 지정) ①제48조 제1항 제1호의 지정은 후생노동성령이 정하는 바에 따라 노인복지법 제20조의 5에서 규정하는 특별양호 노인시설으로서 그 개설자의 신청이 있는 것에 대하여 한다.
②도도부현 지사는 전항의 신청이 있을 때에는 당해 특별양호 노인시설이 다음 각호의 1에 해당할 때에는 제48조제 1 항제 1 호의 지정을 해서는 아니 된다.
1. 제88조제 1 항에 규정하는 인원을 갖고 있지 아니할 때
2. 제88조제 2 항에 규정하는 지정개호노인복지시설의 설비 및 운영에 관한 기준에 따라 적정한 개호노인복지시설의 운영을 할 수 없다고 인정되는 때
제87조(지정개호노인복지시설의 기준) ①지정개호노인복지시설의 개설자는 제88조제 2 항에 규정하는 지정개호노인복지시설의 설비 및 운영에 관한 기준에 따라 요개호자의 심신의 상황등에 맞게 적절한 지정개호복지시설서비스를 제공하는 동시에 자신들이 제공하는 지정개호복지시설서비스의 질을 평가하고 기타 조치를 강구함으로써 항상 지정개호복지시설서비스를 받는 자의 입장에 서서 이를 제공하도록 노력하여야 한다.
②지정거택개호지원사업자는 지정거택개호지원을 받고자 하는 피보험자로부터 제시된 피보험자증에 인정심사회의 의견이 기재되어 있는 때에는 당해 인정심사회의 의견을 배려하여 당해 피보험자에게 당해 지정거택개호지원을 제공하도록 노력하여야 한다.
제88조 ①지정개호노인복지시설은 후생노동성령으로 정한 정수의 개호지원전문원, 기타 지정개호복지시설서비스에 종사하는 종업원을 보유하여야 한다.

②전항에 규정하는 것 외에 지정개호노인복지시설의 설비 및 운영에 관한 기준은 후생노동장관이 정한다.

③후생노동장관은 전항에 규정하는 지정개호노인복지시설의 설비 및 운영에 관한 기준(지정개호복지시설서비스의 취급에 관한 부분에 한한다)을 정하고자 할 때에는 사전에 사회보장심의회의 의견을 청취하여야 한다.

제89조(변경의 신고) 지정개호노인복지시설의 개설자는 개설자의 주소, 기타 후생노동성령으로 정하는 사항에 변경이 있을 때에는 후생노동성령이 정하는 바에 따라 10일 이내에 그 취지를 도도부현 지사에게 신고하여야 한다.

제90조(보고등) ①도도부현 지사는 필요하다고 인정한 때에는 지정개호노인복지시설 또는 지정개호노인복지시설의 개설자 또는 그 책임자, 기타 종업원이었던 자(이하 이 항에서 "개설자였던 자등"이라 한다)에 대하여 보고, 장부서류의 제출 또는 제시를 명하고, 지정개호노인복지시설의 개설자, 그 책임자, 기타 종업원이었던 자등에 대하여 출두를 요구하거나 당해 직원으로 하여금 관련자에게 질문시키거나 당해 지정개호노인복지시설에 대하여 설비 또는 장부서류 및 기타 물건을 검사하게 할 수 있다.

②제24조제 3 항의 규정은 전항의 규정에 의한 질문 또는 검사에 대하여, 동조 제 4 항의 규정은 전항의 규정에 의한 권한에 대하여 준용한다.

제91조(지정의 사퇴) 지정개호노인복지시설은 1개월 이상의 예고기간을 두고 그 지정을 사퇴할 수 있다.

제92조(지정의 취소) ①도도부현 지사는 다음 각호의 1에 해당하는 경우에는 당해 지정개호노인복지시설과 관련한 제48조제 1 항제 1 호의 지정을 취소할 수 있다.

1. 지정개호노인복지시설이 행하는 지정개호복지시설서비스에 종사하는 인원에 대하여 제88조제 1 항의 후생노동성령으로 정하는 정수를 충족시키지 못하게 되는 때
2. 지정개호노인복지시설이 제88조제 2 항에 규정하는 지정개호노인복지시설의 설비 및 운영에 관한 기준에 따라 적정한 지정개호노인복지시설을 운영하는 것이 불가능해지는 때
3. 제27조제 2 항 후단의 규정에 의하여 조사를 위탁받은 경우에 당해 조사 결과에 대하여 허위 보고를 하는 때
4. 거택개호서비스비의 청구에 관하여 부정이 있을 때

5. 지정개호노인복지시설이 제90조제 1 항의 규정에 의하여 보고, 장부서류의 제출 또는 제시를 명령받고도 이에 따르지 아니하거나 허위 보고를 하는 때
6. 지정개호노인복지시설의 개설자, 그 책임자 또는 종업원이 제90조제 1 항의 규정에 의하여 출두를 요구받고도 이에 응하지 아니하거나 동항의 규정에 의한 질문에 답변하지 아니하거나 허위 답변, 동항의 규정에 의한 검사를 거부, 방해 또는 기피하는 때. 다만, 당해 지정개호노인복지시설의 종업원이 그러한 행위를 한 경우에 그 행위를 방지하기 위하여 당해 지정개호노인복지시설의 개설자 또는 그 책임자가 상당한 주의 및 감독을 다하는 때를 제외한다.
7. 지정개호노인복지시설의 개설자가 부정한 수단으로 제48조제 1 항제 1 호의 지정을 받을 때

② 시정촌은 보험급부와 관련한 지정개호복지시설서비스 또는 제27조제 2 항 후단의 규정에 의하여 위탁한 조사를 한 지정개호노인복지시설에 대하여 전항 제 2 호 내지 제 4 호의 1에 해당한다고 인정한 때에는 그 취지를 당해 지정개호노인복지시설의 소재지의 도도부현 지사에게 통지할 수 있다.

제93조(공시) 도도부현 지사는 다음에 열거하는 경우에는 그 취지를 공시하여야 한다.
1. 제48조제 1 항제 1 호의 지정을 하는 때
2. 제91조의 규정에 의한 제48조제 1 항제 1 호의 지정을 사퇴하는 때
3. 전조 제 1 항의 규정에 의하여 제48조제 1 항제 1 호의 지정을 취소하는 때

제2관 개호노인보건시설

제94조(개설허가) ① 개호노인보건시설을 개설하고자 하는 자는 후생노동성령이 정하는 바에 따라 도도부현 지사의 허가를 받아야 한다.
② 개호노인보건시설을 개설하고자 하는 자(이하 "개호노인보건시설의 개설자"라 한다)가 당해 개호노인보건시설의 입소 정원, 기타 후생노동성령으로 정하는 사항을 변경하고자 하는 때에도 전항과 같다.
③ 도도부현 지사는 전 2항의 허가 신청이 있을 때에는 다음 각호(전항의 신청에 있어서는 제 2 호 또는 제 3 호)의 1에 해당할 때에는 전 2항의 허가를 할 수가 없다.

1. 당해 개호노인보건시설을 개설하고자 하는 자가 지방공공단체, 의료법인, 사회복지법인, 기타 후생노동장관이 정한 자가 아닌 때
2. 당해 개호노인보건시설이 제97조제 1 항에 규정하는 시설 또는 동조 제 2 항에 규정하는 인원을 보유하지 아니할 때
3. 제97조제 3 항에 규정하는 개호노인보건시설의 설비 및 운영에 관한 기준에 따라 적정한 개호노인보건시설을 운영할 수 없게 되었다고 인정된 때
④도도부현 지사는 영리를 목적으로 개호노인보건시설을 개설하고자 하는 자에 대하여는 제 1 항의 허가를 할 수 없다.
⑤도도부현 지사는 제 1 항의 허가 또는 제 2 항의 허가(입소 정원의 증가와 관련한 것에 한한다. 이하 이 항에서 같음)의 신청이 있을 경우에 당해 신청과 관련한 시설의 소재지를 포함함 구역(제118조제 2 항제 1 호의 규정에 의하여 당해 도도부현이 정하는 구역으로 한다)에서의 개호노인보건시설의 입소 정원의 총수가 동조 제 1 항의 규정에 의하여 당해 도도부현이 정하는 도도부현 개호보험사업지원계획에서 정하는 그 구역의 개호노인보건시설의 필요 입소 정원 총수에 이미 달했거나 당해 신청과 관련한 시설의 개설 또는 입소 정원의 증가에 의하여 이를 초과한 것으로 인정한 때, 기타 당해 도도부현 개호보험사업계획의 달성에 지장을 초래할 우려가 있다고 인정하는 때에는 제 1 항의 허가 또는 제 2 항의 허가를 하지 아니할 수 있다.

제95조(개호노인보건시설의 관리) ①개호노인보건시설의 개설자는 도도부현 지사의 승인을 받은 의사에게 당해 개호노인보건시설을 관리하게 하여야 한다.
②전항의 규정에 관계없이 개호노인보건시설의 개설자는 도도부현 지사의 승인을 얻어 의사 이외의 자에게 당해 개호노인보건시설을 관리하게 할 수 있다.

제96조(개호노인보건시설의 기준) ①개호노인보건시설의 개설자는 제97조제 3 항에 규정하는 개호노인보건시설의 설비 및 운영에 관한 기준에 따라 요개호자의 심신의 상황등에 맞게 적절한 개호보건시설서비스를 제공하는 동시에 자신들이 제공하는 개호보건시설서비스의 질을 평가하고 기타 조치를 강구함으로써 항상 개호보건시설서비스를 받는 자의 입장에 서서 이를 제공하도록 노력하여야 한다.
②개호노인보건시설의 개설자는 개호보건시설서비스를 받고자 하는 피보험

자로부터 제시된 피보험자증에 인정심사회의 의견이 기재되어 있는 때에는 당해 인정심사회의 의견을 배려하여 당해 피보험자에게 당해 개호노인보건시설서비스를 제공하도록 노력하여야 한다.

제97조 ①개호노인보건시설은 후생노동성령이 정하는 바에 따라 요양실, 진료실, 기능훈련실, 담화실, 기타 후생노동성령으로 정하는 시설을 갖추어야 한다.

②개호노인보건시설은 후생노동성령으로 정한 정수의 의사, 간호사, 개호지원전문원, 개호 및 기타 업무에 종사하는 종업원을 보유하고 있어야 한다.

③전 2항에 규정하는 것 외에 개호노인보건시설의 설비 및 운영에 관한 기준은 후생노동장관이 정한다.

④후생노동장관은 전항에 규정하는 개호노인보건시설의 설비 빛 운영에 관한 기준(개호보건시설서비스의 취급에 관한 부분에 한한다)을 정하고자 할 때에는 사전에 사회보장심의회의 의견을 청취하여야 한다.

제98조(광고의 제한) ①개호노인보건시설에 관하여는 문서, 기타 어떠한 방법에 의하건 불문하며 누구도 다음에 열거하는 사항을 제외하고 이를 광고해서는 아니 된다.

1. 개호노인보건시설의 명칭, 전화번호 및 소재하는 장소를 표시하는 사항
2. 개호노인보건시설에 근무하는 의사 및 간호사의 성명
3. 전 2호에 언급하는 사항 외에 후생노동장관이 정하는 사항
4. 기타 도도부현 지사의 허가를 얻은 사항

②후생노동장관은 전항 제 3 호에 언급한 사항의 광고 방법에 대하여 후생노동성령이 정하는 바에 따라 필요한 사항을 정할 수 있다.

제99조(변경의 신고) 개호노인보건시설의 개설자는 제94조제 2 항의 규정에 의한 허가와 관련한 사항을 제외하고 당해 개호노인보건시설 개설자의 주소, 기타 후생노동성령으로 정하는 사항에 변경이 있을 때에는 후생노동성령이 정하는 바에 따라 10일 이내에 그 취지를 도도부현 지사에게 신고하여야 한다.

제100조(보고등) ①도도부현 지사, 지역보건법(1947년 법률제101호) 제 5 조제 1 항의 규정에 의한 정령으로 정하는 시(제 3 항 및 제203조의 2 제 1 항에서 "보건소를 설치하는 시"라 한다)의 시장 또는 특별구의 구장(区長)은 필요하다고 인정한 때에는 개호노인보건시설의 개설자, 개호노인보건시설을 관리하는 자(이하 "개호노인보건시설의 관리자"라 한다)에게 보고, 진료

기록 및 기타 장부서류의 제출 또는 제시를 명하고, 개호노인보건시설의 개설자등에게 출두를 요구하거나 당해 직원으로 하여금 개호노인보건시설의 개설자등에게 질문하게 하거나 개호노인보건시설에 들어가 그 시설 또는 진료 기록, 장부서류, 기타 물건을 검사하게 할 수 있다.

②제24조제 3 항의 규정은 전항의 규정에 의한 질문 또는 현장 검사에 대하여, 동조 제4항의 규정은 전항의 규정에 의한 권한에 대하여 준용한다.

③제 1 항의 규정에 의하여 개호노인보건시설의 개설자등에게 보고, 제출 또는 제시를 명하거나 출두를 요구하고 또는 당해 직원으로 하여금 개호노인보건시설에 대한 현장 검사를 시킨 보건소를 설치한 시의 시장 또는 특별구의 구장은 당해 개호노인보건시설에 대하여 제101조, 제102조, 제103조제 1 항 또는 제104조제 1 항의 규정에 의한 처분이 필요하다고 인정되는 때에는 이유를 첨부하여 그 취지를 도도부현 지사에게 통지하여야 한다.

제101조(설비의 사용 제한등) 도도부현 지사는 개호노인보건시설이 제97조제 1 항에 규정하는 시설을 갖지 아니하게 되는 때 또는 동조 제 3 항에 규정하는 개호노인보건시설의 설비 및 운영에 관한 기준(설비에 관한 부분에 한함)에 적합하지 아니하게 되는 때에는 당해 개호노인보건시설 개설자에게 기간을 정하여 그 전부 또는 일부의 사용을 제한 또는 금지시키거나 기한을 정하여 수선 또는 개축을 명할 수 있다.

제102조(변경명령) ①도도부현 지사는 개호노인보건시설 관리자가 개호노인보건시설 관리자로서 부적당하다고 인정하는 때에는 당해 개호노인보건시설 개설자에게 기한을 정하여 개호노인보건시설 관리자의 변경을 명할 수 있다.

②후생노동장관은 전항에 규정하는 도도부현 지사의 권한에 속하는 사무에 대하여 개호노인보건시설에 입소하고 있는 자의 생명 또는 신체의 안전을 확보하기 위하여 긴급한 필요가 있다고 인정하는 때에는 도도부현 지사에게 동항의 사무를 수행하도록 지시할 수 있다.

제103조(업무운영의 개선명령등) ①도도부현 지사는 개호노인보건시설이 제97조제 2 항에 규정하는 인원을 보유하지 못하게 되는 때 또는 동조 제 3 항에 규정하는 개호노인보건시설의 설비 및 운영에 관한 기준(운영에 관한 부분에 한한다. 다음 항에서도 같음)에 적합하지 아니하게 되는 때에는 당해 개호노인보건시설의 개설자에게 기한을 정하여 그 운영의 개선을 명하거나 기한을 정하여 그 업무의 정지를 명할 수 있다.

②시정촌은 보험급부와 관련한 개호보건시설서비스를 한 개호노인보건시설

에 대하여 제97조제 3 항에 규정하는 개호노인보건시설의 설비 및 운영에 관한 기준에 적합하지 아니하게 되는 때에는 그 취지를 당해 개호노인보건시설 소재지의 도도부현 지사에게 통지할 수 있다.

제104조(허가의 취소) ①도도부현 지사는 다음 각호의 1에 해당하는 경우에는 당해 지정개호노인보건시설과 관련한 제94조제 1 항의 허가를 취소할 수 있다.

1. 개호노인보건시설의 개설자가 제94조제 1 항의 허가를 받은 후 정당한 이유 없이 6개월 이상 그 업무를 개시하지 아니할 때
2. 개호노인보건시설의 개설자가 전 3조의 규정에 의한 명령을 위반하는 때
3. 개호노인보건시설의 개설자에게 범죄 또는 의료문제와 관련한 부정행위가 있을 때
4. 제27조 제2항 후단의 규정에 의하여 조사를 위탁받은 경우에 허위의 보고를 하는 때
5. 시설개호서비스비의 청구와 관련해 부정이 있을 때
6. 개호노인보건시설의 개설자등이 제100조제 1 항의 규정에 의하여 보고 또는 진찰 기록, 기타 장부서류의 제출 또는 제시를 명령받고도 이에 따르지 아니하거나 허위의 보고를 하는 때
7. 개호노인보건시설의 개설자등이 제100조제 1 항의 규정에 의하여 출두를 요구받고도 이에 응하지 아니하거나 동항의 규정에 의한 질문에 답변하지 않거나 허위의 답변, 동항의 규정에 의한 검사를 거부, 방해 또는 기피하는 때. 다만, 당해 개호노인보건시설의 종업원이 그러한 행위를 한 경우에 그 행위를 방지하기 위해 당해 개호노인보건시설의 개설자 또는 당해 개호노인보건시설의 관리자가 상당한 주의와 감독을 다한 때를 제외한다.

②시정촌은 제27조제 2 항 후단의 규정에 의하여 위탁한 조사 또는 보험급부와 관련한 개호보건시설서비스를 한 개호노인보건시설에 전항 제 4 호 또는 제 5 호에 해당한다고 인정한 때에는 그 취지를 당해 개호노인보건시설의 소재지 도도부현 지사에게 통지할 수 있다.

③후생노동장관은 제 1 항에 규정하는 도도부현 지사의 권한에 속하는 사무에 대하여 개호노인보건시설에 입소하고 있는 자의 생명 또는 신체의 안전을 확보하기 위해 긴급한 필요가 있다고 인정한 때에는 도도부현 지사에게 동항의 사무를 수행하도록 지시할 수 있다.

제105조(의료법의 준용) 의료법 제 8 조의 2 제 2 항 및 제 9 조의 규정은 개

호노인보건시설의 개설자에 대하여, 동법 제15조제 1 항 및 제 3 항의 규정은 개호노인보건시설의 관리자에 대하여, 동법 제30조의 규정은 제101조 내지 전조의 규정에 기초한 처분에 대하여 준용한다. 이 경우에 이러한 규정에 관하여 필요한 기술적 대체 적용은 정령으로 정한다.

제106조(의료법과의 관계등) 개호노인보건시설은 의료법에서 말하는 병원 또는 진료소가 아니다. 다만, 의료법 및 이에 기초한 명령 이외의 법령의 규정(건강보험법, 국민건강보험법, 기타 법령의 정령으로 정하는 규정을 제외한다)에 "병원" 또는 "진료소"라 되어 있는 것은 개호노인보건시설(정령으로 정한 법령의 규정에서는 정령으로 정하는 것을 제외한다)을 포함하도록 한다.

제3관 지정개호요양형 의료시설

제107조(지정개호요양형 의료시설의 지정) ①제48조제 1 항제 3 호의 지정은 후생노동성령이 정하는 바에 따라 요양병상등을 갖춘 병원 또는 진료소로서 개설자의 신청이 있는 것에 대하여 한다.

②전항의 신청은 제48조제 1 항제 3 호의 지정과 관련한 요양병상등의 입소정원을 정하여 한다.

③도도부현 지사는 제 1 항의 신청이 있을 때에는 당해 병원 또는 진료소가 다음 각호의 1에 해당할 때에는 제48조제 1 항제 3 호의 지정을 해서는 아니 된다.

1. 제110조제 1 항에 규정하는 인원을 보유하지 아니할 때
2. 제110조제 2 항에 규정하는 지정개호요양형 의료시설의 설비 및 운영에 관한 기준에 따라 적정한 개호요양형 의료시설의 운영을 할 수 없다고 인정되는 때

④도도부현 지사는 제 1 항의 신청이 있을 경우 당해 신청과 관련한 시설의 소재지를 포함함 구역(제118조제 2 항제 1 호의 규정에 의하여 당해 도도부현이 정하는 구역으로 한다)에서의 지정개호요양형 의료시설의 요양병상등과 관련한 입소 정원의 총수가 동조 제 1 항의 규정에 의하여 당해 도도부현이 정한 도도부현 개호보험사업지원계획에서 정한 그 구역의 지정개호요양형 의료시설의 요양병상등과 관련한 필요 입소 정원 총수에 이미 달했거나 당해 신청과 관련한 시설의 지정에 의하여 이를 초과하게 될 것으로 인정하는 때, 기타 당해 도도부현 개호보험사업계획의 달성에 지장을

초래할 우려가 있는 것으로 인정하는 때에는 제48조제 1 항제 3 호의 지정을 하지 아니할 수 있다.

제108조(지정의 변경) ①지정개호요양형 의료시설의 개설자는 제48조제 1 항 제 3 호의 지정과 관련한 요양병상등의 입소 정원을 늘리고자 하는 때에는 미리 후생노동성령이 정하는 바에 따라 당해 지정개호요양형 의료시설과 관련한 동호의 지정 변경을 신청할 수 있다.

②전조 제 4 항의 규정은 전항의 지정 변경의 신청이 있을 경우에 준용한다. 이 경우에 동조 제 4 항 중 "지정을 하지 아니한다"라는 것은 "지정의 변경을 거부한다"로 대체한다.

제109조(지정개호요양형 의료시설의 기준) ① 지정개호요양형 의료시설의 개설자는 제110조제 2 항에 규정하는 지정개호요양형 의료시설의 설비 및 운영에 관한 기준에 따라 요개호자의 심신의 상황등에 맞게 적절한 지정개호요양시설서비스를 제공하는 동시에 자신들이 제공하는 지정개호요양 의료시설서비스의 질을 평가하고 기타 조치를 강구함으로써 항상 지정개호요양시설서비스를 받는 자의 입장에 서서 이를 제공하도록 노력하여야 한다.

②지정개호요양형 의료시설의 개설자는 지정개호요양시설서비스를 받고자 하는 피보험자로부터 제시받은 피보험자증에 인정심사회의 의견이 기재되어 있을 때에는 당해 인정심사회의 의견을 배려하여 당해 피보험자에게 당해 지정개호요양시설서비스를 제공하도록 노력하여야 한다.

제110조 ①지정개호요양형 의료시설은 후생노동성령으로 정한 정수의 개호지원전문원, 기타 지정개호요양시설서비스에 종사하는 종업원을 보유하여야 한다.

②전항에 규정하는 것 외에 지정개호요양형 의료시설의 설비 및 운영에 관한 기준은 후생노동장관이 정한다.

③후생노동장관은 전항에 규정하는 지정개호요양형 의료시설의 설비 및 운영에 관한 기준(지정개호요양시설서비스의 취급에 관한 부분에 한한다)을 정하고자 할 때에는 미리 사회보장심의회의 의견을 청취하여야 한다.

제111조(변경의 신고) 지정개호요양형 의료시설의 개설자는 개설자의 주소, 기타 후생노동성령으로 정하는 사항에 변경이 있을 때에는 후생노동성령이 정하는 바에 따라 10일 이내에 그 취지를 도도부현 지사에게 신고하여야 한다.

제112조(보고등) ① 도도부현 지사는 필요하다고 인정한 때에는 지정개호요양형 의료시설 또는 지정개호요양형 의료시설의 개설자 또는 관리자, 의사, 기타 종업원이었던 자(이하 이 항에서 "개설자였던 자등"이라 한다)에게 보고, 진료 기록, 기타 장부서류의 제출 또는 제시를 명하고, 지정개호요양형 의료시설의 개설자 또는 관리자, 의사, 기타 종업원이었던 자등에게 출두를 요구하거나 당해 직원으로 하여금 관련자에게 질문하게 하거나 당해 지정개호요양형 의료시설에 대하여 설비 또는 진료 기록, 장부서류, 기타 물건을 검사하게 할 수 있다.
② 제24조제 3 항의 규정은 전항의 규정에 의한 질문 또는 검사에 대하여, 동조 제 4 항의 규정은 전항의 규정에 의한 권한에 대하여 준용한다.

제113조(지정의 사퇴) 지정개호요양형 의료시설은 1개월 이상의 예고기간을 두고 그 지정을 사퇴할 수 있다.

제114조(지정의 취소) ① 도도부현 지사는 다음 각호의 1에 해당하는 경우에는 당해 지정개호요양형 의료시설과 관련한 제48조제 1 항제 3 호의 지정을 취소할 수 있다.
1. 지정개호요양형 의료시설이 행하는 지정개호요양시설서비스에 종사하는 인원에 대하여 제110조제 1 항의 후생노동성령으로 정한 정수를 충족시키지 못하게 되는 때
2. 지정개호요양형 의료시설이 제110조제 2 항에 규정하는 지정개호요양형 의료시설의 설비 및 운영에 관한 기준에 따라 적정한 지정개호요양형 의료시설의 운영을 할 수없게 되는 때
3. 제27조제 2 항 후단의 규정에 의하여 조사를 위탁받은 경우에 당해 조사 결과에 대하여 허위 보고를 하는 때
4. 시설개호서비스비의 청구에 관하여 부정이 있을 때
5. 지정개호요양형 의료시설이 제112조제 1 항의 규정에 의하여 보고, 진료 기록, 기타 장부서류의 제출 또는 제시를 명령받고도 이에 따르지 아니하거나 허위 보고를 하는 때
6. 지정개호요양형 의료시설의 개설자 또는 관리자, 의사, 기타 종업원이 제112조제 1 항의 규정에 의하여 출두를 요구받고도 이에 응하지 아니하거나 동항의 규정에 의한 질문에 대하여 답변하지 아니하거나 또는 허위의 답변, 동항의 규정에 의한 검사를 거부, 방해 또는 기피하는 때. 다만, 당해 지정개호요양형 의료시설의 종업원이 그러한 행위를 한 경우에 그 행

위를 방지하기 위해 당해 지정개호요양형 의료시설의 개설자 또는 관리자가 상당한 주의 및 감독을 다하는 때를 제외한다.
7. 지정개호요양형 의료시설의 개설자가 부정한 수단으로 제48조제 1 항제 3 호의 지정을 받을 때

②시정촌은 보험급부와 관련한 지정개호요양시설서비스 또는 제27조제 2 항 후단의 규정에 의하여 위탁한 조사를 한 지정개호요양형 의료시설에 대하여 전항 제 2 호 내지 제 4 호의 1에 해당한다고 인정하는 때에는 그 취지를 당해 지정개호요양형 의료시설의 소재지의 도도부현 지사에게 통지할 수 있다.

제115조 (공시) 도도부현 지사는 다음에 열거하는 경우에 그 취지를 공시하여야 한다.
1. 제48조제 1 항제 3 호의 지정을 하는 때
2. 제113조의 규정에 의한 제48조제 1 항제 3 호 지정을 사퇴하는 때
3. 전조 제 1 항의 규정에 의하여 제48조제 1 항제 3 호의 지정을 취소하는 때

제6장 개호보험사업계획

제116조 (기본지침) ①후생노동장관은 개호보험사업과 관련한 보험급부의 원활한 실시를 확보하기 위한 기본적인 지침(이하 "기본지침"이라 한다)을 정한다.
②기본지침에서는 다음에 열거하는 사항을 정한다.
1. 개호급부등 대상 서비스를 제공할 체제 확보에 관한 기본적 사항
2. 제117조제 1 항에 규정하는 시정촌 개호보험사업계획에서 동조 제 2 항제 1 호의 개호급부등 대상 서비스의 종류별 예상되는 양을 정함에 있어 참작해야 할 표준, 기타 당해 시정촌 개호보험사업계획 및 제118조제 1 항에 규정하는 도도부현 개호보험사업지원계획의 작성에 관한 사항
3. 기타 개호보험사업과 관련한 보험급부의 원활한 실시에 필요한 사항
③후생노동장관은 기본지침을 정하고 이를 변경함에 있어서는 미리 총리대신, 기타 관계행정기관의 장과 협의하여야 한다.
④후생노동장관은 기본지침을 정하거나 이를 변경하는 때에는 지체없이 이를 공표하여야 한다.

제117조(시정촌 개호보험사업계획) ①시정촌은 기본지침에 입각하여 3년마다 5년을 1기(期)로 하는 당해 시정촌이 행하는 개호보험사업과 관련한 보험

급부의 원활한 실시에 관한 계획(이하 "시정촌 개호보험사업계획"이라 한다)을 정한다.

② 시정촌 개호보험사업계획에서는 다음에 열거하는 사항을 정한다.
1. 각년도의 개호급부 대상 서비스의 종류별 예상되는 양
2. 전호의 개호급부 대상 서비스의 종류별 예상 양의 확보 방책
3. 지정거택서비스 사업 또는 지정거택개호지원 사업을 시행하는 자 상호간의 연계 확보에 관한 사업, 기타 개호급부등 대상 서비스의 원활한 제공을 도모하기 위한 사업에 관한 사항
4. 기타 개호보험사업과 관련한 보험급부의 원활한 실시를 도모하기 위하여 시정촌이 필요하다고 인정한 사항

③ 시정촌 개호보험사업계획은 당해 시정촌 구역에서의 요개호자등의 인수원, 요개호자등의 개호급부 대상 서비스의 이용에 관한 의향, 기타 사정을 감안해서 작성되어야 한다.

④ 시정촌 개호보험사업계획은 노인복지법 제20조의 8에서 규정하는 시정촌 노인복지계획, 노인보건법(1982년 법률 제80호) 제46조의 18에 규정하는 시정촌 노인보건계획, 기타 법률 규정에 의한 계획으로서 요개호자등의 보건, 의료 또는 복지에 관한 사항을 정한 것과 조화를 이루어야 한다.

⑤ 시정촌은 시정촌 개호보험사업계획을 정하거나 변경하고자 하는 때에는 미리 피보험자의 의견을 반영시키는데 필요한 조치를 강구하여야 한다.

⑥ 시정촌은 시정촌 개호보험사업계획을 정하거나 변경하고자 하는 때에는 미리 도도부현의 의견을 청취하여야 한다.

⑦ 시정촌은 시정촌 개호보험사업계획을 정하거나 변경한 때에는 지체없이 이를 도도부현 지사에게 제출하여야 한다.

제118조(도도부현 개호보험사업지원계획) ① 도도부현은 기본지침에 입각해서 3년마다 5년을 1기로 하는 개호보험사업과 관련한 보험급부의 원활한 실시 지원에 관한 계획(이하 "도도부현 개호보험사업지원계획"이라 한다)을 정한다.

② 도도부현 개호보험사업지원계획에는 다음에 열거하는 사항을 정한다.
1. 당해 도도부현이 정한 구역마다 당해 구역에서의 각년도의 개호보험 시설별 필요 입소 정원 총수(지정개호요양형 의료시설의 경우에는 당해 지정개호요양형 의료시설의 요양병상등과 관련한 필요 입소 정원 총수), 기타 개호급부 대상 서비스의 예상되는 양

2. 개호보험시설, 기타 개호급부등 대상 서비스를 제공하기 위한 시설의 정비에 관한 사항
3. 개호지원전문원 및 기타 개호급부등 대상 서비스에 종사하는 자의 확보 또는 자질의 향상에 기여하는 사업에 관한 사항
4. 개호보험시설 상호간의 연계 확보에 관한 사업, 기타 개호급부등 대상 서비스의 원활한 제공을 도모하기 위한 사업에 관한 사항
5. 기타 개호보험사업과 관련한 보험급부의 원활한 실시를 지원하기 위하여 도도부현이 필요하다고 인정한 사항

③도도부현 개호보험사업지원계획은 노인복지법 제20조의 9에 규정하는 도도부현 노인복지계획, 노인보건법 제46조의 19에 규정하는 도도부현 노인보건계획, 의료법 제30조의 3에 규정하는 의료계획, 기타 법률 규정에 의한 계획으로서 요개호자등의 보건, 의료 또는 복지에 관한 사항을 정한 것과 조화를 이루어야 한다.

④도도부현은 도도부현 개호보험사업지원계획을 정하거나 변경한 때에는 지체없이 이를 후생노동장관에게 제출하여야 한다.

제119조(도도부현 지사의 조언등) ①도도부현 지사는 시정촌에 대하여 시정촌 개호보험사업계획 작성상의 기술적인 사항에 관한 필요한 조언을 할 수 있다.

②후생노동장관은 도도부현에 대하여 도도부현 개호보험사업지원계획의 작성 수법, 기타 도도부현 개호보험사업지원계획 작성상 중요한 기술적인 사항에 대하여 필요한 조언을 할 수 있다.

제120조(국가의 원조) 국가는 시정촌 또는 도도부현이 시정촌 개호보험사업계획 또는 도도부현 개호보험사업지원계획에서 정한 사업을 실시하고자 할 때에는 당해 사업이 원활하게 실시되도록 필요한 조언, 지도, 기타 원조를 위하여 노력하여야 한다.

제 7 장 비용등
제 1 절 비용의 부담

제121조(국가의 부담) ①국가는 정령이 정하는 바에 따라 시정촌에 대하여 개호급부 및 예방급부에 필요한 액의 100분의 20에 상당하는 금액을 부담한다.

②제43조제 3 항, 제44조제 6 항, 제45조제 6 항, 제55조제 3 항, 제56조제 6 항 또는 제57조제 6 항의 규정에 의거하여 조례를 정한 시정촌에 대한 전항 규정의 적용에 대하여는 동항에 규정하는 개호급부 및 예방급부에 필요한 비용의 금액은 당해 조례에 의한 조치가 강구되지 아니한 것으로서 정령이 정하는 바에 따라 산정한 당해 개호급부 및 예방급부에 필요한 비용에 상당하는 금액으로 한다.

제122조(조정교부금) ①국가는 개호보험의 재정을 조정하기 위해 제1호피보험자의 연령계급별 분포 상황, 제1호피보험자의 소득 분포 상황등을 고려하여 정령이 정하는 바에 따라 시정촌에 대하여 조정교부금(調整交付金)을 교부한다.

②전항의 규정에 의한 조정교부금의 총액은 각 시정촌의 전조 제 1 항에 규정하는 개호급부 및 예방급부에 필요한 비용(동조 제 2 항의 규정이 적용되는 경우에는 동항의 규정을 적용하여 산정한 금액. 다음 항에서도 같음)의 100분의 5에 상당하는 금액으로 한다.

③매년도분으로서 교부해야 할 조정교부금의 총액은 당해연도 각 시정촌이 전조 제 1 항에 규정하는 개호급부 및 예방급부에 필요한 비용의 예상 금액 총액의 100분의 5에 상당하는 금액에 당해연도의 전년도 이전 연도의 조정교부금으로 아직 교부되지 아니한 금액을 가산하거나 당해 전년도 이전에 교부해야 했던 금액을 초과하여 교부한 금액을 당해 예상 금액 총액의 100분의 5에 상당하는 금액에서 감액한 금액으로 한다.

제123조(도도부현의 부담) ①도도부현은 정령이 정하는 바에 따라 시정촌에 대하여 개호급부 및 예방급부에 필요한 비용의 100분의 12.5에 상당하는 금액을 부담한다.

②제121조제 2 항의 규정은 전항에서 규정한 개호급부 및 예방급부에 필요한 비용의 금액에 대하여 준용한다.

제124조(시정촌의 일반회계에서의 부담) ①시정촌은 정령이 정하는 바에 따라 일반회계에서 개호급부 및 예방급부에 필요한 비용의 100분의 12.5에 상당하는 금액을 부담한다.

②제121조제 2 항의 규정은 전항에서 규정한 개호급부 및 예방급부에 필요한 비용의 금액에 대하여 준용한다.

제125조(개호급부비 교부금) ①시정촌의 개호보험에 관한 특별회계에서 부담하는 비용 중 개호급부 및 예방급부에 필요한 비용의 금액에 제2호피보험

자부담율을 곱한 금액(이하 이 장에서 "의료보험납부대상액"이라 한다)에 대하여는 정령이 정하는 바에 따라 사회보험진료보수지불기금법(1948년 법률제129호)에 의한 사회보험진료보수지불기금(이하 "지불기금"이라 한다)이 시정촌에 대하여 교부하는 개호급부비교부금으로 충당한다.

②전항의 제2호피보험자부담율은 모든 시정촌과 관련한 피보험자 예상 총수에 대한 모든 시정촌과 관련한 제2호피보험자 예상 총수의 비율에 2분의 1을 곱한 율을 기준으로 설정한 것으로 하며 3년마다 당해 비율의 추이를 감안하여 정령으로 정한다.

③제121조제 2 항의 규정은 제 1 항에 규정하는 개호급부 및 예방급부에 필요한 비용의 금액에 대하여 준용한다.

④제 1 항의 개호급부비 교부금은 제150조제 1 항의 규정에 의하여 지불기금이 징수한 납부금으로 충당한다.

제126조(사무비의 교부) 국가는 정령이 정하는 바에 따라 시정촌에 대하여 개호보험 사무의 집행에 필요한 비용(제27조 내지 제37조의 규정에 따라 시정촌이 행하는 요개호인정 또는 요지원인정과 관련한 사무의 처리에 필요한 비용(지방자치법 제252조 14 제 1 항의 규정에 의하여 심사 판정 업무를 도도부현에 위탁하고 있는 경우에는 당해 위탁과 관련한 비용을 포함한다), 기타 정령으로 정하는 비용에 한한다)의 2분의 1에 상당하는 금액을 교부한다.

제127조(국가의 보조) 국가는 제121조에 규정하는 것 외에 예산의 범위내에서 개호보험사업에 필요한 비용의 일부를 보조할 수 있다.

제128조(도도부현의 보조) 도도부현은 제123조에 규정하는 것 외에 개호보험사업에 필요한 비용의 일부를 보조할 수 있다.

제129조(보험료) ①시정촌은 개호보험사업에 필요한 비용(재정안정화기금갹출금의 납부에 필요한 비용을 포함한다)에 충당하기 위하여 보험료를 징수하여야 한다.

②전항의 보험료는 제1호피보험자에게 정령으로 정하는 기준에 따라 조례가 정하는 바에 따라 산정된 보험료율에 의하여 산정된 보험액으로 과한다.

③전항의 보험료율은 시정촌 개호보험사업계획에서 정한 개호급부등 대상 서비스의 예상량等에 의거하여 산정한 보험급부에 필요한 비용의 예상액, 재정안정화기금갹출금의 납부에 필요한 비용의 예상액, 제147조제 1 항제 2 호의 규정에 의한 도도부현으로부터의 차입금 상환에 필요한 비용의 예

상액 및 보건복지사업에 필요한 비용의 예상액, 제1호피보험자의 소득 분포 상황과 예상 및 국고부담등의 금액등에 비추어 대략 3년간 재정의 균형을 이룰 수 있는 것이어야 한다.

④시정촌은 제 1 항의 규정에 관계없이 제2호피보험자로부터는 징수하지 아니한다.

제130조(부과기일) 보험료의 부과기일은 당해 연도 초일로 한다.

제131조(보험료의 징수 방법) 제129조의 보험료 징수에 대하여는 제135조의 규정에 의하여 특별징수{국민연금법(1959년 법률제141호)에 의한 노령기초연금, 기타 동법, 후생연금보험법(1954년 법률제115호), 국가공무원공제조합법, 지방공무원등 공제조합법 또는 사립학교교직원공제법에 기초한 노령 또는 퇴직을 지급사유로 하는 연금 급부로서 정령으로 정하는 것, 기타 이들 연금 급부로서 정령이 정하는 것(이하 "노령퇴직연금급부"라 한다)의 지불을 하는 자(이하 "연금보험자"라 한다)에게 보험료를 징수시키며 징수해야 할 보험료를 납입시키는 것을 말한다. 이하 같음}의 방법에 의하는 것을 제외하고 보통징수{시정촌이 보험료를 부과받은 제1호피보험자 또는 당해 제1호피보험자가 속한 세대의 세대주 또는 당해 제1호피보험자의 배우자(혼인신고를 하지 않았지만 사실상 혼인관계와 같은 사정이 있는 자를 포함한다. 이하 같음)에게 지방자치법 제231조의 규정에 의하여 납입의 통지를 함으로써 보험료를 징수하는 것을 말한다. 이하 같음}의 방법에 의하여야 한다.

제132조(보통징수와 관련한 보험료의 납부의무) ①제1호피보험자는 시정촌이 그 자의 보험료를 보통징수의 방법으로 징수하고자 하는 경우에는 당해 보험료를 납부하여야 한다.

②세대주는 시정촌이 당해 세대에 속한 제1호피보험자의 보험료를 보통징수의 방법으로 징수하고자 하는 경우에 당해 보험료를 연대하여 납부할 의무를 진다.

③배우자의 일방은 시정촌이 제1호피보험자인 타방의 보험료를 보통징수의 방법으로 징수하고자 하는 경우에 당해 보험료를 연대하여 납부할 의무를 진다.

제133조(보통징수와 관련한 보험료의 납기) 보통징수의 방법으로 징수하는 보험료의 납기는 당해 시정촌의 조례로 정한다.

제134조(연금보험자의 시정촌에 대한 통지) ①연금보험자는 매년 후생노동

성령으로 정하는 기일까지 그해 4월 1일 현재 당해 연금보험자로부터 노령퇴직연금급부의 지불을 받고 있는 자로서 65세 이상인 자(다음에 언급하는 자를 제외한다)의 성명, 주소, 기타 후생노동성령으로 정하는 사항을 그 자가 현재 주소를 가지는 시정촌(제13조제 1 항 또는 제 2 항의 규정에 의하여 그 자가 다른 시정촌이 시행하는 개호보험의 제1호피보험자인 때에는 당해 다른 시정촌으로 한다)에 통지하여야 한다.
1. 당해연도 6월 1일부터 익년 5월 31일까지의 기간중에 지불받아야 할 당해 노령퇴직연금급부의 총액이 당해연도 4월 1일 현재 정령으로 정한 금액 미만인 자
2. 당해 노령퇴직연금급부를 받아야 할 권리를 별도의 법률이 정하는 바에 따라 담보로 제공하고 있거나 기타 후생노동성령으로 정하는 특별한 사유가 있는 자
②연금보험자(사회보험청 장관 및 지방공무원공제조합을 제외한다)는 전항의 규정에 의한 통지를 하는 경우에 사회보험청 장관의 동의를 얻어 당해 연금보험자가 하는 당해 통지의 전부를 사회보험청 장관을 경유하여 할 수 있다.
③지방공무원공제조합은 제 1 항의 규정에 의한 통지를 하는 경우에 지방공무원공제조합연합회를 경유하여 하도록 한다.
④사회보험청 장관은 제 2 항의 동의를 한 때에는 당해 동의와 관련한 연금보험자(제136조에서 "특정연금보험자"라 한다)를 공시하여야 한다.

제135조(보험료의 특별징수) ①시정촌은 전조 제 1 항의 규정에 의한 통지가 이루어진 경우에는 당해 통지와 관련한 제1호피보험자(재해, 기타 특별한 사정이 있어 특별징수의 방법으로 보험료를 징수하는 것이 현저하게 곤란하다고 인정한 것을 제외한다)에게 부과한 보험료의 전부(후생노동성령으로 정한 경우에는 그 일부)를 특별징수의 방법으로 징수하도록 한다.
②시정촌은 전항 본문의 규정에 의하여 특별징수의 방법으로 보험료를 징수하고자 하는 경우에는 동항 본문에서 규정한 제1호피보험자(이하 "특별징수 대상 피보험자"라 한다)에 대하여 당해 특별징수 대상 피보험자와 관련한 연금보험자(이하 "특별징수 의무자"라 한다)에게 당해 보험료를 징수하게 하여야 한다.
③시정촌은 동일한 특별징수 대상 피보험자에게 전조 제 1 항의 규정에 의한 통지와 관련한 노령퇴직 연금급부(이하 "특별징수 대상 연금급부"라 한

다)가 2이상 있을 경우에 이들 특별징수 대상 연금급부에 노령기초연금이 포함되어 있을 때에는 당해 노령기초연금에 노령기초연금이 포함되어 있지 아니할 때에는 정령이 정하는 바에 따라 특별징수 대상 연금급부에서 보험료를 징수하게 하도록 한다.

제136조(특별징수액의 통지등) ①시정촌은 전조의 규정에 의하여 특별징수의 방법으로 보험료를 징수하고자 하는 경우 특별징수 대상 피보험자와 관련한 보험료를 특별징수의 방법으로 징수한다는 취지를 당해 특별징수 대상 피보험자와 관련한 지불회수분할보험료액, 기타 후생노동성령으로 정하는 사항을 특별징수 의무자 및 특별징수 대상 피보험자에게 통지하여야 한다.

②전항의 지불회수분할보험료액은 후생노동성령이 정하는 바에 따라 당해 특별징수 대상 피보험자에게 특별징수의 방법으로 징수하는 보험료액(이하 "특별징수 대상 보험료액"이라 한다)에서 제140조제 1 항 및 제 2 항의 규정에 의하여 당해연도 4월 1일부터 9월 30일까지의 기간중에 징수된 보험료액의 합계액을 공제한 금액을 당해연도 10월 1일부터 익년 3월 31일까지의 당해 특별징수 대상 연금급부의 지불 회수로 나눈 금액으로 한다.

③제 1 항의 규정에 의한 특별징수 의무자에 대한 통지(사회보험청 장관, 특정연금 보험자 및 지방공무원공제조합과 관련한 것을 제외한다)는 당해연도 초일이 속한 해의 8월31일까지로 하여야 한다.

④제 1 항의 규정에 대한 특별징수 의무자에 대한 통지(사회보험청 장관과 관련한 것은 제외한다)는 당해연도 초일이 속한 해의 8월 31일까지 하여야 한다.

⑤제 1 항의 규정에 의한 특별징수 의무자에 대한 통지는(특정연금보험자와 관련한 것은 제외한다)는 당해연도 초일이 속한 해의 7월31일까지 사회보험청 장관을 경유하여 하여야 한다.

⑥제 1 항의 규정에 의한 특별징수 의무자에 대한 통지(지방공무원 공제조합과 관련한 것에 한한다)는 당해연도 초일이 속한 해의 7월 31일까지 지방공무원 공제조합연합회를 경유하여 하여야 한다.

제137조(특별징수의 방법에 의하여 징수하는 보험료액의 납입 의무등) ①특별징수 의무자는 전조 제 1 항의 규정에 의한 통지를 받은 경우에는 동항의 규정에 의한 지불회수분할보험료액을 후생노동성령이 정하는 바에 따라 당해연도의 10월 1일부터 익년 3월 31일까지 특별징수 대상 연금급부를 지불할 때 징수하며 징수한 날이 속한 달의 익월 10일까지 이를 당해

시정촌에 납입할 의무를 진다.
②지방공무원 공제조합은 전항의 규정에 의하여 시정촌에 납입하는 경우 지방공무원 공제조합연합회를 경유하여 하도록 한다.
③특별징수 의무자가 특별징수 대상 연금급부를 지불할 경우 특별징수 대상 피보험자로부터 징수하지 아니한 보험료액에 상당하는 금액을 제 1 항의 규정에 따라 시정촌에 납입한 경우에는 징수하지 아니한 보험료액에 상당하는 금액을 당해 납입 이후 당해 특별징수 대상 피보험자에게 지불해야 할 당해 특별징수 대상 연금급부에서 공제할 수 있다.
④특별징수 의무자는 제135조의 규정에 의하여 당해 특별징수 의무자가 징수해야 할 보험료와 관련한 특별징수 대상 피보험자가 당해 특별징수 의무자로부터 특별징수 대상 연금급부의 지불을 받지 아니하게 되는 경우, 기타 후생노동성령으로 정한 경우에는 그 사유가 발생한 날이 속한 달의 익월 이후의 징수해야 할 보험료액은 이를 징수하여 납입할 의무를 지지 아니한다.
⑤전항에 규정하는 경우에는 특별징수 의무자는 후생노동성령이 정하는 바에 따라 특별징수 대상 연금급부의 지불을 받지 아니하게 된 특별징수 대상 피보험자, 기타 후생노동성령으로 정한 자의 성명, 당해 특별징수 대상 피보험자와 관련한 보험료 징수 실적, 기타 필요한 사항을 특별징수와 관련한 납입금을 납입해야 할 시정촌에 통지하여야 한다.
⑥제134조제 2 항 내지 제 4 항의 규정은 전항의 규정에 의한 통지에 대하여 준용한다.
⑦특별징수 의무자는 후생노동성령이 정하는 바에 따라 제 1 항의 규정에 의하여 징수하는 지불회수분할보험료액을 특별징수 대상 피보험자에게 통지하도록 한다.

제138조(피보험자 자격상실등의 경우의 시정촌의 특별징수 의무자등에 대한 통지) ①시정촌은 제136조제 1 항의 규정에 의하여 지불회수분할보험료액을 특별징수 의무자에게 통지한 후 당해 통지와 관련한 특별징수 대상 피보험자가 피보험자 자격을 상실한 경우, 기타 후생노동성령으로 정하는 경우에는 후생노동성령이 정하는 바에 따라 그 취지를 당해 특별징수 의무자 및 당해 특별징수 대상 피보험자에게 통지하여야 한다.
②제136조제 4 항 내지 제 6 항의 규정은 전항의 규정에 의한 특별징수 의무자에 대한 통지에 대하여 준용한다. 이 경우에 이러한 규정에 관한 기술

적인 대체 적용은 정령으로 정한다.

③특별징수 의무자는 제 1 항의 규정에 의한 통지를 받은 경우 그 통지를 받은 날 이후 특별징수 대상 보험료액을 징수하여 납부할 의무를 지지 아니한다. 이 경우에 특별징수 의무자는 당해 통지와 관련한 특별징수 대상 피보험자와 관련한 보험료 징수의 실적, 기타 필요한 사항을 당해 통지를 한 시정촌에 통지하여야 한다.

④제134조제 2 항 내지 제 4 항의 규정은 전항의 규정에 의한 통지에 준용한다.

제139조(보통징수 보험료액으로의 편입) ①시정촌은 제1호피보험자가 특별징수 대상 연금급부의 지불을 받지 아니하게 되어 보험료를 특별징수의 방법으로 징수하지 아니하게 된 경우에는 특별징수의 방법으로 징수하지 아니하게 된 금액 상당의 보험료액을 그 날 이후에 제133조의 납기가 있는 경우에는 각각의 납기에, 동조의 납기가 없는 경우에 는 곧바로 보통징수의 방법으로 징수하여야 한다.

②특별징수 의무자로부터 당해 시정촌에 납입된 제1호피보험자에 대한 보험료액의 합계 금액이 당해 제1호피보험자에 대한 특별징수의 방법으로 징수해야 할 보험료액을 초과하는 경우(특별징수의 방법으로 징수해야 할 보험료액이 없는 경우를 포함한다)에는 시정촌은 당해 과납(過納) 또는 오납(誤納)과 관련한 보험료액(당해 추납 또는 오납과 관련한 보험료액이 당해 제1호피보험자가 사망함에 따라 발생한 것일 때에는 당해 추납과 관련한 보험료액에서 후생노동성령이 정하는 바에 따라 산정한 금액을 공제한 금액으로 한다. 다음 항에서 "과오납액(過誤納額)"이라 한다)을 당해 제1호피보험자에게 환부하여야 한다.

③시정촌은 전항의 규정에 의하여 과오납액을 환부해야할 경우에 당해 제1호피보험자의 미납과 관련한 보험료, 기타 이 법률의 규정에 의한 징수금이 있는 경우에는 동항의 규정에 관계없이 후생노동성령이 정하는 바에 따라 당해 과오납액을 여기에 충당할 수 있다.

제140조(가징수) ①시정촌은 전년도 초일이 속한 해의 10월 1일부터 익년 3월 31일까지의 기간의 특별징수 대상 연금급부의 지불시 제136조제 1 항의 규정에 의한 지불회수분할보험료액을 징수하고 있던 제1호피보험자에 대하여 당해연도 초일부터 그날이 속한 해의 5월 31일까지의 기간에 당해 지불회수분할보험료액의 징수와 관련한 보험료액으로서 당해 지불회수분

할보험요액에 상당한 금액을 후생노동성령이 정하는 바에 따라 특별징수의 방법으로 징수하도록 한다.
②시정촌은 전항에서 규정한 제1호피보험자에 대하여 당해연도 초일이 속한 해의 6월 1일부터 9월 30일까지의 기간중에 동항이 규정한 노령퇴직연금급부가 지불되었을 때에는 각각의 지불에 관한 보험료액으로서 당해 제1호피보험자와 관련한 동항에 규정하는 지불회수분할보험료액에 상당하는 금액(당해 금액에 의하는 것이 적당하지 않다고 인정되는 특별한 사정이 있는 경우에는 당해 금액의 범위내에서 시정촌이 정하는 금액으로 한다)을 후생노동성령이 정하는 바에 따라 특별징수의 방법으로 징수하도록 한다.
③제136조 내지 전조(제136조제 2 항을 제외한다)의 규정은 전 2항의 규정에 의한 특별징수에 대하여 준용한다. 이 경우에 이들 규정에 관하여 필요한 기술적인 대체 적용은 정령으로 정한다.
④제 1 항의 규정에 의한 특별징수에 대하여는 전항에서 준용하는 제136조의 규정에 의한 통지가 있었던 것으로 간주하며, 제 2 항의 규정에 의한 특별징수에 대하여는 전항에서 준용하는 동조의 규정에 의한 통지가 있었던 기일까지 이루어지지 아니할 때에는 제1항에 규정하는 노령퇴직연금급부의 지불과 관련한 보험료액으로서 제 2 항에 규정하는 지불회수분할보험료액에 상당하는 금액을 특별징수의 방법으로 징수한다는 취지의 동조 규정에 의한 통지가 있었던 것으로 간주한다.

제141조(개호보험시설에 입소중인 피보험자의 특례와 관련한 특별징수 의무자에의 통지) ①시정촌은 시행하는 개호보험의 특별징수 대상 피보험자가 제13조제 1 항 또는 제 2 항의 규정을 적용받는 피보험자에 해당하게 되는 때에는 당해 특별징수 대상 피보험자와 관련한 특별징수 의무자에게 신속하게 그 취지를 통지하도록 한다.
②제136조제 4 항 내지 제 6 항의 규정은 전항의 규정에 의한 특별징수 의무자에 대한 통지에 대하여 준용한다. 이 경우에 이들 규정에 관하여 필요한 기술적 대체 적용은 정령으로 정한다.

제142조(보험료의 감면등) 시정촌은 조례가 정하는 바에 따라 특별한 이유가 있는 자에 대하여 보험료를 감면하거나 그 징수를 유예할 수 있다.

제143조(지방세법의 준용) 보험료, 기타 이 법률의 규정에 의한 징수금(제150조제 1 항에 규정하는 납부금 및 제157조제 1 항에 규정하는 연체금을 제외한다)에 대하여는 지방세법 제 9 조, 제13조의 2, 제20조의 2 및 제20조

의 4의 규정을 준용한다.

제144조(체납처분) 시정촌이 징수하는 보험료, 기타 이 법률의 규정에 의한 징수금은 지방차지법 제231조의 3 제 3 항에 규정하는 법률에서 정하는 세입으로 한다.

제145조(보험료 납부원부) 시정촌은 보험료 납부원부를 비치하고 여기에 제1호피보험자의 성명, 주소, 보험료의 납부 상황, 기타 후생노동성령으로 정하는 사항을 기록한다.

제146조(조례등에의 위임) 이 절에 규정하는 것 외에 보험료의 부과 및 징수 등에 관한 사항(특별징수에 관한 것을 제외한다)은 정령이 정하는 기준에 따라 조례로, 특별징수에 관하여 필요한 사항은 정령 또는 정령이 정하는 기준에 따라 조례로 정한다.

제2절 재정안정화기금등

제147조(재정안정화기금) ①도도부현은 다음에 열거하는 개호보험 재정의 안정화에 기여하는 사업에 필요한 비용으로 충당하기 위해 재정안정화기금을 설치하기로 한다.
1. 실적보험료수납액이 예정보험료수납액보다 적을 것으로 예상되며 또한 기금사업대상수입액이 기금사업대상비용액보다 적을 것으로 예상되는 시정촌에 대하여 정령이 정하는 바에 따라 가목에서 언급한 금액(가목에서 언급한 금액이 나목에서 언급한 금액을 초과할 때에는 나목에서 언급한 금액으로 한다)의 2분의 1에 상당하는 금액을 기초로 당해 시정촌, 기타 시정촌에서의 보험료 수납 상황을 감안하여 정령이 정하는 바에 따라 산정한 금액을 교부하는 것
    가. 실적보험료수납액이 예정보험료수납액보다 적을 것으로 예상되는 금액
    나. 기금사업대상수입액이 기금사업대상비용액보다 적을 것으로 예상되는 금액
2. 기금사업대상수입액 및 기금사업교부액의 합계 금액이 기금사업대상비용액보다 적을 것으로 예상되는 시정촌에 대하여 정령이 정하는 바에 따라 당해 부족 예상 금액을 기초로 당해 시정촌, 기타 시정촌에서의 보험료 수납 상황을 감안하여 정령이 정하는 바에 따라 산정한 금액의 범위내 금액을 대부하는 것

② 전항에서 다음 각호에 언급하는 용어의 뜻은 당해 각호에 정하는 바에 의한다.
1. 예정보험료수납액 : 시정촌에서 사업운영기간(시정촌개호보험사업계획의 초년도 이후 3년을 말한다. 이하 이 항에서 같음)중에 수납이 예정되었던 보험료의 합계 금액 중 개호급부 및 예방급부에 필요한 비용, 재정안정화기금갹출금의 납부에 필요한 비용 및 전항 제 2 호의 규정에 의한 도도부현으로부터의 차입금(이하 이 항 및 제158조에서 "기금사업차입금"이라 한다)의 상환에 필요한 비용으로 충당하기 위하여 정령이 정하는 바에 따라 산정한 금액
2. 실적보험료수납액 : 시정촌에서 전호의 사업운영기간중에 수납한 보험료의 합계 금액 중 개호급부 및 예방급부에 소요된 비용 및 재정안정화기금갹출금의 납부에 소요된 비용 및 기금사업차입금의 상환에 소요된 비용으로 충당하기 위하여 정령이 정하는 바에 따라 산정한 금액
3. 기금사업대상수입액 : 시정촌의 개호보험에 관한 특별회계에서 제 1 호의 사업운영기간중에 거둬들인 금액(제 5 호의 기금사업교부액 및 기금사업차입금을 제외한다)의 합계 중 개호급부 및 예방급부에 소요된 비용, 재정안정화기금갹출금의 납부에 소요된 비용 및 기금사업차입금의 상환에 소요된 비용으로 충당하기 위하여 정령이 정하는 바에 따라 산정한 금액
4. 기금사업대상비용액 : 시정촌에서 제 1 호의 사업운영기간중에 개호급부 및 예방급부에 소요된 비용, 재정안정화기금갹출금의 납부에 소요된 비용 및 기금사업차입금의 상환에 소요된 비용의 합계 금액으로 정령이 정하는 바에 따라 산정한 금액
5. 기금사업교부액(基金事業交付額) : 시정촌이 제1호의 사업운영기간중에 전항 제 1 호의 규정에 의하여 교부받은 금액
③ 도도부현은 재정안정화기금에 충당하기 위하여 정령이 정하는 바에 따라 시정촌으로부터 재정안정화기금갹출금을 징수한다.
④ 시정촌은 전항의 규정에 의한 재정안정화기금갹출금을 납부할 의무를 진다.
⑤ 도도부현은 정령이 정하는 바에 따라 제 3 항의 규정에 의하여 시정촌으로부터 징수한 재정안정화기금갹출금 총액의 3배에 상당하는 금액을 재정안정화기금에 이월하여야 한다.
⑥ 국가는 정령이 정하는 바에 따라 전항의 규정에 의하여 도도부현이 이월

한 금액의 3분의 1에 상당하는 금액을 부담한다.
⑦재정안정화기금에서 발생한 수입은 모두 재정안정화기금에 충당하여야 한다.
⑧제121조제 2 항의 규정은 제 2 항제 1 호에 규정하는 개호급부 및 예방급부에 필요한 비용 및 동항 제 2 호 내지 제 4 호에 규정하는 개호급부 및 예방급부에 소요된 비용에 대하여 준용한다.

제148조(시정촌상호재정안정화사업) ①시정촌은 개호보험 재정의 안정화를 도모하기 위해 개호보험에 관한 특별회계에서 부담하는 비용 중 개호급부 및 예방급부에 필요한 비용(제43조제 3 항, 제44조제 6 항, 제55조제 3 항, 제56조제 6 항 또는 제57조제 6 항의 규정에 기초하여 조례를 정하고 있는 시정촌과 관련한 당해 개호급부 및 예방급부에 필요한 비용에 대하여는 당해 조례에 의한 조치가 강구되어 아니한 것으로 정령이 정하는 바에 따라 산정한 당해 개호급부 및 예방급부에 필요한 비용으로 한다. 다음 항에서도 같음), 재정안정화기금갹출금의 납부에 필요한 비용 및 기금사업차입금의 상환에 필요한 비용의 재원에 대하여 정령이 정하는 바에 따라 타 시정촌과 공동으로 조정보험료율에 기초하여 시정촌 상호간에 조정하는 사업(이하 이 조 및 다음 조에서 "시정촌상호재정안정화사업"이라 한다)을 할 수가 있다.

②전항의 조정보험료율은 시정촌상호재정안정화사업을 하는 시정촌(이하 이 조 및 다음 조에서 "특정시정촌"이라 한다) 각자가 각각의 제1호피보험자에게 당해 조정보험료율에 따라 산정한 보험료액으로 보험료율을 과한다고 하면 당해 특정시정촌에 대하여 사업실시기간(시정촌상호재정안정화사업을 실시하는 기간으로서 시정촌이 다음 항의 규약에 따라 정하는 3년을 1기로 한 기간을 말한다. 이하 이 항 및 제 4 항에서 같다)에 수납된 보험료의 합계 금액이 당해 사업실시기간에 당해 특정시정촌의 개호급부 및 예방급부에 필요한 비용(당해 개호급부와 예방급부에 필요한 비용에 대하여 제121조제 1 항, 제122조제 1 항, 제123조제 1 항, 제124조제 1 항 및 제125조제 1 항의 규정에 의하여 국가, 도도부현, 시정촌의 일반회계 및 지불기금이 부담하거나 교부하는 금액을 제외한다), 재정안정화기금거출금의 납부에 필요한 비용의 합계 금액과 균형을 이루도록 하되 당해 특정시정촌이 정령으로 정하는 기준에 따라 정하도록 한다.

③정촌이 시정촌상호재정안정화사업을 행하고자 할 때에는 의회의 의결을

거치는 협의에 의하여 규약을 정하고 이를 도도부현 지사에게 신고하여야 한다.

④전항의 규약에는 다음 사항에 대하여 규정을 만들어야 한다.
1. 특정시정촌
2. 조정보험료율
3. 사업실시기간
4. 시정촌상호재정안정화사업과 관련한 자금의 부담 및 교부 방법
5. 전 각호에 열거하는 사항 외에 시정촌상호재정안정화사업의 실시에 필요한 사항

⑤제 3 항의 규정은 동항의 규약을 변경하거나 시정촌상호재정안정화사업을 중지하고자 하는 경우에 대하여 준용한다.

⑥특정시정촌이 제129조제 2 항의 규정에 의하여 그 조례로 정한 보험료율에 대하여 동조 제 3 항의 규정을 적용하는 경우에 동항 중 "상환에 필요한 비용의 예정액"이라 되어 있는 것은 "상환에 필요한 비용의 예정액, 제148조제 1 항에 규정하는 시정촌상호재정안정화사업에 의하여 부담하는 금액의 예정액"으로, "및 국고부담등의 금액에 비추어 대략 3년"이라 되어 있는 것은 ", 국고부담등의 금액 및 동항에서 규정하는 시정촌상호재정안정화사업에 의하여 교부되는 금액의 예상 금액등에 비추어 대략 제148조 제 2 항에 규정하는 사업실시기간"으로 한다.

⑦특정시정촌에 대하여 전조 제 2 항의 규정을 적용하는 경우에는 동항 제 1 호 중 "및 전항 제 2 호의 규정에 의한 도도부현으로부터의 차입금(이하 "기금사업차입금"이라 한다)의 상환에 필요한 비용"이라 되어 있는 것은 ", 전항 제 2 호의 규정에 의한 도도부현으로부터의 차입금(이하 "기금사업차입금"이라 한다)의 상환에 필요한 비용 및 시정촌상호재정안정화사업(다음 조 제 1 항에 규정하는 시정촌재정안정화사업을 말한다. 이하 이 항에서 같다)에 의하여 부담하는 금액"으로, 동항 제 2 호 중 "및 기금사업차입금의 상환에 소요된 비용"이라 되어 있는 것은 ", 기금사업차입금의 상환에 소요된 비용 및 시정촌상호재정안정화사업에 의하여 부담하는 금액"으로, 동항 제 3 호 중 "거둬들인 금액(제 5 호의 기금사업교부액 및 기금사업차입금을 제외한다)"이라 되어 있는 것은 "거둬들인 금액(시정촌상호재정안정화사업에 의하여 교부된 금액을 포함하여 제 5 호의 기금사업교부액 및 기금사업차입금을 제외한다)"으로, "및 기금사업차입금의 상환에 소요된

비용"이라 되어 있는 것은 ", 기금사업차입금의 상환에 소요된 비용 및 시정촌상호안정화사업에 의하여 부담한 금액"으로 한다.
⑧특정시정촌은 후생노동성령이 정하는 바에 따라 시정촌상호재정안정화사업 중 자금의 부담 및 교부에 관한 사무의 일부를 당해 특정시정촌이 출자자 또는 구성원이 된 영리를 목적으로 하지 아니하는 법인으로 후생노동성령이 정하는 요건에 해당하는 곳에 위탁할 수 있다.

제149조 ①도도부현은 시정촌상호재정안정화사업을 하고자 하는 시정촌의 요구에 응하여 시정촌 상호간에 필요한 조정을 하도록 한다.
②도도부현은 특정시정촌의 요구에 응하여 당해 시정촌상호재정안정화사업과 관련한 조정보험료율에 대한 기준을 제시하는등 필요한 조언과 지도를 할 수 있다.

제3절 의료보험자의 납부금

제150조(납부금의 징수 및 납부 의무) ①지불기금은 제160조제 1 항에 규정하는 업무에 필요한 비용에 충당하기 위하여 연도(매년 4월 1일부터 익년 3월 31일까지를 말한다. 이하 이 절 및 다음 장에서도 같음)마다 의료보험자로부터 개호급부비 납부금(이하 "납부금"이라 한다)을 징수한다.
②의료보험자는 납부금의 납부에 충당하기 위해 의료보험 각법 또는 지방세법의 규정에 따라 보험료, 부금 또는 국민건강보험세를 징수하고 납부금을 납부할 의무를 진다.

제151조(개호급부비 납부금의 금액) ①전조 제 1 항의 규정에 의하여 각 의료보험자로부터 징수하는 납부금의 금액은 당해연도의 개산개호급부비납부금(槪算介護給付費納付金)으로 한다. 다만, 전전연도의 확정개호급부비납부금을 초과할 때에는 당해연도의 개산개호급부비납부금에서 초과하는 금액과 그 초과 금액과 관련한 조정금액의 합계 금액을 공제한 금액으로 하고, 전전연도의 개산개호급부비납부금이 전전연도의 확정개호급부비납부금에 달하지 아니할 때에는 당해연도 개산개호급부비납부금의 금액에 미달금액과 그 미달 금액과 관련한 조정금액의 합계 금액을 가산한 금액으로 한다.
②전항 단서조항의 조정금액은 전전연도에 있어서의 모든 의료보험자와 관련한 개산개호급부비납부금과 확정개호급부비납부금의 과부족금에 대하여

발생하는 이자, 기타 사정을 감안하여 후생노동성령이 정하는 바에 따라 각 의료보험자마다 산정되는 금액으로 한다.

제152조(개산개호급부비 납부금) 전조 제1항의 개산개호급부비납부금액은 당해연도의 모든 시정촌의 의료보험 납부 대상금액의 예상총액을 후생노동성령이 정하는 바에 따라 산정한 당해연도의 모든 의료보험자와 관련한 제2호피보험자의 예상 총수로 나눈 금액에 후생노동성령이 정하는 바에 따라 산정한 당해연도의 당해 의료보험자와 관련한 제2호피보험자의 예상 총수를 곱한 금액으로 한다.

제153조(확정개호급부비 납부금) 제151조제1항의 단서조항의 확정개호급부비 납부금액은 전전연도의 모든 시정촌의 의료보험납부 대상 총액을 후생노동성령이 정하는 바에 따라 산정한 전전연도의 모든 의료보험자와 관련한 제2피보험자 총수로 나눈 금액에 후생노동성령이 정하는 바에 따라 산정한 전전연도의 당해 의료보험자와 관련한 제2호피보험자수를 곱한 금액으로 한다.

제154조(의료보험자가 합병, 분할 및 해산한 경우의 납부금액의 특례) 합병 또는 분할에 의하여 성립한 의료보험자, 합병 또는 분할후 존속하는 의료보험자 및 해산한 의요보험자의 권리 의무를 승계한 의료보험자와 관련한 납부금액의 산정 특례에 대하여는 정령으로 정한다.

제155조(납부금액의 결정 및 통지등) ①지불기금은 각 연도마다 각 의료보험자가 납부해야 할 납부금액을 결정하고 당해 의료보험자에게 그 자가 납부해야 할 금액, 납부 방법 및 납부해야 할 기한, 기타 필요한 사항을 통지하여야 한다.

②전항의 규정에 의하여 납부금액이 정해진 후 납부금액을 변경할 필요가 발생했을 때 지불기금은 당해 각 의료보험자가 납부해야 할 납부금액을 변경하고 당해 각의료보험자에게 변경후의 납부금액을 통지하여야 한다.

③지불기금은 의료보험자가 납부한 납부금액이 전항의 규정에 의한 변경후의 납부금액에 달하지 아니한 경우 그 부족액애 대하여 동항의 규정에 의한 통지와 함께 납부의 방법 및 납부해야 할 기한, 기타 필요한 사항을 통지하고, 동항의 규정에 의한 변경후의 납부금액을 초과할 경우에는 초과한 금액에 대하여 미납금액, 기타 이 법률의 규정에 의한 지불기금의 징수금이 있을 때에는 여기에 충당하고, 그래도 잔여가 있으면 환급하고 미납 징수금이 없을 때에는 이를 환급하여야 한다.

제156조(독촉 및 체납처분) ①지불기금은 의료보험자가 납부해야 할 기한까지 납부금을 납부하지 아니할 때에는 기한을 지정하여 이를 독촉하여야 한다.
②지불기금은 전항의 규정에 의하여 독촉할 때에는 당해 의료보험자에게 독촉장을 발송한다. 이 경우에 독촉장에 의하여 지정해야 할 기한은 독촉장을 발송한 날부터 기산하여 10일 이상 경과한 날이어야 한다.
③지불기금은 제 1 항의 규정에 의한 독촉을 받은 의료보험자가 그 지정기한까지 독촉장과 관련한 납부금 및 다음 조의 규정에 의한 연체금을 완납하지 아니할 때에는 정령이 정하는 바에 따라 그 징수를 후생노동장관 또는 도도부현 지사에게 청구하도록 한다.
④전항의 규정에 의한 징수 청구를 받을 때에는 후생노동장관 또는 도도부현 지사는 국세체납처분의 예에 따라 처분할 수 있다.

제157조(연체금) ①전조 제 1 항의 규정에 의하여 납부금 납부를 독촉하는 때 지불기금은 그 독촉과 관련한 납부금액에 대하여 연 14.5%의 비율로 납부기일의 익일부터 다음 완납 또는 재산압류일 전날까지의 일수로 계산한 연체금액을 징수한다. 다만, 독촉과 관련한 납부금액이 천엔 미만일 때에는 그러하지 아니하다.
②전항의 경우 납부금액의 일부에 납부가 있을 때에는 그 납부일 이후의 기간에 대한 연체금 계산의 기초가 되는 납부금액은 납부된 금액을 공제한 금액으로 한다.
③연체금의 계산에 있어서 전 2항의 납부금액에 천엔 미만의 단수가 있을 때에는 그 단수는 절사한다.
④전 3항의 규정에 따라 계산한 연체금액에 100엔 미만의 단수가 있을 때에는 그 단수는 절사한다.
⑤연체금은 다음 각호의 1에 해당하는 경우에는 징수하지 아니한다. 다만, 제 3 호의 경우에는 그 집행을 정지하거나 유예했던 기간에 해당하는 금액에 한한다.
  1. 독촉장에 지정한 기한까지 납부금을 완납하는 때
  2. 연체금액이 100엔 미만일 때
  3. 납부금에 대하여 체납처분의 집행을 정지하거나 유예하는 때
  4. 납부금을 납부하지 아니한 것에 부득이한 이유가 있다고 인정된 때

제158조(납부의 유예) ①지불기금은 부득이한 사정으로 의료보험자가 납부금을 납부하기가 현저하게 곤란하다고 인정될 때에는 후생노동성령이 정하

는 바에 따라 당해 의료보험자의 신청에 의거하여 후생노동장관의 승인을 얻어 그 납부해야 할 기한으로부터 1년이내의 기간을 정하여 그 일부의 납부를 유예할 수 있다.

②지불기금은 전항의 규정에 의한 유예를 하는 때에는 그 취지를 유예와 관련한 납부금액, 유예기간, 기타 필요한 사항을 의료보험자에게 통지하여야 한다.

③지불기금은 제 1 항의 규정에 의한 유예를 하는 때에는 그 유예기간내에 유예와 관련한 납부금에 대하여 다시 제156조제 1 항의 규정에 의한 독촉 및 동조 제3항의 규정에 의한 징수의 청구를 할 수 없다.

제159조(통지) ①시정촌은 후생노동성령이 정하는 바에 따라 지불기금에 대하여 각 연도의 의료보험납부대상액, 기타 후생노동성령으로 정하는 사항을 통지하여야 한다.

②시정촌은 전항의 규정에 의한 통지의 사무를 연합회에 위탁할 수 있다.

제 8 장 사회보험 진료보수 지불기금의 개호보험 관계 사업

제160조(지불기금의 업무) ①지불기금은 사회보험진료보수지불기금법 제13조에 규정하는 업무 외에 제 1 조에 규정하는 목적을 달성하기 위하여 다음의 업무를 수행한다.
1. 의료보험자로부터 납부금을 징수하는 일
2. 시정촌에 대하여 제125조제 1 항의 개호급부비교부금을 교부하는 일
3. 전 2호에 열거하는 업무에 부대하는 업무를 수행하는 것

②전항에 규정하는 업무는 개호보험관계업무라 한다.

제161조(업무의 위탁) 지불기금은 후생노동장관의 인가를 얻어 개호보험관계업무의 일부를 의료보험자가 가입하고 있는 후생노동장관이 정하는 곳에 위탁할 수 있다.

제162조(업무방법서) ①지불기금은 개호보험관계업무에 관하여 당해 업무 개시전에 업무방법서를 작성하여 후생노동장관의 인가를 받아야 한다. 이를 변경할 때에도 마찬가지로 한다.

②전항의 업무방법서에 기재해야 할 사항은 후생노동성령으로 정한다.

제163조(보고등) 지불기금은 의료보험자에게 매년도의 의료보험가입자(40세 이

상 65세 미만자에 한한다)의 수, 기타 후생노동성령이 정하는 사항에 관한 보고를 요구하는 것 외에 제160조제 1 항제 1 호에서 언급한 업무와 관련하여 필요하다고 인정한 때에는 문서, 기타 물건의 제출을 요구할 수 있다.

제164조(구분경리) 지불기금은 개호보험관계업무와 관련한 경리에 대하여는 기타 업무와 관련한 경리와 구분하여 특별회계를 만들어야 한다.

제165조(예산등의 인가) 지불기금은 개호보험관계업무에 관하여 사업연도마다 예산, 사업계획 및 자금계획을 작성하여 당해 사업연도 개시전에 후생노동장관의 인가를 받아야 한다. 이를 변경할 때에도 마찬가지로 한다.

제166조 (재무제표등) ①지불기금은 개호보험관계업무에 관하여 사업연도마다 재산목록, 대차대조표 및 손익계산서(이하 이 조에서 "재무제표"라 한다)를 작성하여 당해 사업연도 수료후 3개월 이내에 후생노동장관에게 제출하여 승인을 받아야 한다.

②지불기금은 전항의 규정에 의하여 재무제표를 후생노동장관에게 제출할 때에는 후생노동성령이 정하는 바에 따라 여기에 당해 사업연도의 사업보고서, 예산의 구분에 따라 작성한 결산보고서 및 재무제표 및 결산보고서에 관한 감사의 의견서를 첨부하여야 한다.

③지불기금은 제 1 항의 규정에 의한 후생노동장관의 승인을 얻을 때에는 지체없이 재무제표 또는 그 요지를 관보에 공고하고 재무제표, 부속명세서, 전항의 사업보고서 및 감사의 의견서를 각 사무소에 비치하여 후생노동성령으로 정하는 기간동안 일반인이 열람할 수 있도록 하여야 한다.

제167조(이익 및 손실의 처리) ①지불기금은 개호보험관계업무에 관하여 사업연도마다 손익계산에서 이익이 발생하는 때에는 전사업연도로부터 이월된 손실을 보전하고도 잔여가 있을 때에는 그 잔여액을 적립금으로서 정리하여야 한다.

②지불기금은 개호보험관계업무와 관련하여 사업연도마다 손익계산에서 손실이 발생하는 때에는 전항의 규정에 의한 적립금을 감액하여 정리하고도 부족할 때에는 그 부족액은 이월결손금으로 정리하여야 한다.

③지불기금은 예산으로 정하는 금액에 한하여 제 1 항의 규정에 의한 적립금을 제160조제 1 항제 2 호에 열거하는 업무에 필요한 비용으로 충당할 수 있다.

제168조 (차입금) ①지불기금은 사회보험진료보수지불기금법 제17조의 규정에

관계없이 개호보험관계업무에 관하여 후생노동장관의 인가를 받아 장기차입금 또는 단기차입금을 사용할 수 있다.

②전항의 규정에 의한 장기차입금은 2년이내에 상환하여야 한다.

③제 1 항의 규정에 의한 단기차입금은 당해 사업연도내에 상환하여야 한다. 다만, 자금부족으로 상환할 수 없을 때에는 그 상환이 불가능한 금액에 한하여 후생노동장관의 인가를 받아 이를 다시 차입할 수 있다.

④전항의 단서의 규정에 의하여 재차입된 단기차입금은 1년이내에 상환하여야 한다.

제169조(정부보증) 정부는 법인에대한정부의재정원조의제한에관한법률(1946년 법률제24호) 제 3 조의 규정에 관계없이 국회의 의결을 거친 금액의 범위내에서 전조의 규정에 의한 지불기금의 장기차입금 또는 단기차입금과 관련한 채무에 대하여 보증할 수 있다.

제170조(여유금의 운용) 지불기금은 다음 방법에 의하는 것 외에 개호보험관계업무와 관련한 업무상의 여유금을 운용해서는 아니 된다.

1. 국채, 지방채, 기타 후생노동장관이 지정하는 유가증권의 보유
2. 은행 및 후생노동장관이 지정하는 금융기관에의 예금 또는 우편저금
3. 신탁회사(신탁업무를 하는 은행을 포함한다)에의 금전신탁

제171조(후생노동성령에의 위임) 이 장에서 규정하는 것 외에 개호보험관계업무와 관련한 지불기금의 재무 및 회계에 필요한 사항은 후생노동성령으로 정한다.

제172조 (보고의 징수등) ①후생노동장관 또는 도도부현 지사는 지불기금 또는 제161조의 규정에 의한 위탁을 받은 자(이하 이 항 및 제207조제 2 항에서 "수탁자"라 한다)에게 개호보험관계업무에 필요하다고 인정할 때에는 그 업무 또는 재산 상황에 관한 보고를 징수하거나 당해 직원으로 하여금 실지(実地)에서 상황을 검사하게 할 수 있다. 다만, 수탁자에 대하여는 당해 수탁업무의 범위내로 한정한다.

②제24조제 3 항의 규정은 전항의 규정에 의한 검사에 대하여, 동조 제 4 항의 규정은 전항의 규정에 의한 권한에 대하여 준용한다.

③도도부현은 지불기금에 대하여 개호보험관계업무에 관하여 사회보험진료보수지불기금법 제21조의 규정에 의한 처분이 필요하다고 인정하는 때 또는 지불기금의 이사장, 이사 또는 감사에 대하여 개호보험관계업무에 관해 동법 제22조의 규정에 의한 처분이 필요하다고 인정하는 때에는 이유를

첨부하여 그 취지를 후생노동장관에게 통지하여야 한다.

제173조(사회보험진료보수지불기금법 적용의 특례) 개호보험관계업무는 사회보험진료보수지불기금법 제23조제 2 항 규정의 적용에 대하여는 동법 제13조에 규정하는 업무로 간주한다.

제174조(심사청구) 이 법률에 의거하여 행한 지불기금의 처분에 불복하는 자는 후생노동장관에게 행정불복심사법(1962년 법률제160호)에 의한 심사를 청구할 수 있다.

제 9 장 보건복지사업

제175조 시정촌은 요개호피보험자를 실제로 개호하는 자등(이하 이 조에서는 "개호자등"이라 한다)에 대한 개호방법의 지도, 기타 개호자등의 지원에 필요한 사업, 피보험자가 요개호상태가 되는 것을 예방하는데 필요한 사업, 지정거택서비스, 지정거택개호지원사업 및 개호보험시설의 운영, 기타 보험급부를 위해 필요한 사업, 피보험자가 이용하는 개호급부등 대상서비스등을 위한 비용과 관련한 자금의 대부, 기타 필요한 사업을 할 수 있다.

제 10 장 국민건강보험단체연합회의 개호보험사업 관계 업무

제176조(연합회의 업무) ①연합회는 국민건강보험법의 규정에 의한 업무 외에 다음의 업무를 수행한다.
1. 제41조제10항{제46조제 7 항(제58조제 4 항에서 준용하는 경우를 포함한다), 제48조제 8 항 및 제53조제 4 항에서 준용하는 경우를 포함한다}의 규정에 의하여 시정촌으로부터 위탁을 받아 행한 거택개호서비스비, 거택개호서비스계획비, 시설개호서비스비, 거택지원서비스비 및 거택지원서비스계획비의 청구에 관한 심사 및 지불
2. 지정거택서비스, 지정거택개호지원 및 지정시설서비스등의 질적 향상에 관한 조사, 지정거택서비스사업자, 지정거택개호지원사업자 및 개호보험시설에 대한 필요한 지도 및 조언

②연합회는 전항 각호의 업무 외에 개호보험사업의 원활한 운영에 기여하기 위하여 다음의 업무를 행할 수 있다.

1. 제21조제 3 항의 규정에 의하여 시정촌으로부터 위탁을 받아 행하는 제3자에 대한 손해배상금의 징수 또는 수납 사무
2. 지정거택서비스 및 지정거택개호지원 사업 및 개호보험시설의 운영
3. 전 2호에 언급하는 것 외에 개호보험사업의 원활한 운영에 기여하는 사업

제177조(의결권의 특례) 연합회가 전조의 규정에 의하여 행하는 업무(이하 "개호보험사업관계업무"라 한다)에 대하여는 국민건강보험법 제86조에서 준용하는 동법 제29조의 규정에 관계없이 후생노동성령이 정하는 바에 따라 규약으로 의결권에 관한 특단의 규정을 둘 수 있다.

제178조(구분경리) 연합회는 개호보험사업관계업무와 관련한 경리에 대하여는 기타 경리와 구분하여 정리하여야 한다.

제 11 장 개호급부비심사위원회

제179조(급부비심사위원회) 제41조제10항(제46조제 7 항(제58조제 4 항에서 준용한 경우를 포함한다), 제48조제 8 항 및 제53조제 4 항에서 준용하는 경우를 포함한다)의 규정에 의한 위탁을 받아 개호급부비청구서의 심사를 하기 위하여 연합회는 개호급부비심사위원회(이하 "급부비심사위원회"라 한다)를 둔다.

제180조(급부비심사위원회의 조직) ①급부비심사위원회는 규약으로 정하는 각각 동수의 개호급부등 대상서비스 담당자(지정거택서비스, 지정거택개호지원 또는 지정시설서비스등을 담당하는 자를 말한다. 제 3 항 및 다음 조 제 1 항에서 같다)를 대표하는 위원, 시정촌을 대표하는 위원 및 공익을 대표하는 위원으로 조직한다.

②위원은 연합회가 위촉한다.

③전항의 위촉은 개호급부등 대상서비스 담당자를 대표하는 위원 및 시정촌을 대표하는 위원에 대하여는 각각의 관련 단체의 추천으로 하여야 한다.

제181조(급부비심사위원회의 권한) ①급부비심사위원회는 개호급부비청구서의 심사를 하는데 필요하다고 인정할 때에는 도도부현 지사의 승인을 얻어 당해 지정거택서비스사업자, 지정거택개호지원사업자 또는 개호보험시설에 대하여 보고 또는 장부서류의 제출을 요구하거나 당해 지정거택서비스사업자, 지정거택개호지원사업자 또는 개호보험시설의 개설자, 관리자 또는

그 長, 당해 지정거택서비스사업, 지정거택개호지원 사업과 관련한 사업소 또는 개호보험시설에서의 개호급부등 대상 서비스 담당자에게 출두 또는 설명을 요구할 수 있다.

②연합회는 전항의 규정에 따라 급부비심사위원회에 출두한 자에 대하여 여비, 일당 및 숙박료를 지급하여야 한다. 다만, 당해 지정거택서비스사업자, 지정거택개호지원사업자 또는 개호보험시설이 제출한 재호급부비청구서 또는 장부서류의 기재가 불비하거나 부당하여 출두를 요청받고 출두한 자에 대하여는 그러하지 아니하다.

제182조(후생노동성령에의 위임) 이 장에 규정하는 것 외에 급부비심사위원회에 관하여 필요한 사항은 후생노동성령으로 정한다.

제 12 장 심사청구

제183조(심사청구) ①보험급부에 관한 처분(피보험자증 교부의 청구에 관한 처분 및 요개호인정 또는 요지원인정에 관한 처분을 포함한다) 또는 보험료, 기타 법률의 규정에 의한 징수금(재정안정화기금갹출금, 납부금 및 제157조제 1 항에 규정하는 연체금을 제외한다)에 관한 처분에 불복하는 자는 개호보험심사위원회에 심사를 청구할 수 있다.

②전항의 심사청구는 시효의 중단에 관하여는 재판상의 청구로 간주한다.

제184조(개호보험심사회의 설치) 개호보험심사회(이하 "보험심사회"라 한다)는 각 도도부현에 둔다.

제185조(조직) ①보험심사회는 다음 각호에 언급한 위원으로 조직하고, 그 정수는 당해 각호에 정하는 수로 한다.
1. 피보험자를 대표하는 위원 : 3인
2. 시정촌을 대표하는 위원 : 3인
3. 공익을 대표하는 위원 : 3인 이상으로 정령이 정하는 기준에 따라 조례로 정한 수

②위원은 도도부현 지사가 임명한다.

③위원은 비상근으로 한다.

제186조(위원의 임기) ①위원의 임기는 3년으로 한다. 다만, 보결위원의 임기는 전임자의 잔여임기로 한다.

②위원은 재임이 가능하다.
제187조(회장) ①보험심사회는 공익을 대표하는 위원중에서 위원이 선출하는 회장 1인을 둔다.
②회장에 사고가 있을 때에는 전항의 규정에 준하여 선거된 자가 그 직무를 대행한다.
제188조(전문조사원) ①보험심사회는 요개호인정 또는 요지원인정에 관한 처분에 대한 심사청구 사건에 관해 전문적인 사항을 조사시키기 위해 전문조사원을 둘 수 있다.
②전문조사원은 요개호자등의 보건, 의료 또는 복지에 관한 학식경험자 중에서 도도부현 지사가 임명한다.
③전문조사원은 비상근으로 한다.
제189조(합의체) ①보험심사회는 회장, 피보험자를 대표하는 위원 및 시정촌을 대표하는 위원 전원 및 회장 이외의 공익을 대표하는 위원 중에서 보험심사회가 지명하는 2인으로 구성하는 합의체에서 심사청구(요개호인정 또는 요지원인정에 관한 처분에 대한 것을 제외한다) 사건을 취급한다.
②요개호인정 또는 요지원인정에 관한 처분에 대한 심사청구 사건은 공익을 대표하는 위원 중에서 보험심사회가 지명하는 위원 3인으로 구성하는 합의체에서 취급한다.
제190조 ①전조 제 1 항의 합의체는 피보험자를 대표하는 위원, 시정촌을 대표하는 위원 및 공익을 대표하는 위원 각 1인을 포함한 과반수의 위원의, 동조 제 2 항의 합의체는 이를 구성하는 모든 위원이 출석하지 아니하면 회의를 열어 의결할 수 없다.
②전조 제 1 항의 합의체의 의사는 출석한 위원 과반수로 의결하고 가부동수인 때에는 회장의 결정에 따른다.
③전조 제 2 항의 합의체의 의사는 합의체를 구성하는 위원 과반수로 의결한다.
제191조(관할보험심사회) ①심사청구는 당해 처분을 한 시정촌을 그 구역에 포함하고 있는 도도부현의 보험심사회에 대하여 하여야 한다.
②심사청구가 관할권 밖일 때에는 신속하게 사건을 소관 보험심사회에 이송하고 그 취지를 심사청구인에게 통지하여야 한다.
③사건이 이송되는 때에는 처음부터 이송받은 보험심사회에 심사청구가 있었던 것으로 간주한다.

제192조(심사청구의 기간 및 방식) 심사청구는 처분이 있었다는 것을 안 다음 날부터 기산하여 60일 이내에 문서 또는 구두로 하여야 한다. 다만, 정당한 이유로 인해 이 기간내에 심사청구를 하지 못하였음을 소명(疏明)하는 때에는 그러하지 아니하다.

제193조(시정촌에 대한 통지) 보험심사회는 심사청구를 수리한 때에는 원처분을 한 시정촌, 기타 이해관계인에게 통지하여야 한다.

제194조(심사를 위한 처분) ①보험심사회는 심리를 하는데 필요하다고 인정하는 때에는 심사청구인 또는 관계인에게 보고 또는 의견을 요구하며, 출두를 명하여 심문하거나 의사, 기타 보험심사회가 지정하는 자(다음 항에서는 "의사등"이라 한다)에게 진단 및 기타 조사를 하게 할 수 있다.

②도도부현은 전항의 규정에 의하여 보험심사회에 출두한 관계인 또는 진단, 기타 조사를 한 의사등에게 정령이 정하는 바에 따라 여비, 일당 및 숙박료 또는 보수를 지급하여야 한다.

제195조(정령에의 위임) 이 장 및 행정불복심사법에 규정하는 것 외에 심사청구의 절차 및 보험심사회에 관하여 필요한 사항은 정령으로 정한다.

제196조(심사청구와 소송과의 관계) 제183조제 1 항에 규정하는 처분 취소소송은 당해 처분의 심사청구에 대한 재결(裁決)을 거친 후가 아니면 제기할 수 없다.

제 13 장 잡 칙

제197조(보고의 징수등) ① 후생노동장관 또는 도도부현 지사는 시정촌에 대하여 필요하다고 인정하는 때에는 사업의 실시 상황에 관한 보고를 요구할 수 있다.

②후생노동장관은 도도부현 지사에게 당해 도도부현 지사가 제 5 장의 규정에 따른 사무에 필요하다고 인정하는 때에는 보고를 요구하거나 조언 또는 권고를 할 수 있다.

③후생노동장관 또는 도도부현 지사는 납부금의 산정에 필요하다고 인정한 때에는 의료보험자에게 그 업무에 관한 보고를 듣거나 당해 직원으로 하여금 실지(実地)에서 그 상황을 검사하게 할 수 있다.

④제24조제 3 항의 규정은 전항의 규정에 의한 검사에 대하여, 동조 제 4

/ 부 록 /

항의 규정은 전항의 규정에 의한 권한에 대하여 준용한다.
제198조(연합회에 대한 감독) 연합회에 대하여 국민건강보험법 제108조 및 제109조의 규정을 적용하는 경우에 이러한 규정 중 "사업"이라 되어 있는 것은 "사업{개호보험법(1997년 법률제123호) 제177조에 규정하는 개호보험사업관계업무를 포함한다)으로 한다.
제199조(선취특권의 순위) 보험료, 기타 이 법률의 규정에 의한 징수금의 선취특권의 순위는 국세 및 지방세 다음으로 한다.
제200조(시효) ①보험료, 납부금, 기타 법률의 규정에 의한 징수금을 징수하거나 그 환부를 받을 권리 및 보험급부를 받을 권리는 2년을 경과한 때에는 시효에 의하여 소멸한다.
②보험료, 기타 이 법률의 규정에 의한 징수금의 독촉은 민법(1896년 법률제89호) 제153조의 규정에 관계없이 시효중단의 효력이 발생한다.
제201조(기간의 계산) 이 법률 또는 이 법률에 의거한 명령에 규정하는 기간의 계산에 대하여는 민법의 기간에 관한 규정을 준용한다.
제202조(피보험자등에 관한 조사) ①시정촌은 피보험자의 자격, 보험급부 및 보험료에 관하여 필요하다고 인정하는 때에는 피보험자, 제1호피보험자의 배우자 또는 제1호피보험자가 속한 세대의 세대주 및 그 세대에 속한 자 또는 이에 해당되었던 자들에게 문서, 기타 물건의 제출 또는 제시를 명하거나 당해 직원으로 하여금 질문하게 할 수 있다.
②제24조제 3 항의 규정은 전항의 규정에 의한 질문에 대하여, 동조 제 4 항의 규정은 전항의 규정에 의한 권한에 대하여 준용한다.
제203조(자료의 제공등) 시정촌은 보험급부 및 보험료에 관하여 필요하다고 인정한 때에는 피보험자, 제1호피보험자의 배우자 또는 제1호피보험자가 속한 세대의 세대주 및 그 세대에 속한 자의 자산, 수입 상황 또는 피보험자에 대한 노령퇴직연금급부의 지급 상황에 대하여 우체국, 기타 관공서 또는 연금보험자에 대하여 필요한 문서의 열람 또는 자료의 제공을 요구하거나 은행, 신탁회사, 기타 기관 또는 피보험자의 고용주, 기타 관계인에게 보고를 요구할 수 있다.
제203조의 2(긴급시의 후생노동장관의 사무 집행) 제100조제 1 항의 규정에 의하여 도도부현 지사, 보건소를 설치하는 시의 시장 또는 특별구의 구장(이하 이 조에서는 "도도부현 지사등"이라 한다)의 권한에 속하는 사무는 개호노인보건시설에 입소하고 있는 자의 생명 또는 신체의 안전을 확보하

기 위하여 긴급히 필요하다고 후생노동장관이 인정하는 경우에는 후생노
동장관 또는 도도부현 지사가 수행하도록 한다. 이 경우에 이 법률의 규정
중 도도부현 지사에 관한 규정(당해 사무와 관련한 것에 한한다)은 후생노
동장관에 관한 규정으로서 후생노동장관에게 적용하도록 한다.

제203조의 3(사무의 구분) 제156조제 4 항, 제172조제 1 항 및 제 3 항, 제197
조제 3 항의 규정에 의하여 도도부현 지사가 처리하도록 되어 있는 사무
는 지방자치법 제 2 조제 9 항제 1 호에 규정하는 제1호법정수탁사무로
한다.

제203조의 4(권한의 위임) ①이 법률에 규정하는 후생노동장관의 권한은 후생
노동성령이 정하는 바에 따라 지방후생국장에게 위임할 수 있다.

②전항의 규정에 의하여 지방후생국장에게 위임된 권한은 후생노동성령이
정하는 바에 따라 지방후생지국장에게 위임할 수 있다.

제204조(실시규정) 이 법률에 특별한 규정이 있는 것을 제외하고 이 법률의
실시를 위한 절차, 기타 집행에 필요한 세칙(細則)은 후생노동성령으로 정
한다.

제 14 장 벌 칙

제205조 ①인정심사회, 도도부현 개호인정심사회, 급부비심사위원회나 보험심
사회의 위원 또는 보험심사회의 전문조사원, 또는 이들 위원이나 보험심상
회의 전문조사원이었던 자가 정당한 이유없이 직무상 알게 된 지정거택서
비스사업자, 지정거택개호지원사업자, 개호보험시설의 개설자 또는 거택서
비스등을 했던 자의 업무상 비밀 또는 개인 비밀을 누설하는 때에는 1년
이하의 징역 또는 50만엔 이하의 벌금에 처한다.

②제27조제 4 항{제28조제 4 항, 제29조제 2 항, 제30조제 2 항, 제31조제 2
항 및 제32조제 2 항(제33조제 4 항 및 제34조제 2 항에서 준용하는 경우
를 포함한다)에서 준용하는 경우를 포함한다}의 규정을 위반한 자는 1년
이하의 징역 또는 50만엔 이하의 벌금에 처한다.

제206조 다음 각호에 해당하는 자는 6월 이하의 징역 또는 30만엔 이하의 벌
금에 처한다.

1. 제98조제 1 항 각호에 열거하는 사항 이외의 사항을 광고한 자, 동항 각

호에 열거하는 사항에 관하여 허위 광고를 한 자 또는 동항 제 3 호에 게기하는 사항의 광고 방법이 동조 제 2 항의 규정을 위반하는 자
2. 제101조 또는 제102조의 규정에 의거한 명령을 위반하는 자

제207조 ① 다음 각호의 1에 해당하는 경우에는 그 위반행위를 한 건강보험조합, 국민건강보험조합, 공제조합 또는 일본사립학교진흥·공제사업단의 임원, 청산인 또는 직원은 30만엔 이하의 벌금에 처한다.
1. 제163조의 규정에 의한 보고 또는 문서, 기타 물건을 제출하지 아니하거나 허위의 보고 또는 허위 기재를 한 문서를 제출했을 때
2. 제197조제 3 항의 규정에 의한 보고를 하지 아니하거나 허위의 보고 또는 동항의 규정에 의한 검사를 거부, 방해 또는 기피한 자

② 제172조제 1 항의 규정에 의한 보고를 하지 아니하거나 허위의 보고 또는 동항의 규정에 의한 검사를 거부, 방해 또는 기피한 경우에는 그 위반행위를 한 지부기금 또는 수탁자의 임원 또는 직원은 30만엔 이하의 벌금에 처한다.

제208조 개호급부등을 받았던 자가 제24조제 2 항의 규정에 의한 보고를 하지 아니하거나 허위의 보고 또는 동항의 규정에 의한 당해 직원의 질문에 대하여 답변하지 아니하거나 허위 답변을 한 때에는 20만엔 이하의 벌금에 처한다.

제209조 다음 각호에 해당되는 자는 20만엔 이하의 벌금에 처한다.
1. 제95조의 규정을 위반한 자
2. 제100조제1항의 규정에 의한 보고 또는 제출 또는 제시를 하지 아니하거나 허위 보고 또는 동항의 규정에 의한 검사를 거부, 방해 또는 기피한 자
3. 제105조에서 준용하는 의료법 제 8 조의 2 제 2 항 및 제 9 조의 규정을 위반한 자

제210조 정당한 이유없이 제194조제 1 항의 규정에 의한 처분을 위반해서 출두, 진술 및 보고를 하지 아니하거나 허위의 진술 또는 보고를 하거나 진단, 기타 조사를 하지 아니한 자는 20만엔 이하의 벌금에 처한다. 다만, 보험심사회가 한 심사 절차에 있어서의 청구인 또는 제193조의 규정에 의하여 통지받은 시정촌 및 기타 이해관계인에게는 적용하지 아니한다.

제211조 법인의 대표자 또는 법인 또는 개인의 대리인, 사용인, 기타 종업원이 그 법인 또는 개인의 업무에 관하여 제206조 또는 제209조에 대한 위반행

위를 한 때에는 행위자를 벌하는 이외에 그 법인 또는 개인에 대하여도 각 본조의 벌금형을 과한다.
제212조 다음 각호에 해당하는 경우에는 그 위반행위를 한 지불기금의 임원은 20만엔 이하의 과료에 처한다.
1. 이 법률에 의하여 후생노동장관의 인가 또는 승인을 받아야만 하는 경우에 그 인가 또는 승인을 받지 아니한 때
2. 제170조의 규정을 위반하여 업무상의 여유금을 운영하는 때

제213조 거택서비스등을 한 자 또는 이를 사용한 자가 제24조제 1 항의 규정에 의한 보고 또는 제시를 하지 아니하거나 허위의 보고 또는 동항의 규정에 의한 당해 직원의 질문에 답변하지 아니하거나 허위 답변을 한 때에는 10만엔 이하의 과료에 처한다.

제214조 ①시정촌은 조례로 제1호피보험자가 제12조제 1 항 본문 규정에 의한 신고를 하지 아니하는 때(동조 제 2 항의 규정에 의하여 당해 제1호피보험자가 속한 세대의 세대주가 신고하는 때를 제외한다) 또는 허위 신고를 하는 때에는 10만엔 이하의 과료를 과하는 규정을 만들 수 있다.

②시정촌은 조례로 제30조제 1 항 후단, 제31조제 1 항 후단, 제34조제 1 항 후단, 제35조제 6 항 후단, 제66조제 1 항 후단 또는 제 2 항 또는 제68조제 1 항의 규정에 의하여 피보험자증의 제출을 요구받고도 이에 응하지 아니하는 자에 대하여 10만엔 이하의 과료를 과하는 규정을 만들 수 있다.

③시정촌은 조례로 피보험자, 제1호피보험자의 배우자 또는 제1호피보험자가 속한 세대의 세대주, 기타 세대에 속한 자 또는 이에 해당되었던 자가 정당한 이유없이 제202조제 1 항의 규정에 의하여 문서, 기타 물건의 제출 또는 제시를 명령받고도 이에 응하지 아니하거나 동항의 규정에 의한 당해 직원의 질문에 대하여 답변하지 아니하거나 허위 답변을 한 때에는 10만엔 이하의 과료를 과하는 규정을 만들 수 있다.

④시정촌은 조례로 허위, 기타 부정행위에 의하여 보험료, 기타 이 법률의 규정에 의한 징수금(납부금 및 제157조제 1 항에 규정하는 연체금을 제외한다)의 징수를 피했던 자에 대하여 그 징수를 피한 금액의 5배에 상당하는 금액 이하의 과료를 과하는 규정을 만들 수 있다.

⑤지방자치법 제255조의 3의 규정은 전 각항의 규정에 의한 과료 처분에 대하여 준용한다.

제215조 연합회는 규약이 정하는 바에 따라 그 시설(개호보험사업관련업무에

/ 부록 /

한한다)의 사용에 관하여 10만엔 이하의 과태금을 징수할 수 있다.

부 칙

제 1 조(시행기일) 이 법률은 2000년 4월 1일부터 시행한다. 다만 다음 각호에 열거하는 규정은 당해 각호에 정하는 날부터 시행한다.
1. 제 8 조의 규정 : 공포한 날부터 기산하여 3개월을 초과하지 아니하는 범위내에서 정령이 정하는 날
2. 제 8 장, 제204조, 제207조제 2 항 및 제121조의 규정 : 2000년 1월 1일

제 2 조(검토) 개호보험제도에 대하여는 요개호자등과 관련한 보건의료서비스 및 복지서비스를 제공하는 체제의 상황, 보험급부에 필요한 비용의 상황, 국민부담의 추이, 사회경제의 정세등을 감안하고 또한 장애자의 복지와 관련한 시책, 의료보험제도등과의 정합성 및 시정촌이 행하는 개호보험사업의 원활한 실시를 배려하여 피보험자 및 보험급부를 받을 수 있는 자의 범위, 보험급부의 내용, 수준, 보험료 및 납부금(그 납부에 충당하기 위해 의료보험 각법의 규정에 의하여 징수하는 보험료(지방세법의 규정에 의하여 징수하는 국민건강보험세등을 포함한다) 또는 부금을 포함한다)의 부담방법을 포함하여 이 법률 시행후 5년을 목표로 그 전반에 관하여 검토하고 그 결과에 기초하여 필요한 수정등의 조치가 강구되어야 한다.

제 3 조 정부는 이 법률의 시행후 보험급부에 필요한 비용의 동향, 보험료 부담의 상황등을 감안하여 필요하다고 인정할 때에는 거택서비스, 시설서비스등에 필요한 비용에서 차지하는 개호급부등의 비율에 대하여 검토하고 그 결과에 기초하여 소요의 조치를 강구하여야 한다.

제 4 조 정부는 이 법률의 시행후 10년을 경과한 경우 제5장 규정의 시행 상황에 대하여 검토하고 그 결과에 기초하여 필요한 조치를 강구해야 한다.

제 5 조 정부는 전 3조의 규정에 의한 검토를 함에 있어서 지방공공단체, 기타 관계자로부터 당해 검토 사항에 관한 의견 제출이 있을 때에는 당해 의견을 충분히 고려하여야 한다.

제 6 조(국가의 무이자 대부등) ①국가는 당분간 지방공공단체에 대하여 개호노인보건시설의 정비를 위하여 일본전신전화주식회사의주식매각수입의활용에의한사회자본의정비촉진에관한특별조치법(1987년 법률제86호. 이하 "사회자본정비특별조치법"이라 한다) 제 2 조제 1 항제 2 호에 해당하는 것에

필요한 비용에 충당하는 자금의 일부를 예산의 범위내에서 무이자로 대부할 수 있다.

②국가는 당분간 도도부현 또는 지정도시등(지방자치법 제252조의 19 제 1 항의 지정도시 또는 동법 252조의 22 제 1 항의 중핵시를 포함한다)에 대하여 개호노인보건시설의 정비를 위하여 사회자본정비특별조치법 제 2 조 제 3 항제 1 호에서 언급한 의료법인, 사회복지법인, 기타 후생노동장관이 정하는 자에게 당해 도도부현 또는 지정도시등이 보조하는 비용에 충당하는 자금의 일부를 예산의 범위내에서 대부할 수 있다.

③전 2항의 국가 대부금의 상환기간은 5년(2년 이내의 거치기간을 포함한다) 이내로 정령이 정하는 기간으로 한다.

④전항에 규정하는 것 외에 제 1 항 및 제 2 항의 규정에 의한 대부금의 상환방법, 상환기한의 앞당김, 기타 상환에 관한 필요한 사항은 정령으로 정한다.

⑤국가는 제 1 항 또는 제 2 항의 규정에 의하여 지방공공단체에 대부한 경우에는 당해 대부 대상인 시설의 정비에 대하여 당해 대부금에 상당한 금액의 보조를 하도록 하며, 당해 보조에 대하여는 당해 대부금 상환시 당해 대부금 상환에 상당한 금액을 교부함으로써 하는 것으로 한다.

⑥지방공공단체가 제 1 항 또는 제 2 항의 규정에 의한 대부를 받았던 무이자대부금에 제 3 항 및 제 4 항의 규정에 기초하여 정해진 상환기한을 앞당겨 상환하는 경우(정령으로 정하는 경우를 제외한다)의 전항 규정의 적용에 대하여는 당해 상환은 당해 상환기한이 도래한 때에 이루어진 것으로 간주한다.

/ 역자 소개 /

박성호는 1959년 서울에서 출생하였다.
서울대학교 법과대학을 졸업하고 Bernadean University에서 "Religions and Social Welfare of Korea"로 종교사회복지학 박사학위를 받았다.
국회, 구청, 기업 등에서 일을 하였고 사회복지법인 아이들과 미래를 창립하였다.
현재 아시아문화센터 이사장으로 있으며
고신대학교 초빙교수, 성균관대학교 사회과학연구소의 선임 연구원으로 있다.

/ 일본의 개호복지 /

초판인쇄·2005년 6월 24일 / 초판발행·2005년 6월 30일
저　　자·요시무라 카츠미
역　　자·박 성 호
발 행 처·(주) J&C
　　　　　서울 도봉구 쌍문동 358-4 성주B/D 6F
전　　화·(02) 992 / 3253
팩　　스·(02) 991 / 1285
E-mail jncbook@hanmail.net
http://www.jncbook.co.kr

·이 책의 내용을 허가없이 전재하거나 복제할 경우 법적인 제재를 받게
　됨을 알려드립니다.
ⓒ J&C 2005 Printed in Seoul KOREA
등록번호·제 7- 220호
ISBN 89-5668-237-2 03330
정　　가·12,000원